Forschung und Praxis der Sexualaufklärung und Familienplanung

Sexualpädagogische Mädchenarbeit

Eine Vergleichsstudie im Auftrag der BZgA

von Gabriele Bültmann

Bundeszentrale für gesundheitliche Aufklärung
3., bearbeitete Auflage, Köln 2004

Bibliographische Information der Deutschen Bibliothek
Die Deutsche Bibliothek verzeichnet diese Publikation in der Deutschen Nationalbibliographie; detaillierte bibliographische Daten sind im Internet über http://dnb.ddb.de abrufbar.

ISBN 3-933 191-33-5

Die Beiträge dieser Fachheftreihe geben die Meinung der Autorinnen und Autoren wieder, die von der Herausgeberin nicht in jedem Fall geteilt werden muss. Die Fachheftreihe ist als Diskussionsforum gedacht.

Herausgeberin
Bundeszentrale für gesundheitliche Aufklärung (BZgA)
– Abteilung Sexualaufklärung, Verhütung und Familienplanung –
Ostmerheimer Str. 220, 51109 Köln
Tel. 02 21 / 89 92-0
http://www.bzga.de

Redaktion
Birgit Gaschina-Hergarten

Lektorat, Konzept und Gestaltung
Kühn Medienkonzept & Design GmbH, Hennef
luxsiebenzwo+ werkstatt für kommunikation und gestaltung, Köln

Druck
Druckhaus Süd, Köln

Auflage
3./3./6.04

Dieser Band der Fachheftreihe ist kostenlos erhältlich unter den folgenden Bestelladressen:
per Post – BZgA, 51101 Köln
per Fax – 0221/8992-257
per E-Mail – order@bzga.de

Bestellnummer: 133 000 17

Inhalt

Vorwort

Im Jahr 1995 gab die BUNDESZENTRALE FÜR GESUNDHEITLICHE AUFKLÄRUNG (BZgA) eine Expertise zur „Sexualpädagogischen Mädchenarbeit“ in Auftrag. Aufgrund der zahlreichen Veränderungsmeldungen wurde Gabriele BÜLTMANN mit der Aktualisierung der Expertise beauftragt.

Die Ergebnisse der erneut bundesweiten Fragebogenerhebung, die mit diesem Fachheft vorgelegt werden, geben einen Überblick darüber, welche konzeptionellen Grundlagen Einrichtungen und Initiativen aktuell verwenden, welche beruflichen und pädagogischen Standards sich in den Jahren zwischen den beiden Untersuchungen verändert haben und welche innovativen Impulse in diesem Arbeitsfeld zu verzeichnen sind. Die Auswertung von Stellungnahmen aus Einrichtungen verschiedenster Träger und von ergänzenden Interviews mit Expertinnen schaffen ein komplexes Bild von Standpunkten, Ansätzen und Vorgehensweisen in der Mädchenarbeit.

Zwar haben Mädchen und junge Frauen ein neues Selbstverständnis entwickelt, sie halten – anders als ihre Mütter – den Kampf um die Gleichberechtigung von Frauen für gewonnen, sie brauchen aber trotzdem Orientierungshilfen in der Zeit des Erwachsenwerdens. Gerade weil die Zuschreibungen von Geschlechtsrollen heute nicht mehr eindeutig sind, können ihnen zielgruppenspezifische Maßnahmen den Zugang zu einer selbstbestimmten und selbstbewussten Identität erleichtern.

Gesellschaftliche Veränderungen erfordern auch für die Mädchenarbeit die kontinuierliche Anpassung des Instrumentariums an sich ändernde Bedürfnisse der Klientel. Im Gegensatz zu den Anfängen der Mädchenarbeit betonen die Konzepte heute den Stärkeaspekt und setzen nicht mehr bei den Defiziten von Mädchen an. Neue Methoden, wie peer education-Maßnahmen, der Einsatz bzw. die Nutzung moderner Kommunikationstechnologien oder die begrenzte, von Mädchen gewünschte Koedukation, haben Eingang in die sexualpädagogische Mädchenarbeit gefunden.

Die BZgA sieht eine wichtige Aufgabe darin, geeignete „neue Wege“ durch wissenschaftliche Begleitung und Evaluation abzusichern, um die Wirksamkeit solcher Programme zu überprüfen und die Etablierung erfolgreicher Ansätze der mädchenspezifischen Sexualaufklärung zu fördern.

Abteilung Sexualaufklärung,
Verhütung und Familienplanung
Köln, 2000

Sexualpädagogische Mädchenarbeit gestern, heute und morgen

1999 jährte sich zum 50. Mal die Herausgabe des feministischen Klassikers „Das andere Geschlecht“ von Simone DE BEAUVOIR[1]. Es folgte 1977 das Grundlagenwerk der wichtigsten deutschen Feministin „Der kleine Unterschied und seine großen Folgen“ von Alice SCHWARZER[2]. Was damals den Frauen und Feministinnen als Offenbarung erschien, ist für die Mädchen und jungen Frauen heute – ganz subjektiv – eine Selbstverständlichkeit. „Dieses ‚Anything goes-Gefühl‘, das die große Freiheit verspricht, aber eben auch mit der Angst vor falschen Entscheidungen besetzt ist, hat sich in den letzten Jahren zum beherrschenden Lebensgefühl junger Frauen entwickelt. Denn tatsächlich haben Mädchen heute die Qual der Wahl. Sie treffen, anders als ihre Vorfahrinnen, kaum noch auf gesellschaftliche Normen, die ihnen vorschreiben, was sie als Frauen zu tun oder zu lassen haben. Den Kampf um Gleichberechtigung halten sie darum für ausgefochten – und gewonnen. ‚Ich setze mich für das ein, was ich gern tun möchte‘, sagt die Hamburger Abiturientin Ruth, 19, ‚aber nicht, weil ich eine Frau bin.‘ Auch die Studentin Silke glaubt, dass sich ‚die Frauen mit dem zufrieden geben, wie es jetzt ist.‘ Sie denken: ‚Es ist genug erreicht.‘ Herangewachsen ist eine Generation von postfeministischen Individualistinnen.“[3]

Gesellschaftspolitische Wurzeln der Mädchenarbeit

Die Mütter und Großmütter der Mädchen und jungen Frauen von heute, also die Feministinnen der ersten Stunde, brachten nicht nur Themen wie „sexuelle Gewalt“ und das „Recht auf Abtreibung“ in die Diskussion, sondern formulierten in Bezug auf das sexuelle Erleben der Frau neue Normen und Regeln: „Penetration ist nicht lustvoll“; „der vaginale Orgasmus ist ein Mythos“; „lesbische Liebe kann für Frauen erfüllter sein als heterosexuelle Sexualität“.

Nach der Phase der „Abgrenzung“ gegenüber den traditionellen Mustern (patriarchalischer) Heterosexualität öffnete sich Mitte der 80er Jahre die Frauenbewegung für eine Diskussion über die lustvollen und positiven Seiten von (Hetero-)Sexualität. Orgasmus, Selbstbefriedigung, sexuelle Phantasien und Praktiken werden nun weniger unter dem Gewaltaspekt verhandelt als vielmehr unter dem Blickwinkel des Entdeckens und Realisierens von Wünschen und Bedürfnissen von Frauen.

1 DE BEAUVOIR, S. (1949)
2 SCHWARZER, A. (1977)
3 SPIEGEL 25/1999, S. 79

Mädchenarbeit, heißt sie nun feministische, parteiliche, emanzipatorische oder unterstützende, hat ihre Wurzeln in der Neuen Deutschen Frauenbewegung und orientierte sich folglich zu Beginn deutlich an den Standards – oder besser gesagt den Dogmen – dieser Bewegung. Die sexualpädagogische Arbeit wurde häufig reduziert auf die Themen Körperaufklärung, Menstruation, sexuelle Gewalt, Verhütung und geschlechtsspezifisches Rollenverhalten. Mädchen und Frauen wurden in dieser Phase in erster Linie als Opfer einer patriarchalischen Gesellschaft gesehen, die gegenüber Jungen und Männern Defizite besaßen. Ziel war es, sie durch feministische Mädchen- und Frauenarbeit auszugleichen.

Mädchenarbeit in den neuen Bundesländern

Nach der politischen Wende 1989 wurde die parteiliche Mädchenarbeit auch in den neuen Bundesländern verankert. Im Gegensatz zu den alten Bundesländern, wo sich die Mädchenarbeiterinnen in den 80er Jahren mühsam die Akzeptanz und Förderung ihrer Arbeit erkämpfen mussten, wurde Mädchenarbeit in den neuen Bundesländern quasi „von oben" verordnet. Die Mädchenarbeiterinnen mussten jedoch auch hier um die Akzeptanz in der Bevölkerung und bei den Mädchen und jungen Frauen selbst ringen: Denn das Rollenbild der Frauen in der ehemaligen DDR war das einer emanzipierten Frau, für die die Vereinbarkeit von Mutterschaft, Partnerschaft und Beruf selbstverständlich war – auch wenn es bei der Umsetzung von der Theorie in die Praxis haperte. Denn trotz staatlicher Unterstützung bei der Erziehung der Kinder z.B. durch Kinderhortplätze, lastete die Verantwortung für die Familienarbeit auf den Schultern der Frauen. Für emanzipatorische Mädchenarbeit gab es nur scheinbar keinen Bedarf. Die Mädchenarbeiterinnen investierten folglich viel Zeit und Energie, um Verständnis und Akzeptanz für ihre Arbeit zu erlangen. Die Mädchenarbeit, die in den alten Bundesländern entwickelt wurde, ging davon aus, dass Mädchen und junge Frauen erst einmal für ihre Benachteiligung und Diskriminierung sensibilisiert werden müssten. Die Übertragung dieser Konzepte auf die sexualpädagogische Mädchenarbeit in den neuen Bundesländern war (und ist) daher bedenklich.

Mädchenarbeit auf dem Weg in das nächste Jahrtausend

Heute, nach 20 Jahren Mädchenarbeitserfahrung in den alten und nach 10 Jahren Mädchenarbeitserfahrung in den neuen Bundesländern, hat sich die Haltung der Pädagoginnen und Feministinnen in mancher Hinsicht grundlegend geändert: Ohne die real immer noch existierende Benachteiligung von Mädchen auszublenden (z.B. in der Berufswahlorientierung, der Bedrohung durch [sexuelle] Gewalt), wurde in der Mädchenarbeit ein Paradigmenwechsel vollzogen: Mädchen werden nicht mehr in erster Linie als Opfer und defizitäre Wesen gesehen, sondern als eigenständige Persönlichkeiten mit Stärken und Schwächen, die Unterstützung und Begleitung benötigen, um ihren selbstbestimmten Weg – auch in der sexuellen Begegnung mit dem anderen oder gleichen Geschlecht – zu finden. Demzufolge haben sich auch die Themen und die Herangehensweise an die sexualpädagogische Mädchenarbeit gewandelt: Selbstbehauptung, sexuelle Lust, Weiblichkeit und Körperlichkeit, die Stärke weiblicher Sexualität, die Lust, ein Mädchen zu sein, und viele andere Themen deuten darauf hin, dass Mädchenarbeiterinnen ihre Konzepte stärker an den Bedürfnissen der Mädchen sowie an den veränderten gesellschaftlichen Anforderungen und Erwartungen an die Frauen- und Männerrolle orientieren. Der noch vor fünf Jahren in der ersten Mädchenarbeitsexpertise festgestellte unterschwellige Streit zwischen Sexualpädagoginnen, die auch mit Mädchen arbeiten, und Mädchenarbeiterinnen, die auch zum Thema Sexualität arbeiten, ist weniger spürbar. Angenähert haben sich beide Ansätze insofern, als Sexualpädagoginnen stärker die gesellschaftspolitischen Dimensionen ihrer Arbeit sehen und sie konzeptionell vermehrt feministisch begründen. Mädchenarbeiterinnen dagegen arbeiten heute eher „ganzheitlich" und stärkeorientiert. „Mädchen brauchen keine Bevormundung – auch keine feministische", ein Kernsatz von Teilnehmerinnen eines Youth-work-Kongresses 1990, steht heute nicht nur für die Sexualpädagoginnen, sondern eher ganz generell für die Stimmung und Grundhaltung in der Mädchenarbeit. „Unterstützen statt erziehen", „begleiten und beraten" – so kann die Haltung der Pädagoginnen heute beschrieben und charakterisiert werden.

Am Ende dieses Jahrtausends steht die Mädchenarbeit vor neuen, zentralen Herausforderungen. So wird die Legitimation dieser Arbeit neu definiert. Die Identität und die Motivation der in diesem Bereich arbeitenden Frauen sind wesentlich geprägt durch die Erfolge und Auswirkungen der Neuen Frauenbewegung. Es arbeiten vielfach nicht mehr die „Mütter der Frauenbewegung" in der Mädchenarbeit, sondern die Generation der Töchter übernimmt in der Mädchenarbeit die leitende Verantwortung. Folglich ist die Kategorisierung in Mädchenarbeiterinnen und Sexualpädagoginnen für die „Töchter der Befreierinnen" nicht zeitgemäß. Dies bestätigt tendenziell auch die vorliegende Erhebung. Ergo ändern sich auch zaghaft die Themen, Zielgruppen und Angebotsformen der sexualpädagogischen Mädchenarbeit.

Fünf Jahre danach – Gründe für eine neue Mädchenarbeitsexpertise

1996 veröffentlichte die BZgA die Expertise „Sexualpädagogische Mädchenarbeit"[4]. Ziel der Expertise war es, einen Überblick über den bundesweiten Stand der sexualpädagogischen Mädchenarbeit zu erhalten. Grundlage für die Expertise war die Befragung von 308 Einrichtungen in der Bundesrepublik Deutschland. Evaluiert wurden sowohl die (autonomen) Mädcheneinrichtungen als auch Jugendeinrichtungen und Beratungsstellen in kirchlicher oder kommunaler Trägerschaft sowie Einrichtungen der freien Jugendhilfe. Auf der Grundlage der Befragung über Rahmenbedingungen, Themen, Zielgruppen und fachliche Ausbildung der Mitarbeiterinnen konnten folgende Trendaussagen gemacht werden:

4 Bültmann, G. (1996): Sexualpädagogische Mädchenarbeit, in: BZgA (Hg.): Forschung und Praxis der Sexualaufklärung und Familienplanung, Band 5, Köln

• Mädchenarbeit findet seit gut 15 Jahren bei den verschiedensten Trägern der Jugendhilfe Beachtung. Mädchenarbeit im Allgemeinen ist jedoch nicht gleichzusetzen mit sexualpädagogischer Mädchenarbeit. Dennoch sind Fragen zu Sexualität, Körper, Liebe und Partnerschaft, Rolle etc. auch immer Inhalte von Mädchenarbeit.

• Mädchenarbeiterinnen aus der Tradition der feministischen Mädchenarbeit haben oft andere Ziele und somit andere Themenschwerpunkte als Sexualpädagoginnen, die auch mit Mädchen arbeiten. Hier besteht erheblicher Diskussionsbedarf.

• (Sexualpädagogische) Mädchenarbeit ist nicht an Mädchengruppenarbeit gebunden. Häufig findet sie in koedukativen Zusammenhängen oder auch in Form von Einzelgesprächen statt.

• Mädchenarbeiterinnen arbeiten vielfach isoliert. Die bundesweite Vernetzung ist nicht gegeben, aber auch landesweit gibt es kaum Koordination. Manchmal fehlt diese sogar auf kommunaler Ebene.

• Die Zielgruppe der Migrantinnen wird bislang in den Materialien und in der praktischen sexualpädagogischen Arbeit nicht oder nur am Rande berücksichtigt. Ebenso findet die Gruppe der lesbischen Mädchen sowie das Thema „lesbische Liebe/Sexualität“ nur selten Beachtung.

• Kritisch reflektiert werden muss die starke Betonung des Gewaltaspekts in der sexualpädagogischen Praxis mit Mädchen. Besonders die autonomen Mädcheneinrichtungen und die Beratungsstellen gegen sexuelle Gewalt sehen Sexualpädagogik in erster Linie als Präventionsarbeit.

• Ein neuer Ansatz in der sexualpädagogischen Arbeit mit Jugendlichen wurde zum Zeitpunkt der Erhebung erprobt: die peer education. Offen blieb die Frage, ob dieser Ansatz nicht gerade für die Arbeit mit Mädchen sehr sinnvoll sein kann.

Entwicklungen seit 1996

Die 1998 erstellte Praxis- und Literaturrecherche zu sexualpädagogischer Mädchenarbeit machte deutlich, dass sich seit der ersten Mädchenarbeitsexpertise viel getan hat. Es sind neue Mädchenprojekte hinzugekommen. Die sexualpädagogische Mädchenarbeit hat sich in vielen Einrichtungen etabliert bzw. qualifiziert. Etliche Jugendverbände haben zum Thema Sexualpädagogik allgemein oder auch zur geschlechtsspezifischen Sexualpädagogik geschrieben oder ein Selbstverständnispapier bzw. -konzept veröffentlicht. Seit 1996 wurden verstärkt Fachtagungen zur Sexualpädagogik durchgeführt, die auch die geschlechtsspezifische Arbeit thematisierten. Die Sichtung und Auswertung von Materialien sowie die Gespräche mit Expertinnen ergaben 1998 folgende **Thesen**:

1. Die Zielgruppe der Mädchen ist jünger geworden.

2. Der pädagogische Ansatz in der Gewaltprävention hat sich verändert: weg vom Defizit – hin zum stärkenorientierten Ansatz.

3. Das Thema Körper beinhaltet heute mehr als nur Körperhygiene und Körperaufklärung. Es hat sich erweitert um die Bereiche Ess-Störungen und Körperkult.

4. Die Arbeit mit lesbischen Mädchen und die Aufklärung über homosexuelle Lebensweisen konnten sich stärker etablieren.

5. Eine neue Zielgruppe von Mädchen gerät stärker in das Blickfeld sexualpädagogischer Arbeit: Mädchen mit Behinderungen und Beeinträchtigungen.

6. Eine Gruppe von jungen Frauen steht (immer noch) am Rand: die jungen Mütter.

7. Für die sexualpädagogische Arbeit mit Migrantinnen fehlen auch heute noch Konzepte, Methoden, Materialien und Fachfrauen.

8. Neue Kommunikationstechnologien scheinen auch für die Mädchenarbeit größere Bedeutung zu gewinnen.

9. Die sexualpädagogische Mädchenarbeit in den neuen Bundesländern entwickelt ihr eigenes Profil.

10. Fünf Jahre nach der ersten Mädchenarbeitsexpertise gibt es eine breite Vernetzung von Mädchenarbeit, sowohl regional als auch überregional, verbandsintern als auch über die eigenen Verbands- und Organisationsgrenzen hinaus.

Im Mittelpunkt dieser Vergleichsstudie steht daher zum einen die Betrachtung dieser aktuellen Entwicklungen und Neuorientierungen in der sexualpädagogischen Mädchenarbeit. Zum anderen erfasst sie die Rahmenbedingungen, Zielgruppen und die thematischen Schwerpunkte dieser Arbeit generell. Allerdings ist es weder möglich noch seriös, aufgrund der zugrunde liegenden Befragungen repräsentative Ergebnisse zu erhalten. Es können jedoch wesentliche Trends und Tendenzen zu Standortbestimmung und Entwicklung der sexualpädagogischen Mädchenarbeit abgeleitet werden.

1 Erhebungsmethode und Auswertungsverfahren

1.1 Datenquelle

Für die vorliegende Vergleichsuntersuchung wurde der Fragebogen, der bei der ersten Untersuchung 1996 angewandt wurde, ergänzt und erweitert (siehe Anhang), d.h. bei der Themenauswahl (Frage 13) wurden neue Themen wie z.B. Ess-Störungen, Selbstverteidigung und Selbstbefriedigung aufgenommen. Des Weiteren wurde nach Angeboten für Mädchen mit Behinderungen und Beeinträchtigungen gefragt (Frage 12). Die Frage (9) bezüglich der Angebotsformen wurde mit dem Item „Beratung" ergänzt und die Frage nach der Zusammensetzung der Gruppenveranstaltungen (Frage 11) wurde differenziert in folgende Items: „ausschließlich mit Mädchengruppen"; „nach Möglichkeit in geschlechtshomogenen Gruppen"; „ganz bewusst in gemischtgeschlechtlichen Gruppen"; „häufig unter Einbeziehung der Mütter bzw. der Eltern". Die Altersgruppen (Frage 12) wurde ergänzt um die Gruppe „bis 10 Jahre".

Anlass für diese Erweiterungen ist die Praxis- und Literaturrecherche, die 1998 im Auftrag der BZgA als Grundlage für die Planung der bundesweiten Fachtagung „Sexualpädagogische Mädchenarbeit" erstellt wurde. Ziel dieser Recherche war es herauszufinden, ob sich Wesentliches, also z.B. Inhalte, Themen, Methoden und auch Zielgruppen der sexualpädagogischen Mädchenarbeit seit der ersten Expertise 1996 verändert hatten. Es sollten Fragestellungen für die geplante Fachtagung entwickelt und aktuelle Themen für die Diskussionsforen erarbeitet werden.

Bei dieser Recherche stellte sich heraus, dass sowohl die Zielgruppen größer als auch die Themen umfangreicher geworden sind. Darüber hinaus gab es Hinweise dafür, dass sich die streng geschlechtshomogene Zusammensetzung der Mädchengruppenarbeit aufzulösen beginnt. Aus diesen Gründen wurde der 1996 entwickelte Fragebogen entsprechend modifiziert. Er umfasst 1999 folgende Bereiche:

- Rahmenbedingungen (d.h. Arbeits- und Stellensituation, konzeptionelle Grundlagen und Angebotsformen)
- Zielgruppen (Alter, Nationalität, besondere Merkmale, Kontakthäufigkeit)
- Themen und Methoden
- Selbstverständnis der Mitarbeiterinnen

Wie bereits 1996 schickten auch 1999 viele Einrichtungen Materialien, Dokumentationen, Arbeitshilfen und Konzeptionen ihrer Arbeit mit, die für die Vergleichsstudie gesichtet und ausgewertet wurden. Darüber hinaus wurden 25 telefonische Interviews mit Expertinnen aus verschiedensten Einrichtungen und aus unterschiedlichen Bundesländern geführt.

Sexualpädagogische Mädchenarbeit und allgemeine Mädchenarbeit lassen sich auch heute noch nicht scharf voneinander trennen. Sexualpädagogische Themen fließen immer auch in Mädchenarbeit gleich welcher Ausrichtung ein. Eine einheitliche Konzeption ist nicht nur nicht leistbar, sondern sie würde vor allem der Breite und der Vielfalt (sexualpädagogischer) Mädchenarbeit kaum gerecht. So ist es 1999 kaum möglich (und vielleicht auch nicht sinnvoll), die untersuchten Einrichtungen auf ihr Selbstverständnis hin „zu überprüfen". Ebenso ist es auch nicht auszuschließen, dass die Mitarbeiterinnen, die den Fragebogen ausgefüllt haben, in erster Linie das Wort „Mädchenarbeit" gelesen und weniger die Frage „sexualpädagogisch" und beantwortet haben. Dennoch: Die gesammelten Daten und Erkenntnisse geben eine gute Grundlage ab, die Standards sexualpädagogischer Mädchenarbeit einzuschätzen.

1.2 Streuung

Insgesamt wurden bundesweit 1.394 Fragebogen verschickt. Die Adressatinnen waren:

- Jugendämter deutscher Großstädte,
- Spitzenverbände der freien Wohlfahrtspflege bzw. deren Landesorganisationen und Einrichtungen,
- bundesweit tätige Sozialwerke und Hilfswerke bzw. deren Landesorganisationen und Einrichtungen,
- Bundes- und Landesjugendringe,
- Kinderschutzvereinigungen,
- autonome Einrichtungen der Mädchen- und Frauenarbeit,
- autonome Beratungsstellen für Familienplanung, Sexualaufklärung, sexuellen Missbrauch etc.,
- die Landesarbeitsgemeinschaften der Mädchenarbeit,
- einzelne Fachfrauen.

Wie bereits 1996 wurde der Fragebogen auch 1999 von einigen Mitarbeiterinnen kopiert und weitergegeben. Da die Adressatinnengruppe um gut 600 (1995: 813) Einrichtungen erweitert wurde, konnten mehr Mitarbeiterinnen direkt erreicht werden. 419 Einrichtungen antworteten; jedoch konnten nur 384 Fragebogen für die Auswertung genutzt werden. Die verbleibenden 35 Fragebogen waren entweder zu lückenhaft oder gar nicht ausgefüllt. Einige Mitarbeiterinnen gaben auch an, den Fragebogen auf Anweisung ihrer vorgesetzten Behörde aus Überlastungsgründen nicht beantworten zu dürfen. Die Rücklaufquote bezogen auf die Gesamtheit der angefragten Einrichtungen beträgt somit 30%.

Abb. 1

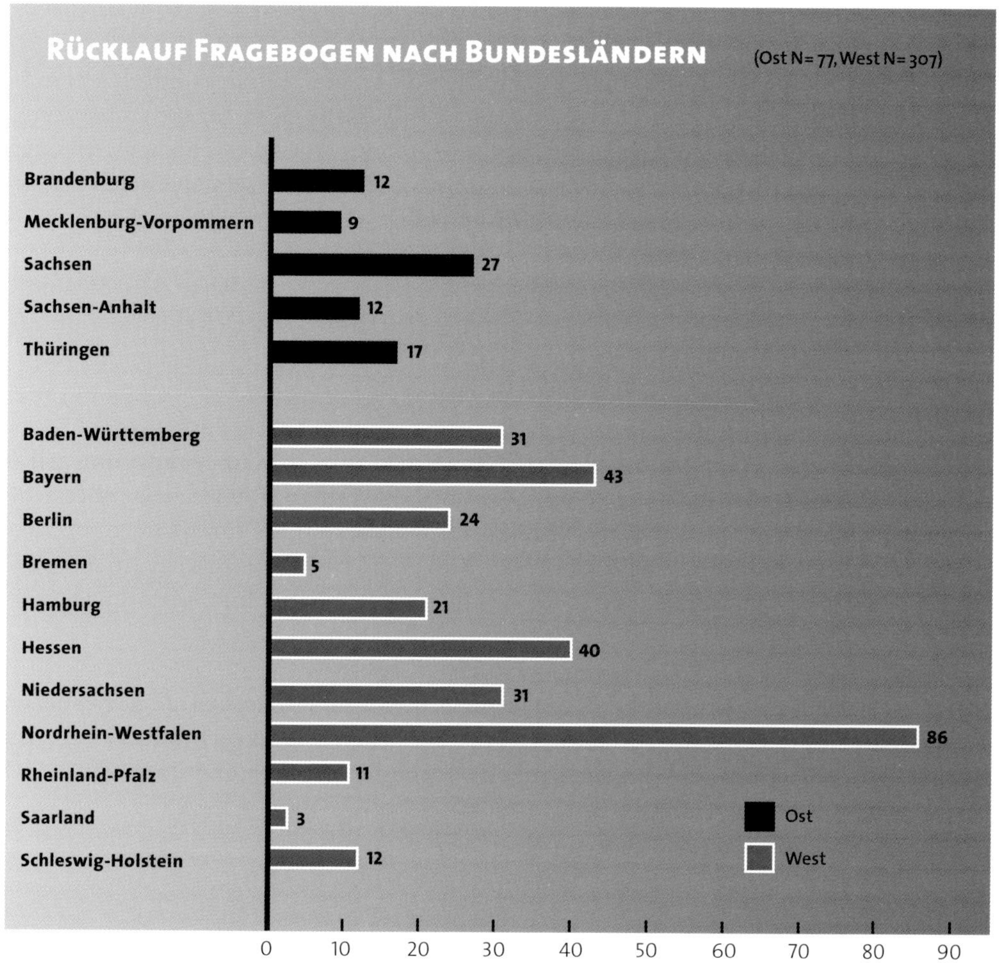

Als die Daten 1995 erhoben wurden, befand sich die Mädchenarbeit in den neuen Bundesländern noch im Aufbau. In der Vergleichsstudie wird deutlich, dass sich seit 1996 die Mädchenarbeit in den neuen Ländern etabliert hat. Die häufig aus dem Westen übernommenen Konzepte wurden in den letzten Jahren überarbeitet und an die besonderen Gegebenheiten der neuen Länder angepasst.

Die teilweise getrennte Bewertung des Datenmaterials nach alten und neuen Bundesländern ist vor allem dadurch gerechtfertigt, dass sich die Lebensbedingungen der Mädchen und ihre Zukunftsperspektiven heute sowie ihre Sozialisation deutlich von denen der Mädchen in den alten Bundesländern unterscheiden.

1.3 Kategorisierung

Die Fragebogen wurden grundsätzlich nach alten und neuen Bundesländern getrennt ausgezählt. Dennoch war sehr häufig eine solche Unterscheidung für die Auswertung nicht sinnvoll, weil entweder keine signifikanten Unterschiede zu erkennen waren oder die zugrunde liegenden Zahlen keine statistisch relevanten oder vergleichbaren Aussagen zugelassen hätten. In diesen Fällen wird auf eine Differenzierung verzichtet.

Bei vielen Fragestellungen allerdings war eine Unterscheidung zwischen den alten und neuen Bundesländern durchaus angebracht, um markante Unterschiede oder unterschiedliche Trends hervorzuheben. In diesem Fall wird in den entsprechenden Kapiteln bzw. Grafiken ausdrücklich darauf hingewiesen.

Die Auswertung und Darstellung der Erhebungsergebnisse erfolgte – wenn sinnvoll – nach bundesweiter oder nach neuen und alten Bundesländern differenzierter Betrachtung. In der Regel wurde jedoch eine Differenzierung nach Einrichtungskategorien vorgenommen, um die unterschiedlichen sexualpädagogischen Arbeitsweisen in den verschiedenen Einrichtungstypen darstellen zu können. Auf diese Differenzierung wurde nur in den Fällen verzichtet, in denen zu geringe Fallzahlen vorlagen.

In den Einrichtungskategorien werden jeweils alle betreffenden Einrichtungen jeglicher Trägerschaft zusammengefasst. In diesen „Basis-Bereichen“ der Einrichtungskategorien ist eine Differenzierung und Vergleichbarkeit am ehesten gegeben und sinnvoll.

Abb. 2

Kategorisierung

Trägerkategorien

- Einrichtungen in evangelischer Trägerschaft
- Einrichtungen in katholischer Trägerschaft
- Einrichtungen freier Wohlfahrtsverbände
- Einrichtungen sonstiger Jugendverbände
- Einrichtungen in kommunaler Trägerschaft
- Einrichtungen in autonomer Trägerschaft
- Beratungsstellen der PRO FAMILIA
  (die in ihrer Kategorie überdurchschnittlich stark repräsentiert sind)

Einzelkategorien

bei den Einrichtungen in autonomer Trägerschaft

- Beratungsstellen für homosexuelle Menschen
- Einrichtungen offener Jugendarbeit
- Beratungsstellen allgemein
- Mädchen- und Frauenberatungsstellen
- Mädcheneinrichtungen

bei den Einrichtungen in kommunaler Trägerschaft

- Jugendeinrichtungen
- Mädcheneinrichtungen
- Sonstige (z.B. Gesundheitsämter)

bei den Einrichtungen in konfessioneller Trägerschaft

- Mädcheneinrichtungen
- Andere

Einrichtungskategorien

Im Allgemeinen werden die Angaben in so genannte Einrichtungskategorien aufgeschlüsselt bzw. subsumiert:

- Mädcheneinrichtungen aller Träger (Mädcheneinrichtungen oder -zentren)
- Jugendeinrichtungen aller Träger (offene Arbeit, Jugendzentren)
- Beratungsstellen aller Träger (PRO FAMILIA, Lesbenberatungsstellen u.a.)
- Einrichtungen in konfessioneller Trägerschaft (ev. und kath.)

Anmerkungen

Die Aufteilung in die so genannten Einrichtungskategorien ist deshalb sinnvoll, weil die Unterschiede zwischen Mädcheneinrichtungen, Jugendeinrichtungen und Beratungsstellen unabhängig von der Trägerschaft herausgestellt werden sollen. So haben beispielsweise die Mädcheneinrichtungen – unabhängig vom Einrichtungsträger – ihre „Wurzeln" in der feministischen oder parteilichen Mädchenarbeit. Konzeptionelle Grundlagen und Schwerpunkte sind vergleichbar, lediglich die Rahmenbedingungen (z.B. Stellenausstattung) sind andere. Mitarbeiterinnen in der Jugendarbeit, die Mädchenarbeit machen, kommen ebenfalls in der Regel aus der Mädchenarbeits-Bewegung. Übereinstimmungen und Unterschiede leiten sich dabei ebenfalls weniger vom Träger her als vielmehr von den einzelnen Pädagoginnen und ihrer „Herkunft".

Die Arbeit von Beratungsstellen unterscheidet sich grundsätzlich von der in Jugend- oder Mädcheneinrichtungen. Konzepte, Inhalte und beispielsweise die Qualifikationen haben dementsprechend unterschiedliche Ausrichtungen und Schwerpunkte. Bei den Einrichtungen in konfessioneller Trägerschaft steht die Verbandsideologie deutlich stärker im Vordergrund und wirkt sich entschiedener auf die Praxis der Mädchenarbeit aus als dies bei den Einrichtungen der freien Wohlfahrtsverbände der Fall ist.

Auch 1999 wurden bei der Auszählung der Fragebogen mehr Daten ermittelt als im Rahmen dieser Expertise vorgestellt und interpretiert werden können. Deswegen werden der Übersichtlichkeit halber lediglich die für die Fragestellung der Expertise relevantesten Ergebnisse dokumentiert. Grundlage bildet einerseits die Auszählung der Fragebogen, zum anderen wurden die von den Befragten zur Verfügung gestellten Materialien (Konzepte, Programme, Dokumentationen, Berichte) gesichtet und ausgewertet. Die vorgestellte Auswahl dient ausschließlich der Veranschaulichung von Inhalten oder Themen und ist keinesfalls repräsentativ. Des Weiteren wurden Gespräche und Interviews mit Fachfrauen der Sexualpädagogik und Mädchenarbeit aus verschiedenen Verbänden geführt. Die wichtigsten Ergebnisse dieser Expertinnenbefragung sind ebenfalls in Auswertung, Analyse, Interpretation und Aussagen dieser Studie eingeflossen. In einigen Textpassagen der Studie werden Beobachtungen einzelner befragter Einrichtungen zitiert. Hierbei handelt es sich um Aussagen aus den Expertinneninterviews, die an diesen Stellen nicht namentlich, aber stellvertretend für die Einrichtung dargestellt wurden.

2 Situation der Mädchenarbeit in den befragten Einrichtungen

2.1 Entwicklung der Mädchenarbeit

Wie die erste Studie zur sexualpädagogischen Mädchenarbeit bereits ergab, ist in den meisten Einrichtungen in den alten Bundesländern der Zeitraum von 1981 bis 1996 als Beginn dieser Arbeit festzumachen. Vor 1980 haben lediglich 10% der Einrichtungen (und hier handelt es sich auch 1999 in erster Linie um konfessionelle Einrichtungen wie z.B. die Pfadfinderinnenschaft St. Georg und um Jugendeinrichtungen) diesen Arbeitsbereich entwickelt. Im Rahmen der Befragungswelle 1999 konnten in den alten Bundesländern nur 7% bzw. 20 neue Mädchenarbeitsinitiativen ermittelt werden, sieben davon allein im Bereich der autonomen Mädchen- und Fraueneinrichtungen und zehn in dem Bereich der Jugendarbeit. Die restlichen 13 Projekte verteilen sich gleichmäßig auf die anderen Einrichtungskategorien.

2

Ganz anders ist die Situation in den neuen Bundesländern: Beteiligten sich 1996 an der Befragung nur 30 Einrichtungen im Osten Deutschlands, so sind es 1999 bereits 77. 56 Einrichtungen sind seit 1989 in diesem Bereich tätig, 19 erst seit 1997. Es sind hauptsächlich die Träger der Jugendhilfe, die autonomen Mädcheneinrichtungen und die Beratungsstellen, die sich bereits bis 1996 in diesem pädagogischen Feld etabliert hatten. Seit 1997 engagierten sich 19 neue Einrichtungen in der Mädchenarbeit, darunter sechs Beratungsstellen, acht Jugend- und vier Mädcheneinrichtungen sowie eine konfessionelle Einrichtung.

Abb. 3

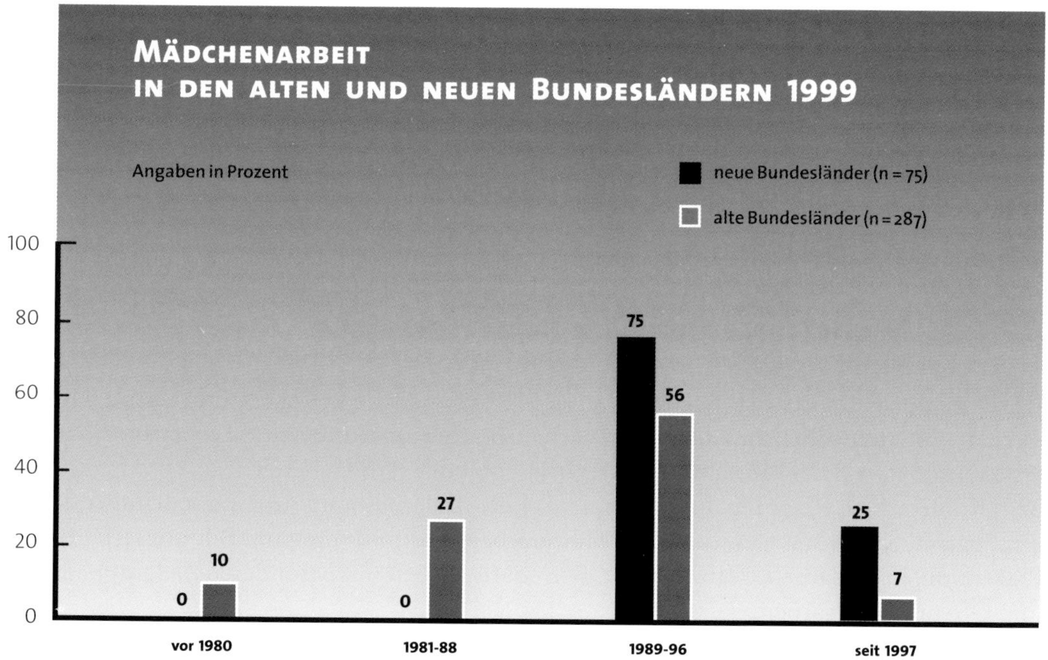

Dass besonders in jüngster Vergangenheit Projekte der Mädchenarbeit in den neuen Bundesländern entstanden sind, hat konkrete Ursachen. In der ehemaligen DDR war Mädchenarbeit im emanzipatorischen Sinne nicht nur unbekannt, sie erschien sogar aufgrund der gesellschaftlich vermeintlichen und rechtlich faktischen Gleichstellung von Frau und Mann in allen Bereichen des gesellschaftlichen Lebens vollständig überflüssig. Folglich stießen die Konzepte westdeutscher Mädchenarbeit direkt nach der Auflösung der DDR 1990 bei den ostdeutschen Pädagoginnen und Frauen auf Unverständnis. Gleichzeitig aber wurden in den neuen Bundesländern gerade in diesem pädagogischen Bereich Projektmittel und finanzielle Ressourcen zur Verfügung gestellt, und westdeutsche Mädchenarbeiterinnen sahen den großen Schulungs- und Qualifikationsbedarf für den Aufbau dieser Arbeit. Die Konsequenz war, dass aufgrund vorhandener Geldmittel Mädchenprojekte initiiert, aber aus Mangel an eigener Analyse und Konzeptentwicklung westdeutsche Konzeptionen übernommen wurden. Die Situation der Mädchen in den neuen Bundesländern, die durch die Sozialisation in einem sozialistischen Land geprägt war, wurde vielfach nicht berücksichtigt.

Eine weitere Anfangsschwierigkeit war, dass auch die Berufsprofile und Ausbildungsstandards für Sozialarbeiterinnen und Sozialpädagoginnen erst noch angeeignet und die erworbenen Kenntnisse in der Praxis umgesetzt werden mussten. So entstand in vielen ostdeutschen Städten die paradoxe Situation, dass arbeitslose Frauen ohne pädagogische Qualifikation, aber mit guter Ausbildung in einem anderen Bereich für eine Tätigkeit eingesetzt wurden, für die sie nicht viel Verständnis hatten: die parteiliche Mädchenarbeit.

Erst zehn Jahre nach der Wende entwickelt die Mädchenarbeit in den neuen Ländern ein eigenes Profil, das auf der Analyse der Situation der Mädchen und Frauen Ostdeutschlands basiert. Seit einigen Jahren erst können in diesen Bundesländern die Qualifikationen der Sozialarbeiterin und der Sozialpädagogin erworben werden und erst in letzter Zeit sind die Informationen über Fördermöglichkeiten und Antragsverfahren transparent und gesichert. Vor diesem Hintergrund wird deutlich, warum gerade seit 1997 viele neue Initiativen gestartet und Konzepte erarbeitet und in der Praxis erprobt werden.

2.2 Mädchenarbeit im sozialen Feld

Die (sexualpädagogische) Mädchenarbeit ist für nahezu alle befragten Einrichtungen nur ein – unterschiedlich umfangreicher – Arbeitsbereich unter anderen. So geben die Mitarbeiterinnen, je nach Einrichtungskategorie, folgende Arbeitsbereiche an: Frauenarbeit, Kinderarbeit, Beratung und Therapie, Schulsozialarbeit und Arbeit mit Schulklassen, Jugendberufshilfe, Familien- und Mütterarbeit, Fortbildungs- und Bildungsarbeit, Prävention, Jugendarbeit, Freizeitarbeit, Betreuung, Arbeit mit besonderen Zielgruppen und Öffentlichkeitsarbeit.

Wie schon 1996 ist neben der (sexualpädagogischen) Mädchenarbeit auch die Jungenarbeit für einige Einrichtungen ein wichtiger pädagogischer Arbeitsbereich. Waren es 1996 25 Einrichtungen, die hier tätig waren, so sind es 1999 32, in den alten Bundesländern 27 und in den neuen Bundesländern fünf. Prozentual betrachtet liegt der Anteil der Einrichtungen, die Jungenarbeit anbieten, konstant bei 8%.

Ein Grund für die Erprobung, Entwicklung und Qualifizierung der Jungenarbeit ist neben der Einsicht in die pädagogische Notwendigkeit sicher auch die Modifizierung der Fördermöglichkeiten im Kinder- und Jugendhilfegesetz 1991. Dort heißt es im § 9 Absatz 3 KJHG: „3. die unterschiedlichen Lebenslagen von Mädchen und Jungen [sind] zu berücksichtigen, Benachteiligungen abzubauen und die Gleichberechtigung von Mädchen und Jungen zu fördern."

2.3 Berufliches Selbstverständnis der Mitarbeiterinnen

Die erste Expertise zur sexualpädagogischen Mädchenarbeit 1996 kam zu dem Ergebnis, dass sich „als Mädchenarbeiterinnen (in der Tradition der feministischen, emanzipatorischen und parteilichen Mädchenarbeit) vor allem verstehen:

- Mitarbeiterinnen von Mädcheneinrichtungen,
- Mitarbeiterinnen von koedukativen Einrichtungen (vor allem Jugendzentren),
- Mitarbeiterinnen von autonomen Frauen- und Mädchenberatungsstellen.

Als Sexualpädagoginnen (mit aufklärendem, informativem, beratendem und therapeutischem Auftrag) arbeiten vor allem:

- Mitarbeiterinnen von Sexualberatungsstellen,
- Mitarbeiterinnen von Lesbenberatungsstellen,
- zum größten Teil Mitarbeiterinnen von Frauen- und Mädchengesundheitszentren."[5]

Die vorliegende Vergleichsstudie kommt vordergründig zum gleichen Ergebnis. Dennoch unterscheiden sich einige Einzelergebnisse im Detail:

- Während 1996 nur 68% der befragten Mitarbeiterinnen diese Frage beantworteten, sind es 1999 immerhin 89%.

- Gaben 1996 noch 18% der Mitarbeiterinnen von konfessionellen Einrichtungen an, sich eher als Sexualpädagoginnen zu sehen, ordnet sich 1999 nur eine Mitarbeiterin aus konfessionellen Einrichtungen dieser beruflichen Identität zu. Die verbleibenden 28 Mitarbeiterinnen, die diese Frage beantworteten, sehen sich als Mädchenarbeite-

5 Bültmann, G. (1996), S. 27

rinnen. Dabei ist zu bedenken, dass sich das Selbstverständnis und die Außendarstellung der Pädagoginnen auch nach den Anforderungen der Förderrichtlinien orientieren kann. In diesen ist im Allgemeinen die Sexualpädagogik nicht benannt, dafür aber die Mädchenarbeit.

- Die Mitarbeiterinnen von Jugendeinrichtungen verstehen sich 1996 zu 95% als Mädchenarbeiterinnen, zu 5% als Sexualpädagoginnen, 1999 liegt der Satz bei 90% Mädchenarbeiterinnen und 10% Sexualpädagoginnen.

Keine Unterschiede zu 1996 gibt es in folgenden Bereichen:

- Die Mitarbeiterinnen aus Mädcheneinrichtungen sehen sich zu 100% als Mädchenarbeiterinnen – 1996 wie auch 1999.

- 36% der Mitarbeiterinnen von Beratungsstellen sind Sexualpädagoginnen und 64% geben an, Mädchenarbeiterinnen zu sein.

- Die prozentuale Verteilung bundesweit stimmt mit der jeweiligen prozentualen Verteilung in den alten Bundesländern und in den neuen Bundesländern überein.

Die Tatsache, dass 89% der Mitarbeiterinnen 1999 eine Selbst-Kategorisierung vornehmen und sich damit auch eindeutig einer Berufsgruppe zuordnen, kann darauf zurückgeführt werden, dass seit 1996 die Qualifizierung und Weiterentwicklung z.B. durch eine größere Anzahl von Fortbildungslehrgängen im Bereich der Sexualpädagogik, durch stärkere Vernetzung besonders in der Mädchenarbeit und durch ein größeres Angebot an Mädchenfachtagungen vorangetrieben wurden. Dass mit der Profilierung dieser Arbeitsbereiche auch eine Profilbildung der Mitarbeiterinnen erreicht wurde, ist eine logische Folge.

Trotz dieser eindeutigen Zuordnung zu den beiden Berufsgruppen scheinen sich jedoch die damit verbundenen Inhalte, wie sie in der Expertise von 1996 beschrieben wurden, aufzulösen. Zwar sind die klassischen Bereiche der Mädchenarbeit immer noch die Selbstbehauptung, das Erlernen alternativer Rollenmuster und die Prävention sexueller Gewalt gegen Mädchen und Frauen, jedoch gewinnen immer stärker solche Themen an Bedeutung, die den lustvollen und körperbetonten Zugang zur Sexualität in den Mittelpunkt stellen. In der Sexualpädagogik, die traditionell besonders den Lustaspekt der weiblichen Sexualität betont und Mädchen nicht „umerziehen“, sondern „annehmen“ möchte, gewinnen zunehmend Themen im Bereich der Prävention sexueller Gewalt oder der gesellschaftlichen Benachteiligung von Mädchen an Raum.

Der 1996 unterschwellig spürbare Streit zwischen Mädchenarbeiterinnen und Sexualpädagoginnen scheint an Bedeutung verloren zu haben. Die Diskussionskultur über den eigenen „Tellerrand“ hinaus hat, vielleicht aufgrund der zahlreichen Fachveranstaltungen, zu einer besseren Verständigung geführt und so möglicherweise schärfere Grenzziehungen überflüssig gemacht.

Abb. 4

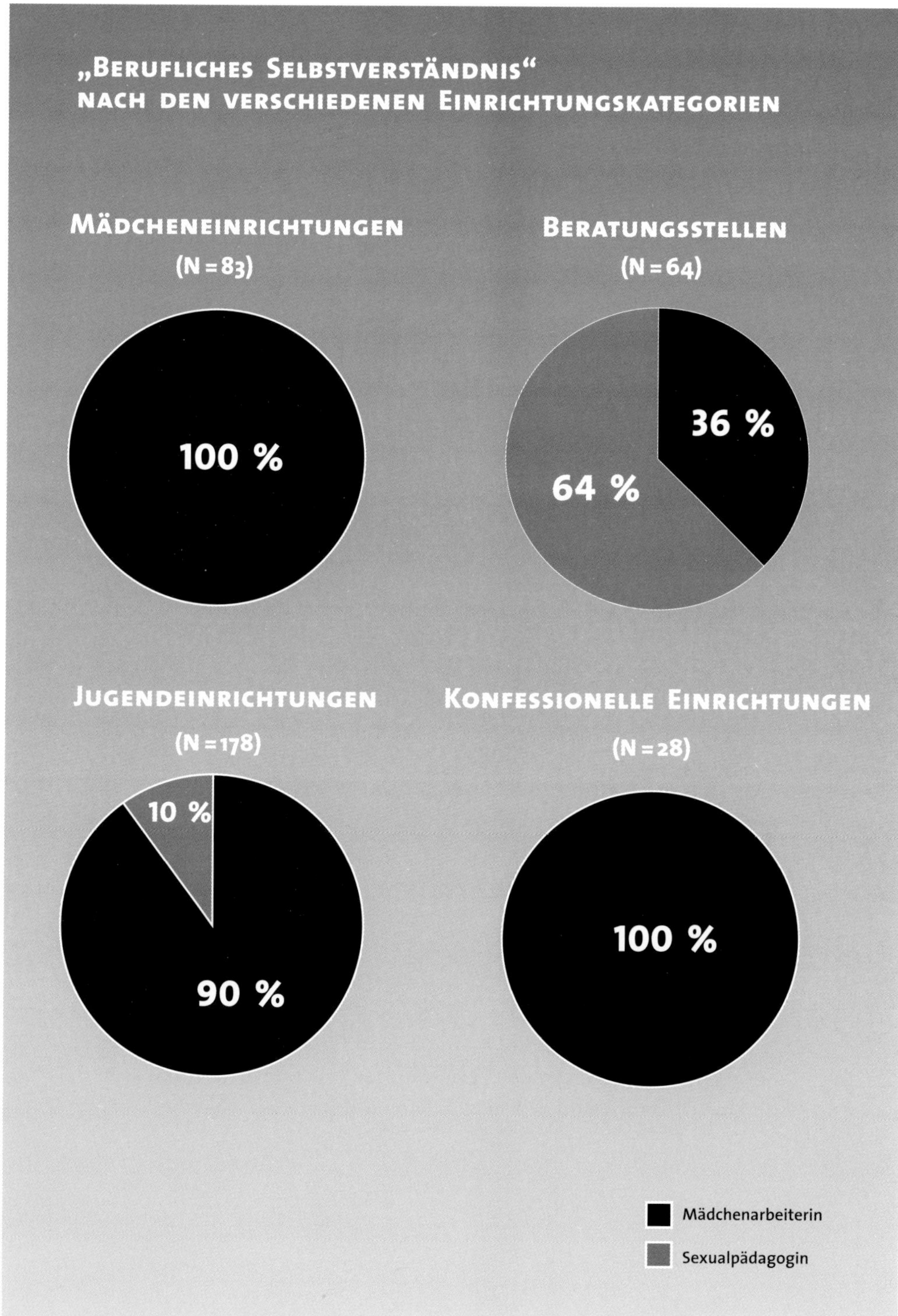
„Berufliches Selbstverständnis"
nach den verschiedenen Einrichtungskategorien
Mädcheneinrichtungen
(N = 83)
100 %
Beratungsstellen
(N = 64)
36 %
64 %
Jugendeinrichtungen
(N = 178)
10 %
90 %
Konfessionelle Einrichtungen
(N = 28)
100 %
Mädchenarbeiterin
Sexualpädagogin

3 Qualitatives und quantitatives Ausstattungsprofil der befragten Einrichtungen

3.1 Finanzielle Ressourcen

Grundsätzlich kann festgestellt werden: Je unabhängiger und selbständiger die Einrichtung, je „kleiner der Betrieb“, desto vielfältiger und komplizierter ist die finanzielle Absicherung der Arbeit, d.h. besonders die kleinen Einrichtungen sind auf viele Finanzierungsquellen gleichzeitig angewiesen, um ihre Angebote erhalten und ausbauen zu können. Wie kreativ die Mitarbeiterinnen sind, zeigt die folgende kleine Auswahl an Geldquellen: Sponsoring, Lotto-Gelder, Stiftungsmittel, Europäischer Sozialfonds, kommunaler Haushalt, Landes- und Bundesmittel, Bußgelder, Spenden, Teilnahmebeiträge, Mitgliedsbeiträge, Arbeitsamtsmittel, Honorarrückerstattungen, Pflegesätze etc.

Die Vielzahl dieser unterschiedlichen Geldgeber macht deutlich, dass in Zeiten knapper Haushalte die Finanzierungswege kreativer werden müssen. Mitarbeiterinnen in Einrichtungen autonomer Trägerschaft, aber auch von Beratungsstellen werden so zu Finanzierungsfachfrauen, die einen großen Teil ihrer Arbeitszeit für die Akquirierung finanzieller Ressourcen aufwenden müssen. Einrichtungen, die durch kommunale Haushalte oder auch Landes- und Bundeshaushalte zu einem großen Teil abgesichert sind, erschließen sich ebenso zunehmend andere Finanzierungsmöglichkeiten, wie z.B. europäische Mittel, Stiftungsgelder, Teilnahmebeiträge und Spenden, um die Streichungen und Kürzungen ihrer eigenen Haushaltsmittel zu kompensieren.

Diese Ergebnisse sind aufgrund des Fragebogens jedoch nicht quantifizierbar. Die Aussagen über die finanzielle Situation der Einrichtung sind sehr unterschiedlich und mehr oder weniger differenziert. Möglicherweise ist auch die Sorge um die Konkurrenz „am Markt“ ein Grund dafür, dass ein großer Teil der Einrichtungen ihre Finanzierungsquellen weniger differenziert offen legen. Insofern kann es sich bei der Betrachtung dieses Bereichs nur um eine tendenzielle Aussage handeln. Festzustellen bleibt jedoch, dass Mitarbeiterinnen der sexualpädagogischen Mädchenarbeit die Defizite öffentlicher Haushalte kompensieren, indem sie stärker alternative Finanzierungsmöglichkeiten auszuloten und zu nutzen wissen.

3.2 Personelle Rahmenbedingungen

Wie schon in der Erhebung von 1996 sind die Angaben zur personellen Ausstattung in den Einrichtungen nicht explizit auf die sexualpädagogische Mädchenarbeit bezogen, vielmehr ist davon auszugehen, dass sich die Angaben generell auf Mädchenarbeit bzw. in Beratungsstellen auf Beratungsarbeit und/oder Sexualpädagogik beziehen. Die Mitarbeiterinnen wurden gebeten, folgende Angaben zu machen:

- Anzahl der hauptamtlichen pädagogischen Mitarbeiterinnen (HPM)
- Anzahl der nebenberuflichen pädagogischen Mitarbeiterinnen (NPM)
- Anzahl der ehrenamtlichen pädagogischen Mitarbeiterinnen (EPM)

Abb. 5

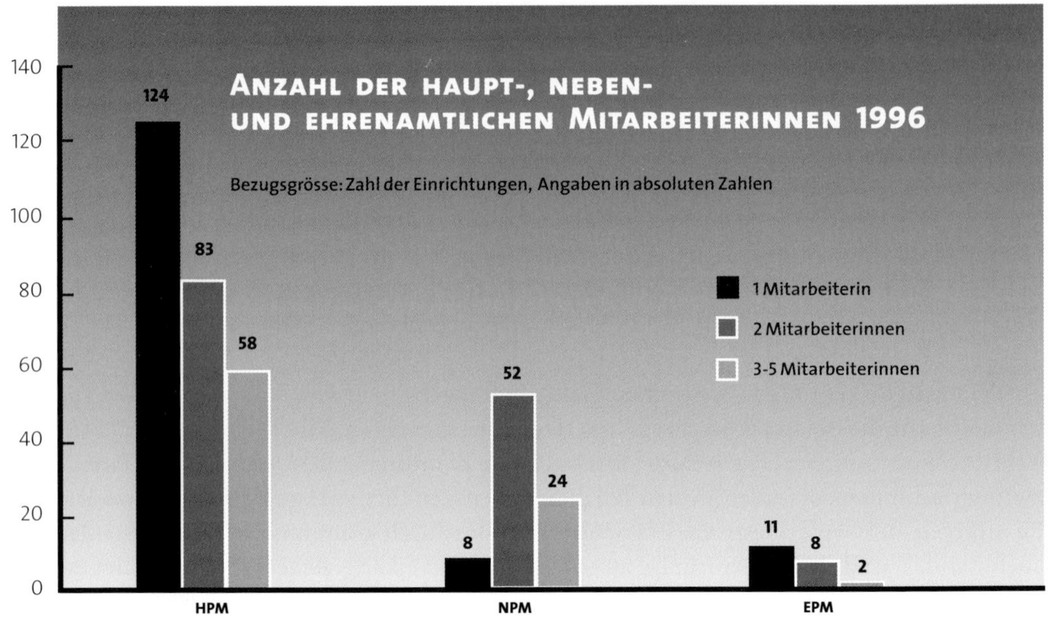
Anzahl der haupt-, neben- und ehrenamtlichen Mitarbeiterinnen 1996
Bezugsgrösse: Zahl der Einrichtungen, Angaben in absoluten Zahlen
140
120
100
80
60
40
20
0
124
83
58
8
52
24
11
8
2
HPM
NPM
EPM
1 Mitarbeiterin
2 Mitarbeiterinnen
3-5 Mitarbeiterinnen

Abb. 6

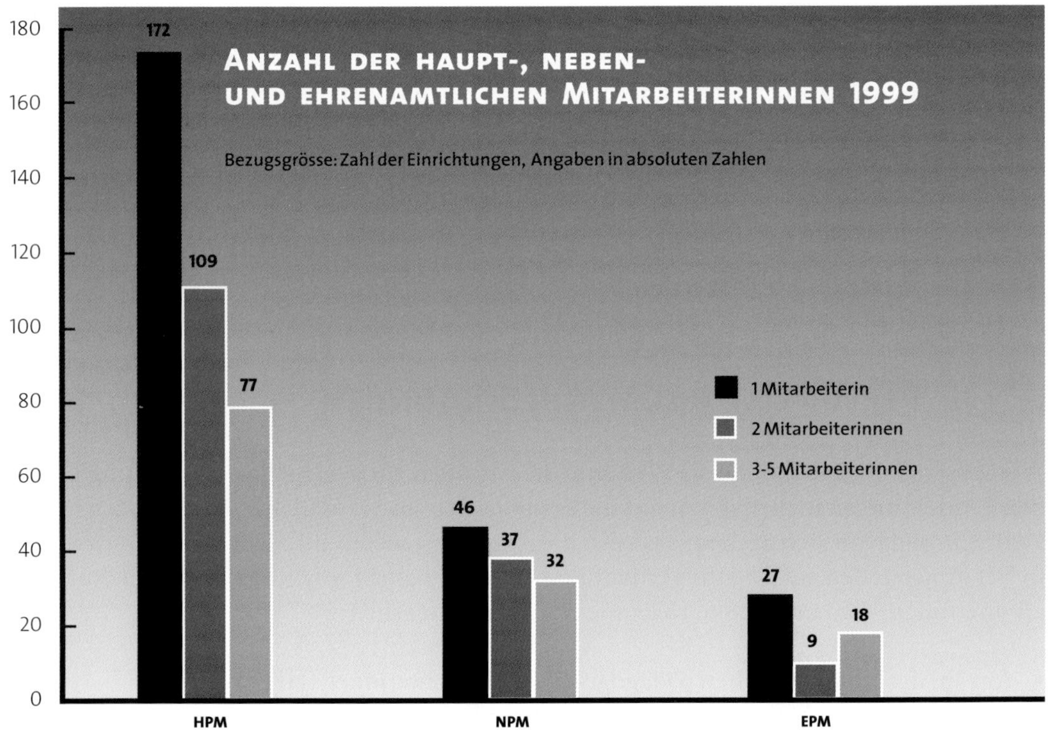
Anzahl der haupt-, neben- und ehrenamtlichen Mitarbeiterinnen 1999
Bezugsgrösse: Zahl der Einrichtungen, Angaben in absoluten Zahlen
180
160
140
120
100
80
60
40
20
0
172
109
77
46
37
32
27
9
18
HPM
NPM
EPM
1 Mitarbeiterin
2 Mitarbeiterinnen
3-5 Mitarbeiterinnen

3.2.1 Hauptberufliche pädagogische Mitarbeiterinnen

Alle **Mädcheneinrichtungen**, die sich an der Befragung beteiligten, haben zu dieser Frage Angaben gemacht. Von diesen 104 Einrichtungen geben 27% an, eine HPM, 32% zwei HPM, 31% drei bis fünf HPM und 10% mehr als sechs HPM zu beschäftigen. Im Vergleich zu 1996 ist festzustellen, dass diese prozentuale Verteilung relativ identisch geblieben ist. Die Beschäftigungssituation der Hauptamtlerinnen in den **Jugendeinrichtungen** ist bis auf kleine Verschiebungen konstant geblieben: Von 178 Einrichtungen beschäftigen 37% eine hauptamtliche Mitarbeiterin (1996: 53%); 24% beschäftigen 2 hauptamtliche Kräfte (1996: 26%). Immerhin 16% der befragten Einrichtungen setzen 3 bis 5 Hauptamtlerinnen ein (1996: 14%) und nur 3% verfügen über mehr als 6 hauptamtliche Pädagoginnen. 1996 lag diese Konstellation noch bei 7% der damals befragten Einrichtungen vor.

Die Situation in den **Beratungsstellen** hat sich im Vergleich zu 1996 folgendermaßen verändert: Gaben 1996 nur 39% der 68 Einrichtungen, die diese Frage beantworteten (dies entspricht 94% der befragten Beratungsstellen), an, eine hauptamtliche Kraft zu beschäftigen, liegt die Zahl 1999 bei 48% (65 Beratungsstellen = 98% aller befragten Beratungsstellen). 1996 verfügten 37% über zwei HPM, 1999 sind es 34% der Einrichtungen, die zwei Hauptamtliche beschäftigen. Drastisch ist der Rückgang bei Einrichtungen mit drei bis fünf fest angestellten Pädagoginnen. Waren es 1996 noch 24%, sind es 1999 nur noch 15%. Allerdings beschäftigen 1999 3% der Einrichtungen mehr als sechs HPM, 1996 gab es hierzu keine Angaben.

Die Personalstruktur in den **konfessionellen Einrichtungen** hat sich in den letzten fünf Jahren wie folgt entwickelt: 1996 beschäftigten 81% eine oder zwei hauptamtliche Kräfte; 1999 beträgt dieser Anteil nur noch 64%. 1996 gaben 19% an, über mehr als 3 HPM zu verfügen; 1999 sind dies 36%. Wie in den Diagrammen ersichtlich, gibt es 1999 deutlich mehr Einrichtungen mit drei bis fünf bzw. mehr als sechs HPM als noch 1996. Gleichzeitig ist die Zahl der Einrichtungen, die nur eine oder zwei hauptamtliche Mitarbeiterinnen beschäftigen, rückläufig. Anzumerken ist hier, dass zwei der an der Befragung beteiligten konfessionellen Einrichtungen Landesorganisationen sind, die über sehr viel hauptamtliches Personal verfügen. Bereinigt man die Statistik entsprechend, so ist das Ergebnis: 1 HPM 36%; 2 HPM 32%; 3–5 HPM 16%; mehr als 6 HPM 16%.

Die erhobenen Daten geben keine Auskunft darüber, ob es sich bei den Stellen um befristete oder unbefristete, um ABM- oder ASH-Stellen handelt, oder ob es jeweils Vollzeit- oder Teilzeitarbeitsstellen sind. Die Angaben dürfen nicht darüber hinwegtäuschen, dass in der Mädchenarbeit und in der Beratungsarbeit eher wenige sichere Stellen, aber dafür viele „unsichere" Stellen existieren. Zieht man die Angaben zu den finanziellen Ressourcen hinzu, wird deutlich, dass viele dieser Stellen durch Mittel des Arbeitsamtes, des Europäischen Sozialfonds, durch Stiftungsgelder oder auch aus Landes- und Bundesprojektmitteln finanziert werden. Der hohe Anteil an Teilzeitstellen lässt sich dadurch erklären, dass viele Einrichtungen es vorziehen, im Team zu arbeiten und die bewilligte Stundenzahl lieber auf mehrere Mitarbeiterinnen verteilen, als nur eine einzelne Kraft zu beschäftigen.

Abb. 7

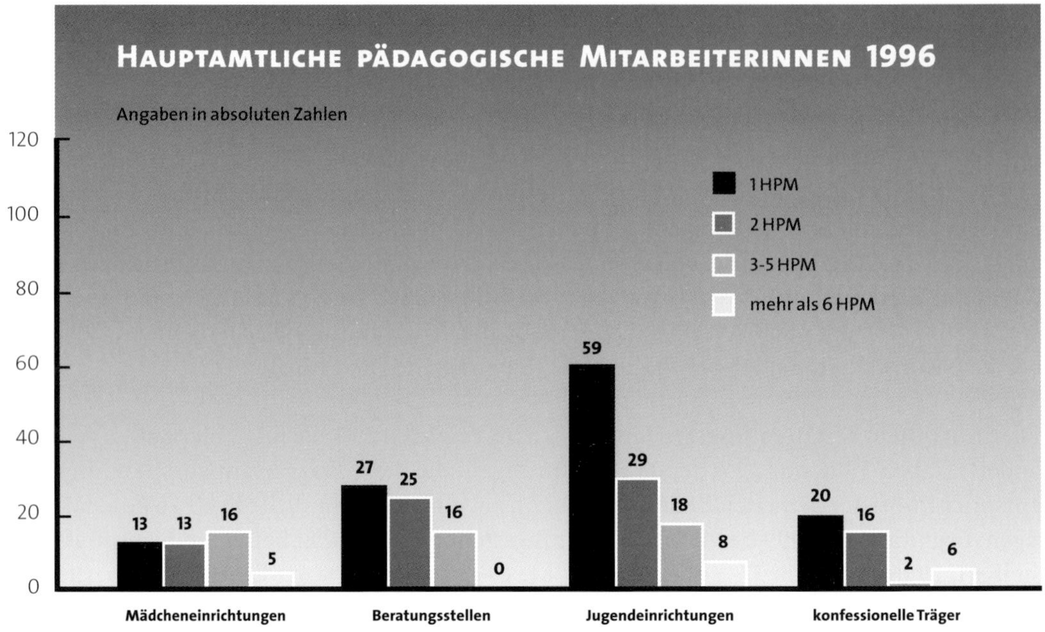

HAUPTAMTLICHE PÄDAGOGISCHE MITARBEITERINNEN 1996
Angaben in absoluten Zahlen
120
100
80
60
40
20
0
1 HPM
2 HPM
3-5 HPM
mehr als 6 HPM
13
13
16
5
27
25
16
0
59
29
18
8
20
16
2
6
Mädcheneinrichtungen
Beratungsstellen
Jugendeinrichtungen
konfessionelle Träger

Abb. 8

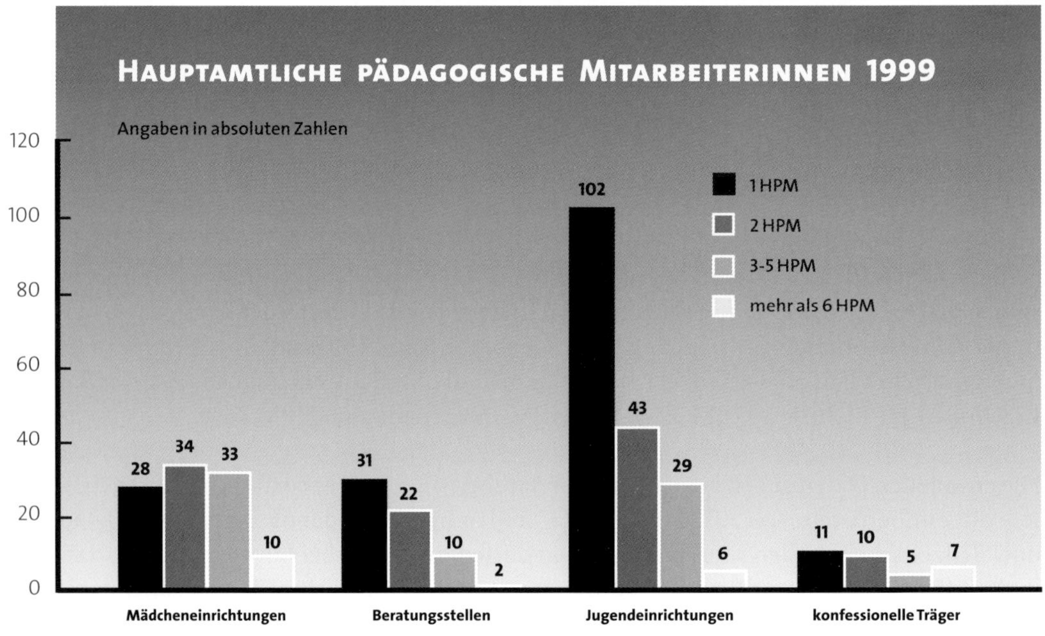

HAUPTAMTLICHE PÄDAGOGISCHE MITARBEITERINNEN 1999
Angaben in absoluten Zahlen
120
100
80
60
40
20
0
1 HPM
2 HPM
3-5 HPM
mehr als 6 HPM
28
34
33
10
31
22
10
2
102
43
29
6
11
10
5
7
Mädcheneinrichtungen
Beratungsstellen
Jugendeinrichtungen
konfessionelle Träger

Für die Arbeit vor Ort in den einzelnen Einrichtungen bedeutet diese Situation, dass immer wieder neu um den Erhalt der Stellen gekämpft werden muss und dass gerade im ABM-Bereich die notwendige Kontinuität der Arbeit durch konstante Mitarbeiterinnen nicht gewährleistet ist. Dies trifft vor allem auf die autonomen Projekte zu und weniger auf die kommunalen Einrichtungen oder auf die großen Jugendverbände und Jugendorganisationen. Große Verbände profitieren aufgrund ihrer Lobbyarbeit häufiger von Mitteln der Jugendhilfe, der Bundesanstalt für Arbeit oder auch von Projektmitteln der Landes- und Bundesministerien als Einrichtungen, die autonom organisiert sind.

3.2.2 Nebenberufliche pädagogische Mitarbeiterinnen

Die Beschäftigung nebenberuflicher Mitarbeiterinnen scheint insgesamt betrachtet rückläufig zu sein. Machten 1996

- 56% der befragten Mädcheneinrichtungen,
- 29% der befragten Beratungsstellen,
- 41% der befragten Jugendeinrichtungen und
- 25% der konfessionellen Einrichtungen

Angaben über Honorarkräfte, so sinken diese Anteile 1999 bei zwei Einrichtungskategorien, steigen aber bei den konfessionellen Einrichtungen und Beratungsstellen:

- 37% der befragten Mädcheneinrichtungen,
- 30% der befragten Beratungsstellen,
- 27% der befragten Jugendeinrichtungen und
- 46% der konfessionellen Einrichtungen.

In den **Mädcheneinrichtungen** ist die prozentuale Verteilung bezogen auf die Anzahl der Nebenamtlichen relativ identisch mit der von 1996. In allen anderen Kategorien lassen sich jedoch Unterschiede feststellen.

Unter den **Beratungsstellen** gibt es 1999 keine, die mehr als sechs NPM beschäftigt. Der Anteil betrug 1996 immerhin noch 5%. Der Anteil der Beratungsstellen, in denen eine oder zwei NPM arbeiteten, betrug 1996 81% und 1999 95%. Möglicherweise sind hierfür auch die Personalkostenkürzungen bzw. Mittelkürzungen verantwortlich. Dass häufiger mit ein oder zwei Nebenamtlichen gearbeitet wird, kann auch als Kompensation der Kürzung von hauptamtlichen Stellen interpretiert werden.

Jugendeinrichtungen insgesamt betrachtet beschäftigen weniger nebenamtliches Personal. 1999 machten nur 27% der befragten Einrichtungen eine dementsprechende Angabe. 1996 waren es noch 41%. Allerdings beschäftigen diese Jugendeinrichtungen 1999 prozentual mehr nebenberufliche Mitarbeiterinnen als 1996. Auffallend groß ist 1999 der prozentuale Anteil der Einrichtungen, die mehr als drei NPM beschäftigen: insgesamt 38%. 1996 betrug dieser Anteil nur 21%.

Abb. 9

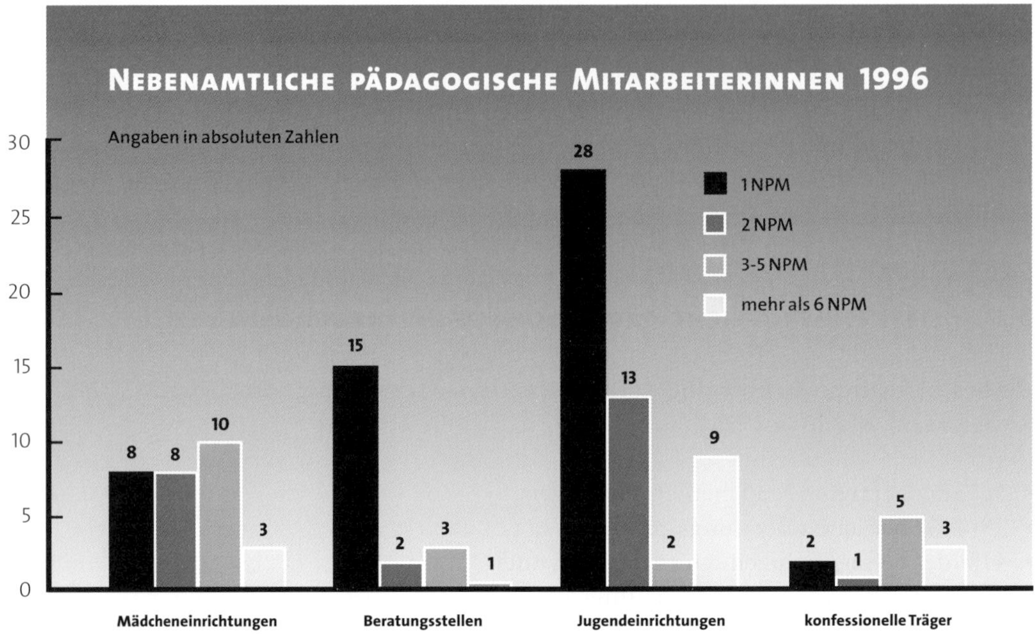
Nebenamtliche pädagogische MitarbeiterInnen 1996
Angaben in absoluten Zahlen
30
25
20
15
10
5
0
1 NPM
2 NPM
3-5 NPM
mehr als 6 NPM
8
8
10
3
15
2
3
1
28
13
2
9
2
1
5
3
Mädcheneinrichtungen
Beratungsstellen
Jugendeinrichtungen
konfessionelle Träger

Abb. 10

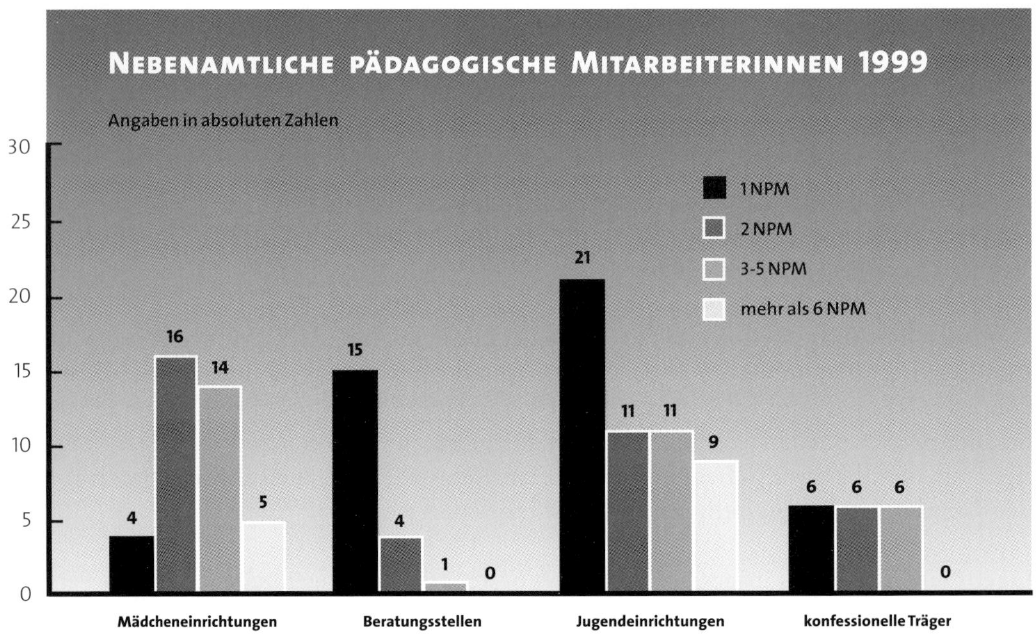
Nebenamtliche pädagogische MitarbeiterInnen 1999
Angaben in absoluten Zahlen
30
25
20
15
10
5
0
1 NPM
2 NPM
3-5 NPM
mehr als 6 NPM
4
16
14
5
15
4
1
0
21
11
11
9
6
6
6
0
Mädcheneinrichtungen
Beratungsstellen
Jugendeinrichtungen
konfessionelle Träger

Die **Einrichtungen in konfessioneller Trägerschaft** arbeiten 1999 mit weniger nebenberuflichen Mitarbeiterinnen als noch 1996. Zwar geben 1999 46% der befragten Einrichtungen an, Honorarkräfte zu beschäftigen (1996 waren dies 25%), jedoch ist die jeweilige Anzahl der NPM deutlich gesunken. 1996 arbeiteten in 73% der Einrichtungen mehr als drei NPM, 1999 sind dies nur noch 33%. 1996 gaben 27% der Einrichtungen an, eine oder zwei NPM zu beschäftigen, 1999 steigt dieser Anteil auf 67%.

3.2.3 Ehrenamtliche pädagogische Mitarbeiterinnen

Mädchenarbeit steht 1999 wie auch 1996 in vielen Einrichtungen deutlich auf ehrenamtlichen Füßen. In den letzten vier Jahren arbeiten nicht nur die „klassischen" Bereiche (wie die konfessionellen Träger) mit ehrenamtlichen Mitarbeiterinnen, sondern auch Jugendeinrichtungen setzen verstärkt auf unbezahlte Kräfte.

1996 gaben nur 8% der Jugendeinrichtungen an, Ehrenamtliche einzusetzen. 1999 sind dies bereits 14%. Gaben 1996 31% der konfessionellen Einrichtungen an, mit Ehrenamtlichen zu arbeiten, sind es 1999 45%. In den Mädcheneinrichtungen liegt der Anteil konstant bei 17%. Die Beratungsstellen arbeiten 1999 nur noch sehr reduziert (9%) im Vergleich zu 1996 (15%) mit Ehrenamtlichen. 1999 machen nicht nur weniger Beratungsstellen Angaben über ehrenamtliches Personal, auch die Anzahl der Ehrenamtlichen scheint gesunken zu sein:

- 1996 gaben 92% an, mehr als drei EPM zu beschäftigen; 1999 sind dies nur noch 14%.
- 1996 arbeiteten in 8% der Einrichtungen ein bis zwei EPM; 1999 sind es 86%.

Abb. 11

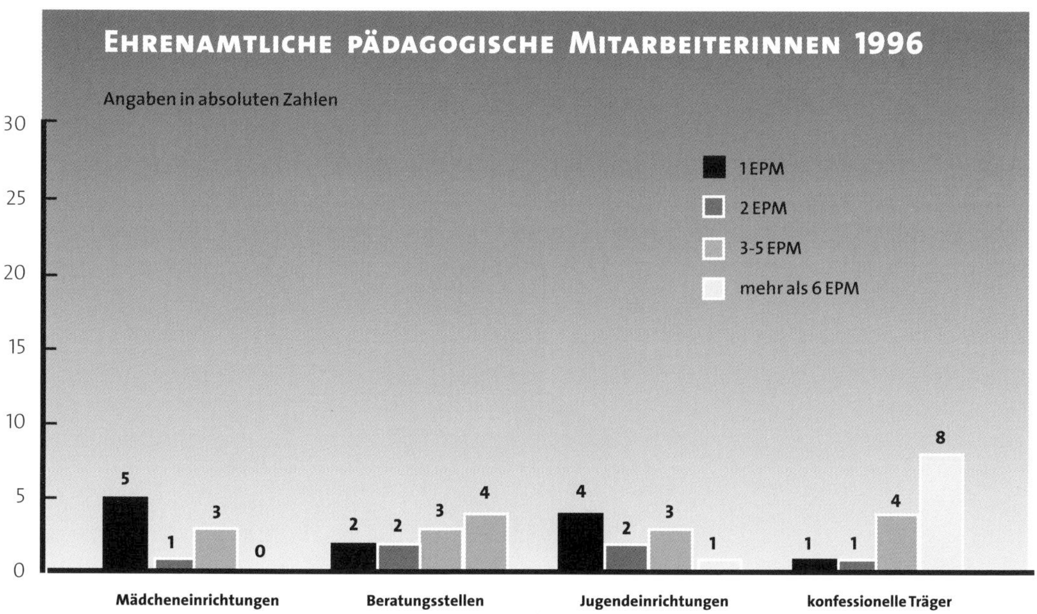

Eine Erklärung hierfür könnte sein, dass gerade in den neuen Bundesländern in den ersten Jahren nach der Wende der Einstieg in die neben- und hauptberufliche Tätigkeit über das Ehrenamt möglich war. Heute, 10 Jahre nach dem Fall der Mauer, haben sich viele Beratungsstellen in den neuen Bundesländern etabliert, was sich auf ihre Arbeit vor Ort ebenso auswirkt wie auf ihre Personalausstattung.

Abb. 12

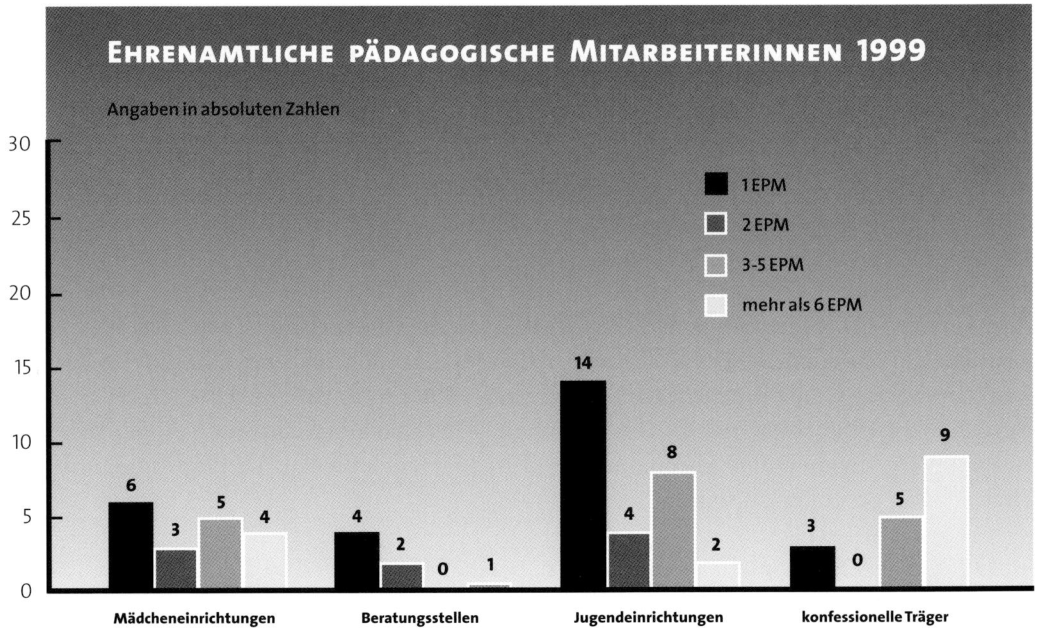

Abb. 13

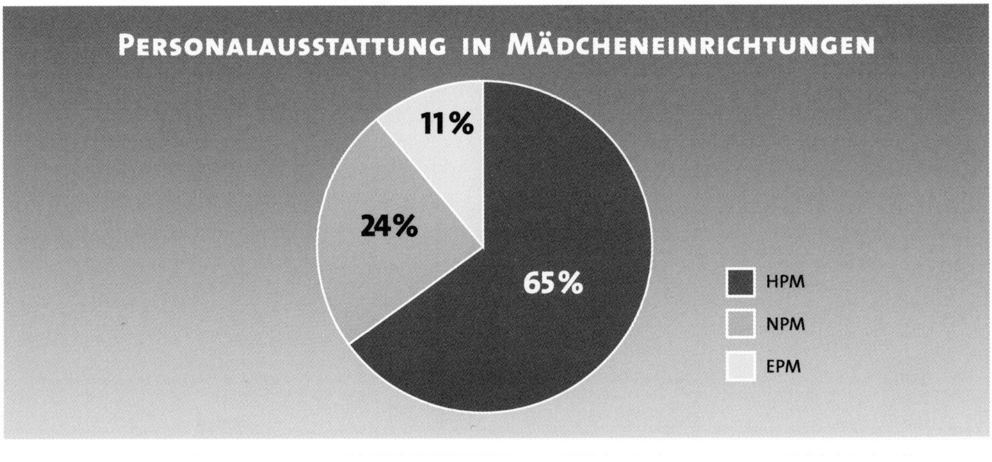

Abb. 14

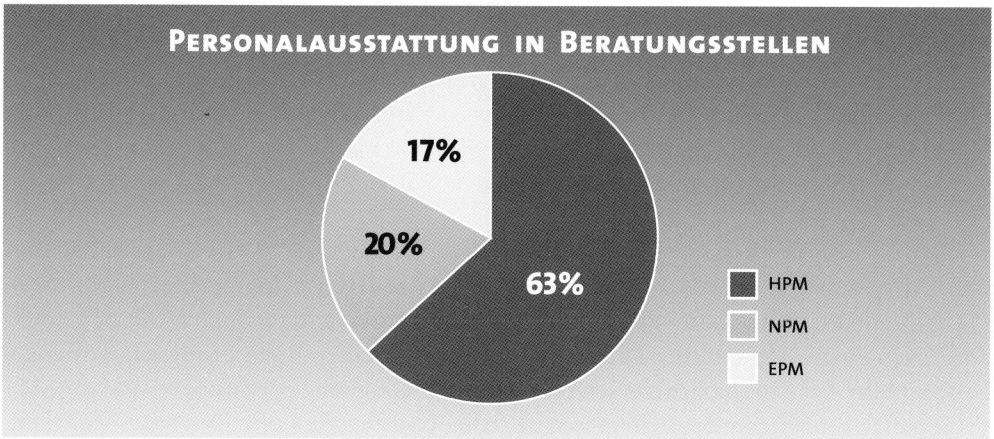

Abb. 15

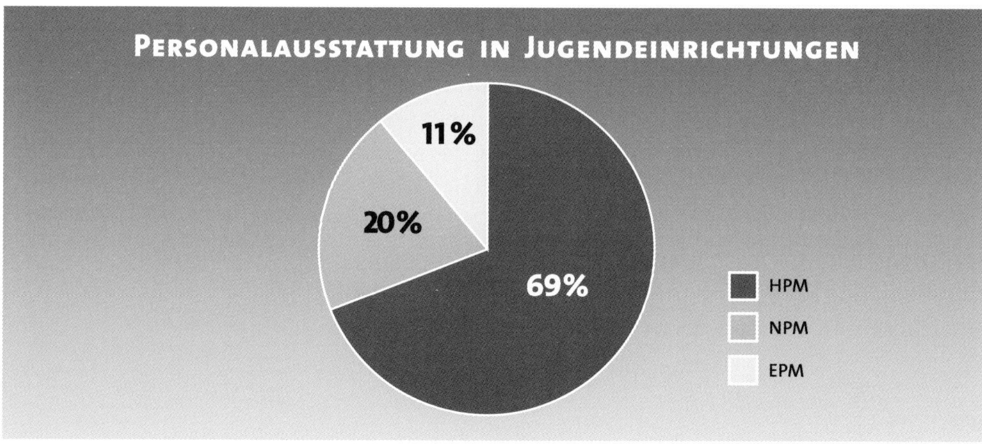

Abb. 16

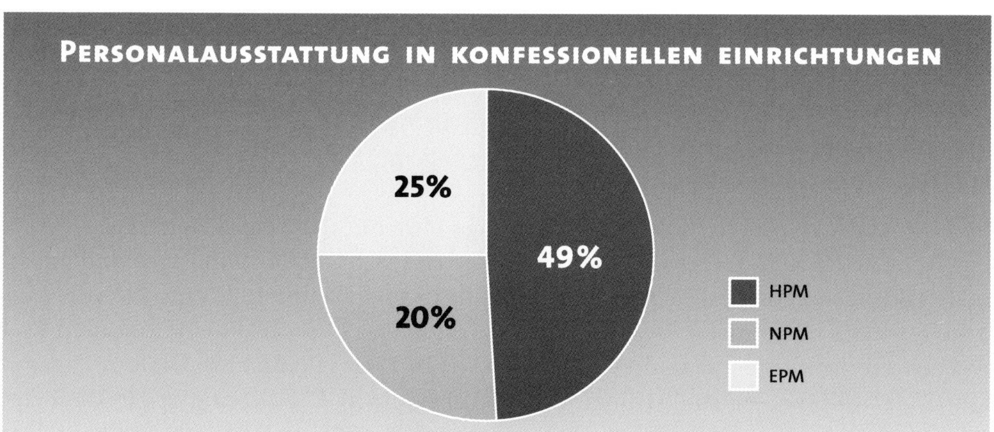

3

3.2.4 Zusammenfassung

Aufgrund der Ergebnisse von 1996 und 1999 lässt sich feststellen, dass die (sexualpädagogische) Mädchenarbeit zwar stärker hauptamtlich verankert wurde, dass jedoch die Anzahl der hauptamtlichen Stellen in einigen Bereichen rückläufig ist. Wie schon 1996 müssen viele Einrichtungen auch 1999 jedes Jahr aufs Neue ihre personellen Ressourcen durch die Akquirierung entsprechender Mittel absichern.

In allen Einrichtungskategorien wurden 1999 im Vergleich zu 1996 weniger nebenamtliche Mitarbeiterinnen beschäftigt bzw. ist die Anzahl der nebenamtlichen Honorarkräfte gesunken. Wie schon 1996 steht die Mädchenarbeit auch 1999 deutlich auf ehrenamtlichen Füßen, jedoch sind Differenzen in den einzelnen Einrichtungskategorien zu beobachten: Auf Ehrenamtliche setzen verstärkt die Jugendeinrichtungen und die konfessionellen Einrichtungen. In letzteren ist zu beobachten, dass seit der letzten Mädchenarbeitsexpertise 1996 mehr hauptamtliche Stellen geschaffen wurden, dafür aber weniger nebenamtliche Honorarkräfte und mehr ehrenamtliche Mitarbeiterinnen eingesetzt werden.

Die 1996 festgestellte Fluktuation bei den Mitarbeiterinnen, seien es Hauptamtliche, Honorarkräfte oder auch Ehrenamtliche, ist 1999 tendenziell rückläufig. Die Absicherung der Mädchenarbeit durch die Neufassung des Kinder- und Jugendhilfegesetzes 1991 und die darin verankerte Förderung von Mädchenarbeit haben einen positiven Einfluss auf die Stellenpolitik der Träger. Dennoch: Die auch 1999 spürbare Fluktuation in der Mädchenarbeit wirkt sich ungünstig auf die sexualpädagogische Mädchenarbeit aus. Eine entscheidende Voraussetzung für das Gelingen sexualpädagogischer Mädchenarbeit ist inhaltliche und vor allem personelle Kontinuität.

3.3 Berufliche Qualifikation der Mitarbeiterinnen

Die Frage nach der beruflichen Qualifikation der Mitarbeiterinnen in der (sexualpädagogischen) Mädchenarbeit ist im Fragebogen offen formuliert. Dementsprechend sind die Angaben der befragten Institutionen sehr vielfältig und teilweise sehr spezifiziert. Aus Gründen der Darstellbarkeit wurden die Angaben in bestimmte Qualifikationen geklustert. Dies erfolgte analog der Befragung von 1996.

Im bundesweiten Vergleich der ersten Umfrage 1996 mit der zweiten Umfrage 1999 ist ein Trend zu erkennen weg von hochqualifizierten Hochschulausbildungen und hin zu mehr Fachhochschul- und Fachoberschulqualifikationen. Waren 1996 noch 16% der Mitarbeiterinnen bundesweit Diplom-Pädagoginnen, 6% Diplom-Psychologinnen und 2% Lehrerinnen, findet man diese Qualifikationen 1999 seltener: 8% Diplom-Pädagoginnen, 2% Diplom-Psychologinnen und 2% Lehrerinnen. Gleichzeitig ist der Anteil der Sozialpädagoginnen und Sozialarbeiterinnen von 46% 1996 auf 50% 1999 gestiegen. Der

Anteil der Erzieherinnen in diesem Berufsfeld liegt 1999 bei 14%. Dies entspricht im Vergleich zu 1996 (6%) einem Anstieg von mehr als dem Doppelten. Die Beschäftigung von Studentinnen und von Mitarbeiterinnen mit sonstigen Ausbildungen (Ärztinnen, Theologinnen, aber auch Übungs- und Gruppenleiterinnen) hat sich prozentual nicht wesentlich verändert.

Abb. 17

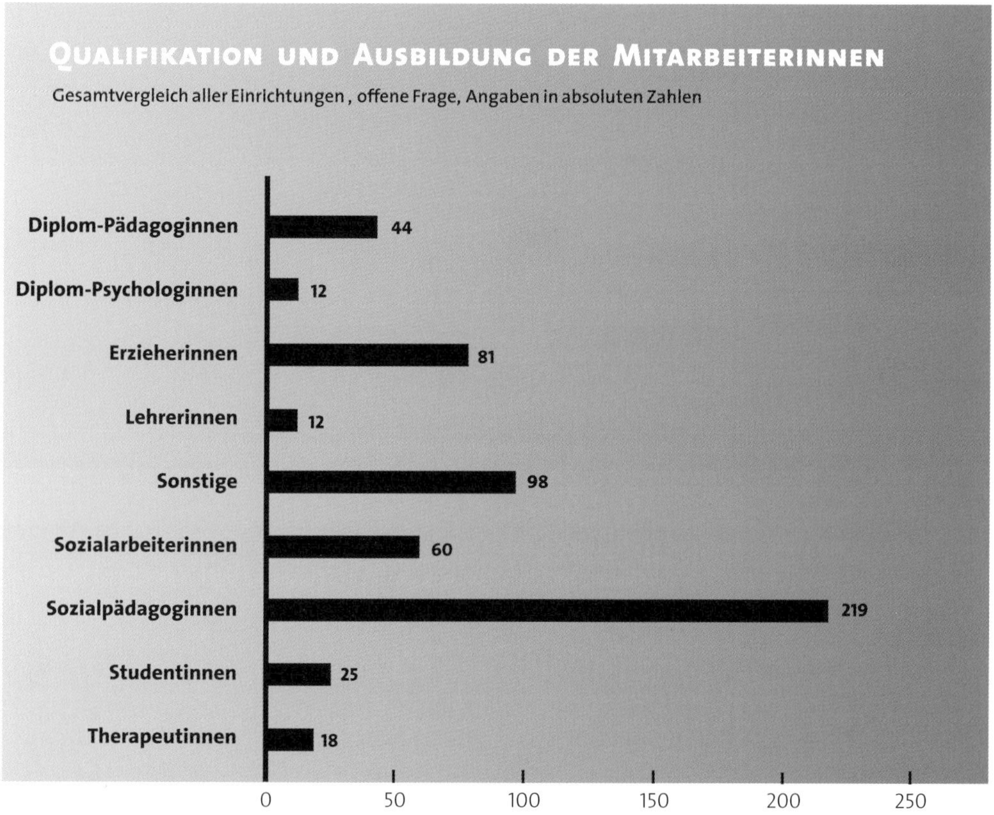

Nun stellt sich die Frage, ob diese bundesweiten Ergebnisse auch dem Qualifikationsprofil in den neuen und alten Bundesländern entsprechen oder ob sich hier die Situation jeweils anders darstellt. In den alten Bundesländern ist der oben beschriebene Trend exakt wiederzufinden. Waren 1996 43% der Mitarbeiterinnen Sozialpädagoginnen oder Sozialarbeiterinnen und 25% Diplom-Pädagoginnen und Diplom-Psychologinnen, so sind 1999 nur noch 15% Diplom-Pädagoginnen und Diplom-Psychologinnen beschäftigt, dafür stieg der prozentuale Anteil der Sozialpädagoginnen oder Sozialarbeiterinnen auf 51%. Erzieherinnen wurden 1996 zu 7% beschäftigt, stellten damit eher eine kleine Berufsgruppe dar. 1999 wächst ihr Anteil auf 12%.

Abb. 18

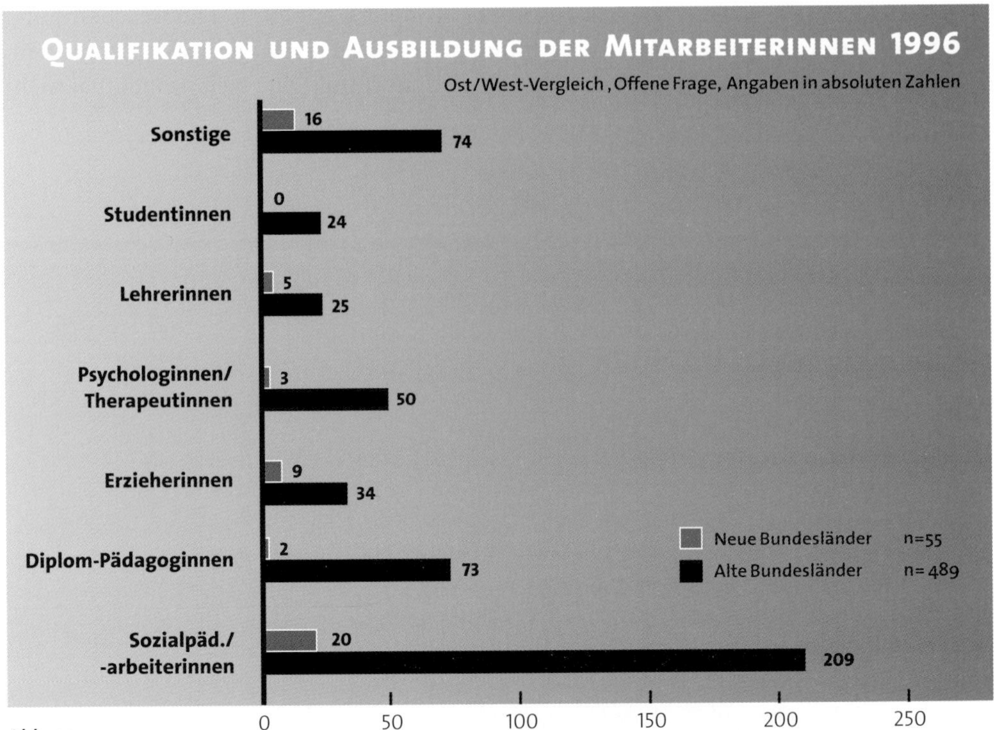

Qualifikation und Ausbildung der Mitarbeiterinnen 1996
Ost/West-Vergleich, Offene Frage, Angaben in absoluten Zahlen
Sonstige
16
74
Studentinnen
0
24
Lehrerinnen
5
25
Psychologinnen/
Therapeutinnen
3
50
Erzieherinnen
9
34
Diplom-Pädagoginnen
2
73
Sozialpäd./
-arbeiterinnen
20
209
Neue Bundesländer n=55
Alte Bundesländer n=489
0
50
100
150
200
250

Abb. 19

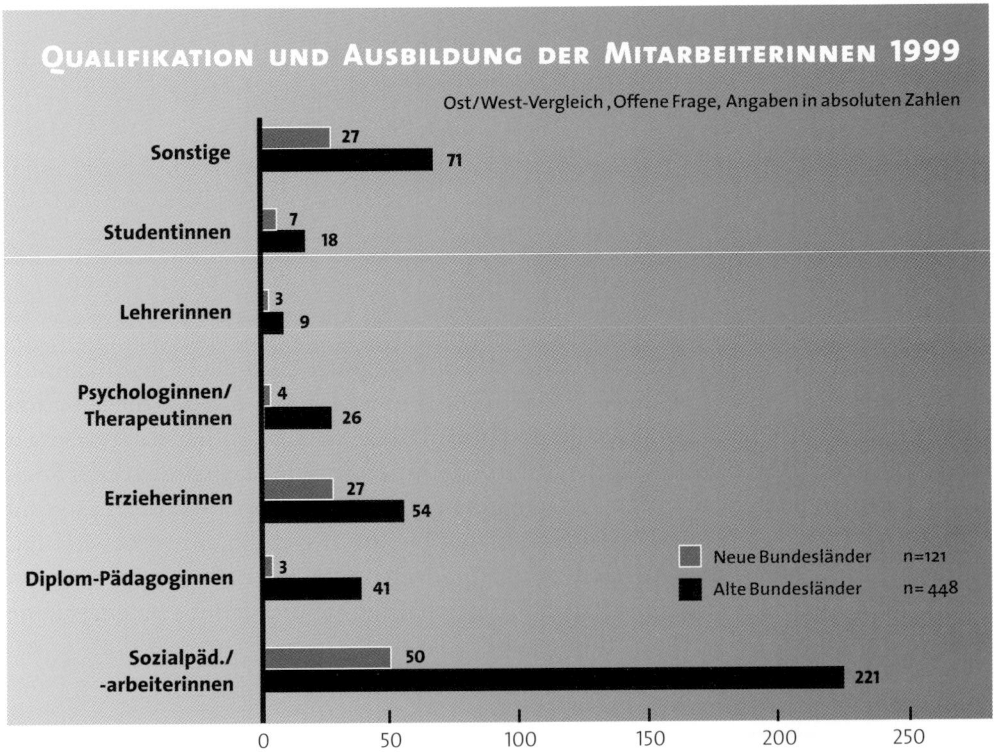

Qualifikation und Ausbildung der Mitarbeiterinnen 1999
Ost/West-Vergleich, Offene Frage, Angaben in absoluten Zahlen
Sonstige
27
71
Studentinnen
7
18
Lehrerinnen
3
9
Psychologinnen/
Therapeutinnen
4
26
Erzieherinnen
27
54
Diplom-Pädagoginnen
3
41
Sozialpäd./
-arbeiterinnen
50
221
Neue Bundesländer n=121
Alte Bundesländer n=448
0
50
100
150
200
250

In den neuen Bundesländern ist die Entwicklung sehr ähnlich: 1996 waren 37% der Mitarbeiterinnen Sozialpädagoginnen oder Sozialarbeiterinnen, 4% Diplom-Pädagoginnen, 5% Diplom-Psychologinnen, 9% Lehrerinnen und 16% Erzieherinnen. Studentinnen wurden 1996 für dieses pädagogische Feld nicht beschäftigt, jedoch lag der Anteil der „sonstigen" Qualifikationen bei 29%. 1999 ist der Anteil der Sozialpädagoginnen und Sozialarbeiterinnen auf 42% gestiegen, ebenso der Anteil der Erzieherinnen (23%) und der Studentinnen (6%). Diplom-Psychologinnen (3%), Lehrerinnen (2%) und Diplom-Pädagoginnen (2%) bilden 1999 die kleinste Gruppe.

In den ersten Jahren nach der Wiedervereinigung wurden in den neuen Bundesländern Schulungen und Ausbildungslehrgänge für pädagogische Berufe durchgeführt. Da in der ehemaligen DDR das Berufsbild der Sozialarbeit bzw. der Sozialpädagogik nicht existierte, mussten entsprechende Curricula in den Universitäten und Fachhochschulen erarbeitet und umgesetzt werden. Auch im Bereich der Erzieherinnen-Ausbildung wurden ehemalige „DDR- PädagogInnen" häufig unter Ad-hoc-Bedingungen auf „West-Niveau" umgeschult. Durch die hohe Arbeitslosigkeit gerade bei den Frauen engagierten sich auch berufsfremde Frauen, z.B. Ingenieurinnen, im pädagogischen Bereich, um eine neue Aufgabe bzw. einen Arbeitsplatz zu finden. In der Zeit zwischen der ersten Befragung 1996 und der aktuellen 1999 sind die Ausbildungsmöglichkeiten in pädagogischen Berufen vor Ort entstanden, so dass heute Sozialpädagoginnen und Sozialarbeiterinnen, die in den neuen Ländern studierten, dem Arbeitsmarkt dort zur Verfügung stehen.

In den Mädcheneinrichtungen der verschiedenen Träger arbeiten 1999 bundesweit (prozentual betrachtet) vor allem Sozialpädagoginnen und Sozialarbeiterinnen. Ihr Anteil macht in der Auswertung dieser Einrichtungskategorie 57% aus. Die zweitgrößte Berufsgruppe in den Mädcheneinrichtungen ist die der Erzieherinnen (12%), gefolgt von den Studentinnen mit 7%. Alle anderen Qualifikationen sind 1999 nur sehr gering vertreten. Im Vergleich zu 1996 hat es hier massive Veränderungen gegeben: Gerade die höher qualifizierten Hochschulabsolventinnen waren 1996 noch mit 29% insgesamt vertreten, während der Anteil der Sozialpädagoginnen und Sozialarbeiterinnen bei 36% lag. Erzieherinnen sind 1996 und 1999 gleich stark vertreten.

Abb. 20

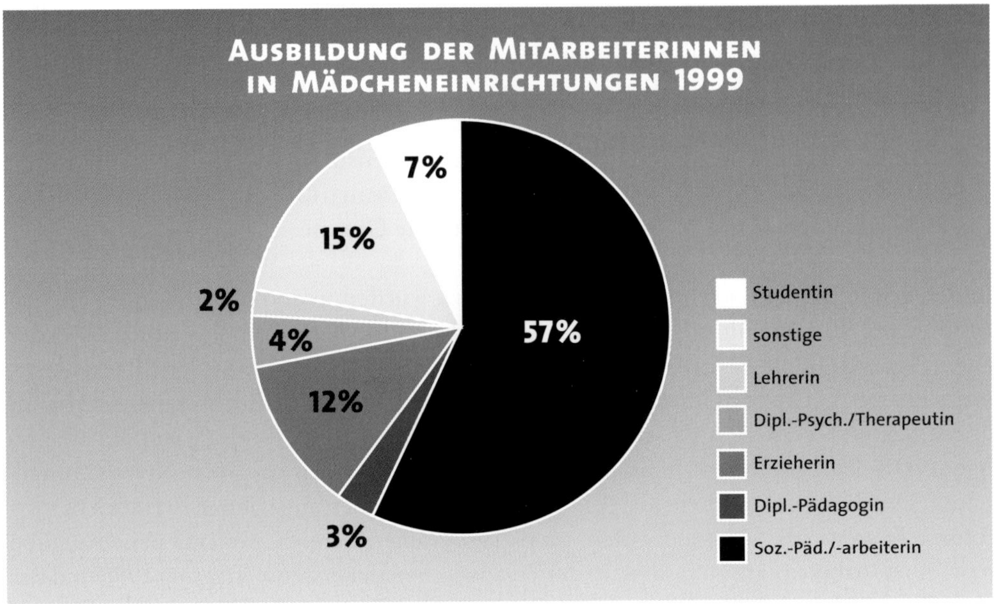

Dieser Trend ist vergleichbar mit der Entwicklung in den Jugendeinrichtungen. 1999 sind dort 46% der Mitarbeiterinnen Sozialpädagoginnen und Sozialarbeiterinnen, 21% sind Erzieherinnen und 13% Diplom-Pädagoginnen, Diplom-Psychologinnen oder Lehrerinnen. 1996 gehörten noch 18% der Mitarbeiterinnen den letztgenannten Berufsgruppen an. Der Anteil der Erzieherinnen lag bei 10%. Die Anzahl der Sozialpädagoginnen und Sozialarbeiterinnen lag wie 1999 auch bei 46%.

Abb. 21

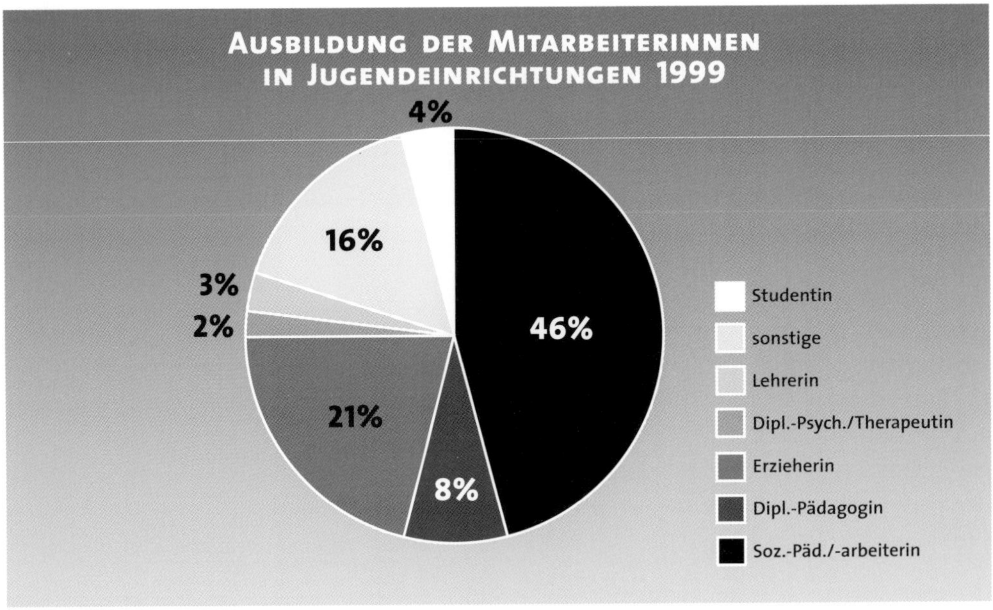

Bei den Einrichtungen in konfessioneller Trägerschaft ist augenfällig, dass die Berufsgruppe der Erzieherinnen 1996 gar nicht, 1999 aber zu 12% vorkommt. Der Anteil der Sozialpädagoginnen und Sozialarbeiterinnen liegt 1999 bei 46% (1996: 41%). Ganz offensichtlich seltener beschäftigt wurden Diplom-Pädagoginnen, Diplom-Psychologinnen und Lehrerinnen. Betrug ihr Gesamtanteil 1996 noch 28%, so fällt er 1999 auf 9%.

Abb. 22

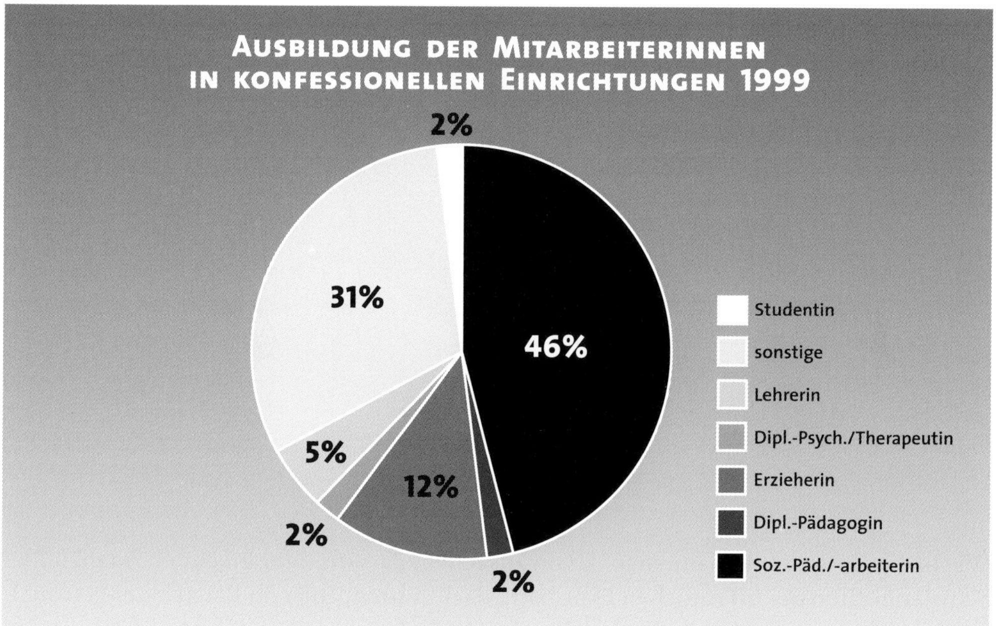

Ganz anders stellt sich die Entwicklung in den Beratungsstellen dar: Das Qualifikationsprofil hat sich 1999 im Vergleich zu 1996 nur geringfügig geändert. Da in diesen Einrichtungen auch therapeutische Angebote und Massnahmen durchgeführt werden, liegt der Anteil der Diplom-Pädagoginnen, Diplom-Psychologinnen 1999 bei 32% und 1996 bei 34%. Entsprechend nahm der Anteil der Sozialpädagoginnen und Sozialarbeiterinnen 1999 auf 43% zu (1996: 39%).

Abb. 23

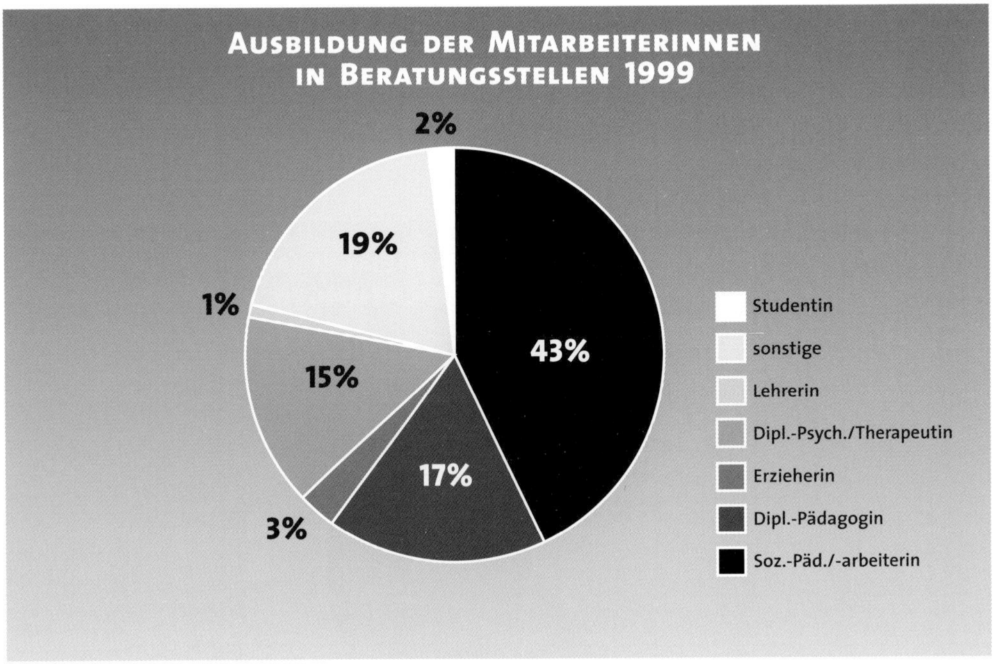

Wie bereits festgestellt, kann man davon ausgehen, dass die zunehmenden finanziellen Schwierigkeiten der öffentlichen Haushalte dazu führen, auch im Bereich der Personalkosten einzusparen. Um die Personalkosten zu senken, werden eher Mitarbeiterinnen mit geringerer Qualifikation, z.B. Erzieherinnen oder Sozialpädagoginnen eingestellt als Diplom-Pädagoginnen oder -Psychologinnen, denn je höher die Qualifikation, desto höher sind die Personalkosten.

Wie auch 1996 machten 1999 nur sehr wenige Mitarbeiterinnen darauf aufmerksam, dass sie über eine sexualpädagogische Qualifikation verfügen. Dies bedeutet jedoch nicht, dass nur ein geringer Teil der Mädchenarbeiterinnen sexualpädagogisch geschult ist. Zum einen, weil dies im Fragebogen weder 1996 noch 1999 explizit nachgefragt wurde. Zum anderen wurden und werden in den letzten Jahren verstärkt sexualpädagogische Schulungen durchgeführt. Viele Jugendverbände bieten sexualpädagogische Qualifizierungen an, in denen es zwar nicht ausschließlich um Mädchen geht, jedoch gehört die geschlechtsspezifische Perspektive zumindest in diesem pädagogischen Feld zum Standard.

4 Konzeptionelle Grundlagen der befragten Einrichtungen

4.1 Elemente, Variationen, Dimensionen angewandter Konzepte

Von den 384 befragten Einrichtungen beantworteten 291, also 70%, die offen gestellte Frage nach den konzeptionellen Grundlagen ihrer sexualpädagogischen Mädchenarbeit. Stärker als schon 1996 zeichnet sich 1999 der Trend ab, eine eigene, auf die spezielle Klientel und den individuellen „Auftrag" der Einrichtung abgestimmte Konzeption zu entwickeln. Die befragten Mitarbeiterinnen sehen ihr pädagogisches Konzept zwar orientiert an grundlegenden Konzepten, wie dem der parteilichen Mädchenarbeit (und so finden sich in den vorliegenden schriftlichen Konzeptionen auch gewisse Ähnlichkeiten), aber sie betonen die zentrale Bedeutung der spezifischen Lebenssituation der eigenen Zielgruppe.

Gaben 1996 noch 22% der befragten Einrichtungen an, einem Konzept der feministischen Mädchenarbeit zu folgen, sind es 1999 nur noch 11%. Ein sexualpädagogisches Konzept ist 1999 Grundlage von 4% der Einrichtungen (1996 waren es 5%) und Fachliteratur wurde 1999 von 11% der Befragten, 1996 allerdings noch von 20% der Mitarbeiterinnen angegeben, wenn diese auch nicht näher benannt wurde. Die größte Gruppe, nämlich 42% in 1999 und 43% in 1996, gibt an, nach einem eigenen Konzept zu arbeiten, was zum Teil bei größeren Verbänden auch die übergreifende Verbandskonzeption (z.B. PRO FAMILIA) sein kann.

Abb. 24

Konzeptionelle Grundlagen – Vergleich 1999 (1996)

Angaben in Prozent

Konzeption	Mädchen-einrichtungen	Beratungsstellen	Jugendeinrichtungen	Konfessionelle Einrichtungen
Mädchenarbeits-konzept	18 (34)	15 (11)	6 (16)	8 (14)
Sexualpädagogisches Konzept	– (–)	17 (7)	6 (2)	– (16)
Fachliteratur	7 (7)	12 (3)	13 (39)	8 (5)
Eigenes Konzept	33 (26)	53 (53)	41 (40)	64 (45)

Neben der bereits beschriebenen Individualisierung der Konzeptionen fällt bei den Ergebnissen auf, dass seit 1996 tendenziell mehr Jugendeinrichtungen und Beratungsstellen ein sexualpädagogisches Konzept zugrunde legen als noch 1996. Von den 1999 befragten Beratungsstellen sind 38 PRO FAMILIA-Beratungsstellen und 60 % Mädchen- und Frauenberatungsstellen. Letztere ordnen ihre Arbeit deutlich zu einem anderen als dem feministischen Mädchenarbeitskonzept zu. Sexualpädagogische Konzepte stehen bei den beiden Beratungsstellentypen nicht im Vordergrund, sondern vielmehr die eigenen Konzeptionen.

Im Vergleich zu 1996 beteiligten sich doppelt so viele Mädchen- und Frauen-Beratungsstellen und rund ein Drittel weniger PRO FAMILIA-Beratungsstellen an der Befragung. Vor diesem Hintergrund betrachtet deuten die aktuellen Ergebnisse darauf hin, dass die Mitarbeiterinnen aus Frauen- und Mädchen-Beratungsstellen tendenziell eher einen sexualpädagogischen Ansatz in ihre Konzepte integrieren als noch 1996. Die Grenzen zwischen sexualpädagogischer Mädchenarbeit einerseits und feministischer Arbeit andererseits scheinen zu schwinden. Die große Anzahl der „sonstigen Konzeptionen“ (1999: 125 Nennungen insgesamt bzw. 26%) subsumiert u.a. folgende Angaben:

- Kinder- und Jugendhilfegesetz
- Landesjugendplan
- Fachliteratur, fachlicher Austausch
- Leitlinien des Verbandes
- Praxiserfahrung
- Fortbildungen
- BZgA-Richtlinien

Es fällt auf, dass die Konzeption der BZgA zum größten Teil von kommunalen Einrichtungen wie Jugendzentren (6) benannt wurde. Genauso häufig gaben autonome Beratungsstellen die Richtlinien der BZgA als Grundlage an. Nur eine autonome Mädcheneinrichtung berief sich explizit auf die BZgA.

Auch wenn im Fragebogen versucht wurde über eine offen formulierte Frage, einen Eindruck von den und Einblick in die zugrunde liegenden pädagogischen Konzepte zu erhalten, können aufgrund dieser Angaben keine Aussagen über ideologische Haltungen, pädagogische Ziele und Prinzipien oder konkrete Themenstellung gemacht werden. Es ist daher sinnvoll, beispielhaft Auszüge aus den Konzeptionen sehr verschiedener Einrichtungen zu zitieren, die die Vielfalt der (sexualpädagogischen) Mädchenarbeit erahnen lassen. Bei der Auswahl der Konzeptionen stand im Vordergrund, dass die vorgelegten schriftlichen Dokumente nicht älter als vier Jahre sind. Darüber hinaus war Ziel, eine möglichst breite Palette von Einrichtungstypen vorzustellen. Somit sind Einrichtungen der Jugendhilfe, kommunale Träger und autonome Mädchenzentren ebenso aufgeführt wie ein Sportverband, Mädchenhäuser, Beratungsstellen, Organisationen der Landjugend oder der Arbeit mit behinderten Mädchen.

Die Zitate aus den Konzeptionen beziehen sich in der Regel speziell auf die sexualpädagogische Mädchenarbeit, auch wenn dies gerade in vielen koedukativen Verbänden und Einrichtungen nur ein Bereich neben vielen anderen pädagogischen Arbeitsfeldern ist.

4.1.1 Konzepte im Überblick

AWO Leverkusen
Familien- und Lebensberatungsstelle für Schwangerschaftsprobleme und Familienplanung
„Unter dem ganzheitlichen Aspekt wird die Sexualität als eine Verhaltensvariante gesehen, in der sich die weibliche Sozialisation ausdrückt. Die Orientierung an den Wünschen anderer blockiert jedoch den Zugang zu eigenen sexuellen Bedürfnissen und Wünschen. Unser Ziel ist, dass die Mädchen ihre eigene Sexualität als etwas Schönes begreifen und aneignen und dazu in der Lage sind, die notwendigen Voraussetzungen dazu zu schaffen. Dazu gehört, dass Mädchen sich als sexuelle Subjekte wahrnehmen mit eigenen Vorstellungen und einem selbstbewussten Umgang mit ihren Wünschen und Grenzen. Ein weiteres wesentliches Ziel ist, dass Mädchen sexuelle Gewalt als solche wahrnehmen und darauf reagieren können."
aus: *Geschlechtsspezifische Sexualpädagogik. Familien- und Lebensberatungsstelle für Schwangerschaftsprobleme und Familienplanung, AWO Leverkusen 1997*

Café Sperrgebiet Hamburg
„Ziele unserer Arbeit:
Ein niedrigschwelliges Angebot vorzuhalten, um sozialer und körperlicher Verelendung der Mädchen und Frauen entgegenzuwirken. Aufklärung und Information. Unter anderem Vermittlung von Fähigkeiten zur Lebensbewältigung bzw. Erhalt der Fähigkeiten, Vermittlung von Überlebensqualifikation in einem tendenziell zerstörerischen Milieu. Ausstiegsmotivierung aus Drogenabhängigkeit und Beschaffungsprostitution, auch Unterstützung und Hilfe zur Selbsthilfe."
aus: *Café Sperrgebiet, Treffpunkt und Beratungsstelle für drogenabhängige sich prostituierende Mädchen und junge Frauen, Hamburg 1999*

PRO FAMILIA
Deutsche Gesellschaft für Familienplanung, Sexualpädagogik und Sexualberatung e.V. Landesverband NRW
„Mädchen wachsen in einem Umfeld voller Widersprüche auf. Das Wissen und Spüren der eigenen Bedürfnisse steht häufig im Kontrast zu den gesellschaftlichen Erwartungen und der Realität. Der Alltag von Mädchen ist durch den Widerspruch zwischen einer bejahenden, lustvollen und selbstbestimmten Sexualität und struktureller oder direkter Gewalt (z.B. Vermarktung des weiblichen Körpers, sexueller Missbrauch, Vergewaltigung) geprägt. PRO FAMILIA unterstützt Mädchen durch eine zielgruppen- und themenorientierte Arbeit. Für PRO FAMILIA bedeutet sexualpädagogische Mädchenarbeit eine kritische Auseinandersetzung und Reflexion mit der weiblichen und männlichen Geschlechtsrolle. PRO FAMILIA setzt Impulse, die es Mädchen ermöglicht, eigene Normen und Werte zu erkennen. (...) Die gezielte sexualpädagogische Mädchenarbeit fördert und unterstützt Mädchen darin, ihren eigenen Körper kennenzulernen und zu erforschen, die eigenen Bedürfnisse zu

kennen und sich dafür einzusetzen und das eigene Selbst zu stärken. Das bedeutet auch, dass wir sowohl die Gleichstellung von Frau und Mann, wie auch die Gleichwertigkeit von Homo- und Heterosexualität und die Möglichkeit verschiedener Lebens- und Liebesformen, in unserer Arbeit thematisieren und fördern."

aus: *PRO FAMILIA, Standpunkt sexualpädagogische Mädchenarbeit, Landesverband NRW 1996*

Arbeitskreis Mädchen der Freiburger Kinder- und Jugendbegegnungsstätten

(Ziele von Mädchenarbeit) „sind im wesentlichen:

- Stärkung des Selbstbewusstseins
- Förderung der Stärken und der Persönlichkeitsentwicklung von Mädchen
- Erweiterung des Verhaltensrepertoires und der Handlungskompetenz (z.B. durch Aufzeigen von Alternativen zu traditionellem Rollenverhalten)
- Hilfe bei der Berufsfindung / Stärkung der Mädchen bei der Berufswahl mit dem Ziel ökonomischer Unabhängigkeit
- Präventionsarbeit bzgl. Gewalt und sexuellem Missbrauch
- Förderung einer positiven Körperwahrnehmung
- Befähigung der Mädchen zur Entwicklung einer selbstbestimmten Sexualität
- Suchtprophylaxe
- Förderung von Autonomie und selbstbestimmtem Handeln
- Schaffung von (Bewegungs- und Erlebnis-)Räumen für Mädchen
- Auseinandersetzung mit dem Selbstbild als Mädchen/Frau
- Kennenlernen geschlechtsspezifischer Sichtweisen
- Vermittlung von Kompetenzerlebnissen."

aus: *Arbeitskreis Mädchen der Freiburger Kinder- und Jugendbegegnungsstätten, Konzeption 1999*

Jugendfreizeitheim Burglesum

„Ziele der bewussten Mädchenarbeit im JFH

- Mädchen ernst nehmen, annehmen, schützen und unterstützen
- An den vorhandenen Stärken ansetzen, sie belassen und wahrnehmen was sie sagen und wollen
- Förderung eines selbstbewussten und selbstbestimmten Lebens
- Angebote für eine eigenständige Entwicklung der Mädchen machen
- Weibliche Fähigkeiten positiv bewerten
- Beteiligungsformen für Mädchen entwickeln und forcieren
- Traditionelles zulassen und gleichzeitig neue Wege gehen
- Lebensentwürfe der Mädchen akzeptieren und sie begleiten
- Rechte von Mädchen und Frauen verdeutlichen und vertreten
- Solidarität untereinander fördern, d. h. Akzeptanz und Toleranz aller Mädchen (egal welcher Herkunft, welcher Kultur, welcher Statur, welcher sexuellen Vorlieben usw.)"

aus: *Mädchenkonzeption JugendFreizeitHeim Burglesum 1998*

Kreisjugendpflege Groß-Gerau

„Ziele für die Seminararbeit in der Mädchengruppe

- Sensibilisierung und Schärfung der Wahrnehmung für Benachteiligung und Zurücksetzung von Frauen. (...)
- Förderung einer kritischen Haltung und Hinterfragung von gesellschaftlichen Zuschreibungen für die weibliche Lebensplanung. (...)
- Thematisierung von Beziehungsmustern, Grenzverletzungen und Grenzüberschreitungen: (...) Die Mädchen werden ermuntert, ihre Gefühle wahrzunehmen, zu formulieren und der eigenen Einschätzung einer Situation zu vertrauen. Gemeinsames Erproben von Verhaltensalternativen, das Vergrößern des individuellen Handlungsrepertoires, das Aufzeigen von Hilfsmöglichkeiten und Anlaufstellen im Kreis Groß-Gerau sind weitere wichtige Elemente bei der Behandlung dieses Themas.
- Körperbild und Körperwahrnehmung: (...) Gerade die Auseinandersetzung mit dem eigenen Körperbewusstsein in Abhängigkeit von der gesellschaftlichen Zurichtung auf eine bestimmte Körpernorm (Schönheitsideale) ist im Hinblick auf die Häufigkeit von Essstörungen bei Mädchen im Pubertätsalter notwendig.

Differenziertes Betrachten von Beziehungsstrukturen zwischen Frauen“

aus: *Rahmenkonzept: Schüler-/innenseminare zur Lebensplanung unter geschlechtsspezifischen Aspekten. Kreisjugendpflege Groß-Gerau 1995*

Sportjugend NRW

„Parteiliche Mädchenarbeit in der Sportpraxis

Die (...) konstatierte Benachteiligung von Mädchen im Sport, die sich einerseits in der quantitativen Unterrepräsentation von Mädchen in Sportvereinen und andererseits in der mangelnden Ausrichtung und Wertschätzung von spezifischen Interessenlagen und Handlungsweisen von Mädchen durch das herrschende System (Sportverein, -verband, -bund, Medien, Wirtschaft, Öffentlichkeit) zeigt, macht eine parteiliche Mädchenarbeit im Sport ausdrücklich notwendig. (...) Ziel soll es sein, die eng gesteckten Grenzen ‚weiblicher' Bewegungssozialisation zu erweitern, ermutigende und grenzüberschreitende Gegenerfahrungen zu ermöglichen und so Mädchen physisch wie psychisch zu stärken. (...) Bezogen auf die inhaltliche Gestaltung müssen zu den derzeit vorfindbaren Angeboten für Mädchen, die sich stark an den tradierten Sportarten orientieren, Ergänzungen aufgenommen werden. Dies sollten Bewegungs- und Sportangebote sein, die:

- selbstwertsteigernde Situationen bereitstellen;
- die körperliche Auseinandersetzungsfähigkeit der Mädchen fördern;
- Erfahrungsmöglichkeiten, besonders in den Bereichen ‚Abenteuer, Mut und Risiko' anbieten;
- die Fähigkeit fördern, Raum einzunehmen und Konfliktlernen ermöglichen;
- gemeinschaftliches, solidarisches Handeln ermöglichen;
- Körpererfahrung und -ausdruck ermöglichen.“

aus: *Mädchen und junge Frauen im Sport. Sportjugend NRW Duisburg 1997*

Jugendamt Landkreis Celle

„Selbstverständlich sollte die Zielrichtung gewaltpräventiver Programme in erster Linie dahin gehen, die Gewalt zu reduzieren. Aufgrund der Zähigkeit der Verhältnisse erschient es uns auch angemessen, unsere Energie darauf zu verwenden, das einzelne Mädchen weniger verwundbar zu machen. Ziel unserer Arbeit ist daher, Empowerment-Prozesse bei Mädchen zu fördern. Wir wollen ihr Zutrauen in die eigenen Fähigkeiten mobilisieren.

4

Unser Ansatz besteht darin, die Mädchen als handelnde Subjekte zu würdigen und ihnen zu vermitteln, dass es zahlreiche aktive Weisen der Auseinandersetzung gegen Benachteiligung und Gewalt gibt. Wir sind interessiert an ihren eventuell bereits vorhandenen Potentialen, z.B. sich zu schützen, sich abzugrenzen, sich Hilfe zu holen, sich zu wehren. Unsere Zielrichtung ist: das eigene Leben als ‚Akteurin' und nicht als ‚Opfer' zu meistern."
aus: *Konzeption „Mädchen zwischen Flirt und Anmache", Jugendamt Landkreis Celle*

Jugendamt Dresden

„Wir bieten Hilfe, Unterstützung und Orientierungsmöglichkeiten im Bereich der gesundheitlichen Vorsorge und der mädchenfreundlichen Sexualerziehung. Im Vordergrund steht dabei die Wissensvermittlung und Informationen zum Verstehen des eigenen Körpers. Mit Beratungen, Informationsveranstaltungen und Seminaren im Rahmen der Projekttage an den Schulen sehen wir uns als Ansprechpartnerin.
Kursangebote für Mädchen und junge Frauen:

- Rund um die Verhütung
- Menstruation
- Liebe und Partnerschaft
- weibliche Sexualität"

aus: *Für Mädchen in Dresden. Jugendamt Dresden und Förderkreis „Mädchen und junge Frauen", Dresden 1998*

Landratsamt Mittweida

„Die Auswirkungen der Wende führen zu starken Identitätsverunsicherungen bei den Mädchen und jungen Frauen hinsichtlich ihrer persönlichen und beruflichen Entwicklung. (...) Es geht um eine weitere Identitätsfindung bei den Mädchen mit der Zielsetzung

- die Fähigkeit zu entwickeln, ihr Leben selbst in die Hand zu nehmen
- ein neues Selbstwertgefühl aufzubauen
- Autonomie und Entscheidungsfreiheit zu entwickeln
- Passivität in Beziehungen durch Aktivität zu verdrängen
- sich regional zu verorten, um die Regionalentwicklung selbst mitzugestalten, sowie um mehr Mitsprache- und Mitbestimmungsmöglichkeiten in verbandlichen Strukturen und der öffentlichen Interessenvertretung (...)."

aus: *„Wir gewinnen Land! Geschlechtsspezifische Jugendarbeit auf dem Land", Landratsamt Mittweide 1997*

Landkreis Wesermarsch

„Das Thema Sex nur unter Mädchen anzusprechen, hat einen ganz anderen Charakter als Sexualkunde in der Schule, wo es vorwiegend um biologische Zusammenhänge geht. In der Mädchengruppe können die Mädchen alles sagen und fragen, was sie bewegt, auch über ihre Ängste sprechen. (...) Beim Thema Sex sollten auch Verhütungsmethoden, Körperhygiene, Schwangerschaft usw. angesprochen werden. Genauso wichtig kann es sein, über Versagensängste der Mädchen, ihre Figurkomplexe, Essstörungen, Magersucht, Diäten/Hungerkuren usw. zu sprechen."
aus: *Perspektive Mädchenarbeit. Ein Handbuch. Landkreis Wesermarsch – Frauenbüro 1997*

KomBi: Kommunikation und Bildung vom anderen Ufer, Berlin

„Aufgrund der Bereitschaft vieler Mädchen, sich untereinander auszutauschen und sich mit unterschiedlichen Formen des Lebens und Liebens offen auseinander zu setzen, ist es häufig möglich, ein intensives Gespräch über lesbisches Leben weiterzuführen. In manchen Mädchengruppen taucht sehr schnell die Frage nach lesbischer Sexualität auf, in anderen wiederum wird auffällig versucht, das Thema zu vermeiden. Häufig wählen Mädchen den Zugang über das Thema ‚Lesben und HIV/Aids' und ‚Safer Sex'. Das Thema weibliche Homosexualität wird in unserer Gesellschaft tabuisiert. Die von einem Mann völlig unabhängige Sexualität zwischen zwei Frauen wird negiert und als etwas Bedrohliches abgewehrt. (...) Durch die Beschreibung verschiedener Facetten lesbischer Sexualität wird versucht, dieses Informationsdefizit zu beheben. Dabei finden wir es wichtig zu betonen, dass nur das schön ist und gemacht werden sollte, was beiden Frauen Spaß macht und jedes ‚Nein', jede Grenzsetzung absolute Priorität hat. Auch sollte darauf hingewiesen werden, dass dies selbstverständlich und unbedingt auch für heterosexuelle Kontakte gilt und dass kein Mädchen etwas tun sollte, was sie nicht selber will."

aus: *Was ist schlimmer lesbisch oder schwul zu sein? Eine Broschüre zur Aufklärungs- und Bildungsarbeit mit Jugendlichen zum Thema „gleichgeschlechtliche Lebensweisen". KomBi, Kommunikation und Bildung vom anderen Ufer, Berlin 1997*

Bundesvereinigung Lebenshilfe e.V.

„Mit der Seminarreihe ‚So seh' ich meine Welt' als Angebot der Erwachsenenbildung sollte Frauen mit geistiger Behinderung ein Frauenraum zur Verfügung gestellt werden, der es ihnen ermöglicht, sich untereinander über sich und ihre Lebensgeschichte auszutauschen, aufeinander zu beziehen, Probleme und Erfahrungen anzusprechen, sich mit der Rolle von Frauen in unserer Gesellschaft und deren Wandel auseinander zu setzen, Neues zu lernen und neue Verhaltensweisen auszuprobieren. Uns war es wichtig, den Teilnehmerinnen nicht nur Informationen, soziale Kompetenzen und mehr Wissen um ihre Rechte zu vermitteln, sondern auch die Erfahrung, in einem ‚Frauenraum' selbstbestimmt handeln zu können, spürbar und erlebbar zu machen. Im Seminar hatten die Teilnehmerinnen Gelegenheit,

- das eigene Selbstbild wahrzunehmen, zu hinterfragen und zu reflektieren;
- die eigene Identität als Frau wahrzunehmen und bestätigt zu bekommen;
- sich mit dem Rollenverständnis in unserer Gesellschaft und Möglichkeiten der autonomeren Gestaltung ihres Lebens zu befassen;
- sich über vielfältige Wohn-, Arbeits- und Freizeitbedingungen zu informieren;
- zu erfahren, dass es ein Recht auf Partnerschaft, Sexualität und Zusammenleben gibt;
- die Wahrnehmung und Durchsetzung eigener Ziele zu probieren;
- zu erfahren, dass Frauen das Recht haben, sich durchzusetzen, zu behaupten und abzugrenzen;
- mehr Selbstsicherheit zu erwerben und Selbstbehauptung in kritischen Situationen zu üben;
- zu erfahren, dass es ein Recht auf Abgrenzung und aktive Verteidigung bei Bedrohung gibt."

aus: *„So seh' ich meine Welt. Frauen mit geistiger Behinderung tauschen sich aus." Bundesvereinigung Lebenshilfe e.V. 1999*

Landesjugendring NRW

„Sexualität ist mit ihren vier Sinnaspekten – dem Beziehungs-, dem Identitäts-, dem Lust- und dem Fortpflanzungsaspekt – ganzheitlich zu sehen. Sie ist ein existentielles Grundbedürfnis und ein zentraler Bestandteil der menschlichen Identität und Persönlichkeitsentwicklung. Mädchen – und Jungen – haben ein selbstverständliches und berechtigtes Bedürfnis nach Sexualität im weitesten Sinne, nach Körperkontakt, Lust, Spiel, Vertrauen und Geborgenheit. Parteiliche Mädchenarbeit als Prinzip, die Mädchen in allen Lebensbereichen stützt und fördert, umfasst somit auch die Beschäftigung mit der Sexualität."

aus: *Mädchenwelten in Jugendverbänden. Landesjugendring NRW 1999*

Jugendrotkreuz des DRK

„Sexualität wird erlernt. Genau wie in anderen Lebensbereichen entwickeln wir hier unsere Möglichkeiten und Fähigkeiten – durch ‚Fortschritte' wie durch ‚Rückschläge'. Sexualpädagogische Mädchenarbeit (...) bestärkt Mädchen, ein bejahendes Verhältnis zum eigenen Körper und zur eigenen Sexualität zu entwickeln. Sie ...

- bietet sachgerechte Information über Sexualität,
- schafft die Möglichkeit, Wünsche, Träume, Ängste, Hoffnungen und Befürchtungen auszudrücken,
- fördert, dass Mädchen sich gegenseitig stärken und voneinander lernen,
- ermöglicht den Mädchen, sich der eigenen Bedürfnisse und Interessen bewusst zu werden und anzuerkennen, dass es wichtig und richtig ist, sie auszuleben,
- fördert durch Körperarbeit, dass Mädchen ihren Körper, so wie er ist, annehmen, sich in ihm wohl fühlen, Signale des Körpers ernst und wichtig nehmen und ihn wertschätzen."

aus: *Starke Mädchen machen Mut. Eine Arbeitshilfe zur Mädchen- und Frauenarbeit. Jugendrotkreuz des DRK 1999*

Mädchenwohnprojekt e.V. Jena

„Sexualität ist ein wichtiger Bestandteil des Lebens. Um diesen Bestandteil als positiv und lustvoll eigenständig, selbstbestimmt und aufgeklärt erleben zu können, sind ein umfassendes Wissen zum Thema und persönliche Kompetenzen (Sexualität in Partnerschaften thematisieren und damit Wünsche, Träume, Angenehmes, aber auch Ablehnung, Grenzen und Unangenehmes abklären zu können) notwendig. Einen Beitrag dazu möchten wir in diesem Workshop leisten, indem wir versuchen, den Teilnehmerinnen einerseits Ängste und Hemmungen zu nehmen und das Medium ‚Sprache' im positiven Sinne nutzbar zu machen und andererseits bestehende Mythen und Irrtümer aufzulösen und wirkliches Wissen zu vermitteln. Dazu gehören viele Themenbereiche, wie z.B. Liebe, Partnerschaft, sexuelle Orientierungen, Beziehungen, Verhütung, Rollenverhalten, Selbstbefriedigung, Körperakzeptanz, verschiedene Lebenswelten und vor allem der ganze Bereich um HIV und AIDS, dies alles wird vorurteils- und diskriminierungsfrei angesprochen, um durch sachkundige Aufklärung die Gefahr einer Infektion real darzustellen, dabei jedoch übermäßige Panik zu vermeiden und geeignete Schutzmöglichkeiten aufzuzeigen."

aus: *Konzept für einen zweitägigen sexualpädagogischen Workshop für Mädchen im Alter von 13–15 Jahren. Mädchenprojekt e.V. Jena*

Mädchenhaus Bielefeld

„Die Arbeit der Beratungsstelle basiert auf einem explizit mädchenspezifischen, feministisch-parteilichen Beratungs- und Therapieansatz. Wir gehen davon aus, dass Mädchen und junge Frauen bereits über die Fähigkeit zur Eigenverantwortung verfügen und setzen demgemäß an ihren bestehenden Stärken an. Dies bedeutet, Mädchen darin zu unterstützen, eigene Kräfte zu mobilisieren und Fähigkeiten zu entwickeln, um schwierige Lebensphasen aktiv zu bewältigen. Die Mädchen werden bestärkt, ihre Vorstellungen von weiblicher Identität zu verwirklichen und gesellschaftlich vorgegebene Geschlechterrollen zu überprüfen."

aus: *Mädchen im Mittelpunkt. Mädchenhaus Bielefeld e.V., Jahresbericht 1997*

AWO Hessen-Nord e.V.

Mädchenwohngruppe Tönisweg, Kassel

„In unserer Arbeit steht vorrangig der Aufbau einer tragfähigen Beziehung, um darüber den Mädchen eine individuelle Entwicklung zu ermöglichen. Diese ist geprägt von den Grundsätzen ‚parteilicher Mädchenarbeit', die nach unserem Selbstverständnis beinhaltet:

- Mädchen in ihrer Persönlichkeitsentwicklung individuell und durch mädchenspezifische Gruppenerfahrung zu unterstützen
- Mädchen ausreichend Zeit zur Selbstfindung zu geben und sie in diesem Prozess zu begleiten
- Mädchen anzuregen, ihre weibliche Rolle in der Gesellschaft zu überprüfen und diese ggf. zu verändern
- Mädchen in ihrem Selbstwertgefühl durch Zulassen und Erleben neuer Erfahrungs- und Handlungsräume zu bestärken

Durch dieses Selbstverständnis ist es uns u.a. möglich, Mädchen mit sexueller Gewalterfahrung einen geeigneten Rahmen zu bieten."

aus: *Mädchenwohngruppe Tönisweg, Kassel, AWO Bezirksverband Hessen-Nord e.V. 1997*

Mädchentreff Hexenkessel, Rostock

„Die Zielsetzung in unserer Arbeit mit von Gewalt betroffenen Mädchen ist, ihnen eine ganzheitliche Betreuung und Unterstützung auf ihrem selbstbestimmten Lebensweg anzubieten und zu ermöglichen. Wir arbeiten prozessorientiert, mit Schweigepflicht und parteilich, das heißt, wir setzen uns für die Interessen der Mädchen ein. Im Vordergrund steht dabei zunächst die volle Entwicklung der eigenständigen, unabhängigen Persönlichkeit von Mädchen, ihrer Individualität und Selbstbestimmtheit. Notwendig, und damit wichtiger Bestandteil unserer Arbeit, ist die Gewährleistung der körperlichen und seelischen Unversehrtheit von Mädchen und ihrer Widerstandskraft sowie die Unterstützung bei der Überwindung und Heilung der allzu oft bereits erfolgten tiefen Verletzungen an Körper und Seele. Ziel in unserer Mädchenarbeit und mädchenpolitischen Aktivitäten ist die positive Bewertung und Selbstbewertung von Weiblichkeit jenseits patriarchaler Definitionen (Strukturen)."

aus: *Konzeption Mädchentreff Hexenkessel Rostock 1999*

AIDS-Hilfe Düsseldorf

„Für die Prävention ist es eine bekannte Tatsache, dass sexualpädagogisches Arbeiten die Intensität der Kommunikation dadurch erhöht, dass in geschlechtshomogenen Gruppen gelernt wird. Diese Form gestattet es intensiver über Erfahrungen, körperliche Vorgänge und den allgemeinen Wissensstand zu bestimmten Themen zu sprechen und Gefühle, Wünsche, Ängste, Hoffnungen, Ärger usw. genauer zu erkunden und gemeinsam Handlungsstrategien für eine selbstbestimmte Sexualität zu entwickeln und diese z.B. im Rollenspiel zu erproben. (...) Die Vorteile geschlechtsspezifischer Prävention liegen in einer besseren Selbstwahrnehmung (durch Nachdenken und Nachfühlen über eigene Bedürfnisse und Grenzen) durch das Arbeiten im geschützten Rahmen und ein klareres Selbstbewusstsein im Sinne von sich gestärkt fühlen, evtl. auch eine Solidarisierung durch die gemeinsame Erfahrung z.B. in der Mädchengruppe."

aus: *Konzeption zur mädchenspezifischen Primärprävention von HIV und Aids für Mädchen mit einem erhöhten Infektionsrisiko. AIDS-Hilfe Düsseldorf 1997*

4.1.2 Zusammenfassung

Sexualpädagogische Mädchenarbeit ist in den Jahren seit der ersten Mädchenarbeitsexpertise differenzierter und vielgestaltiger geworden. Enthielten die Konzeptionen 1996 noch stärker die Auseinandersetzung mit den Inhalten und Themenschwerpunkten zur Sexualpädagogik und beschrieben sie ausführlicher die Lebensbedingungen von Mädchen in einer durch Männer geprägten Gesellschaft, so konzentrieren sie sich heute stärker auf ihre spezifische Zielgruppe und Klientel. Das bedeutet konkret: Sexualpädagogische Mädchenarbeit und ihre inhaltliche Ausgestaltung ist sowohl in den Verbänden als auch in den einzelnen Einrichtungen anerkannt und gehört zum Standard – was nicht bedeutet, dass diese Arbeit auch überall stattfindet! Aber: Nach der Zeit der inhaltlichen Debatten, Auseinandersetzungen und Absichtserklärungen beschäftigen sich die Pädagoginnen heute mit ihrer ganz spezifischen Gruppe von Mädchen in ihrer ganz spezifischen Einrichtung in ihrer durch spezifische Gegebenheiten geprägten Umgebung.

4.2 Angebotsformen

Um Erkenntnisse darüber zu gewinnen, in welchen Tätigkeitsfeldern die befragten Einrichtungen sexualpädagogisch mit Mädchen und jungen Frauen arbeiten, enthielt der Fragebogen 1996 und 1999 eine entsprechende Fragestellung. Aufgrund der Ergebnisse 1996 wurde die Liste der Tätigkeitsfelder 1999 um das Item „Beratung" erweitert. Vergleicht man jedoch die Antworten der beiden Erhebungsjahre ohne die Beratungstätigkeit 1999 zu berücksichtigen, so ergibt sich keine auffällige Veränderung im Ost-West-Vergleich.

Eindeutig ist, dass sowohl in den alten wie auch in den neuen Bundesländern der Schwerpunkt der Tätigkeit bei der sexualpädagogischen Arbeit mit der Zielgruppe Mädchen liegt. Dieser Bereich beinhaltet „praktische Mädchenarbeit" sowie „Workshops", „Seminare" und „Sonderveranstaltungen" für Mädchen. Das zweitgrößte Tätigkeitsfeld ist die „Multiplikatorinnenarbeit", die ebenfalls die Bereiche „Workshops", „Seminare" und „Sonderveranstaltungen" umfasst.

Wie auch 1996 folgen die „konzeptionelle Arbeit", die „Vortragstätigkeit" und die „Veröffentlichungen". Die letztgenannten drei Tätigkeitsfelder machten 1996 17% in den alten und 18% in den neuen Bundesländern aus. 1999 liegt der prozentuale Anteil bei 16% in den alten und 20% in den neuen Bundesländern.

Abb. 25

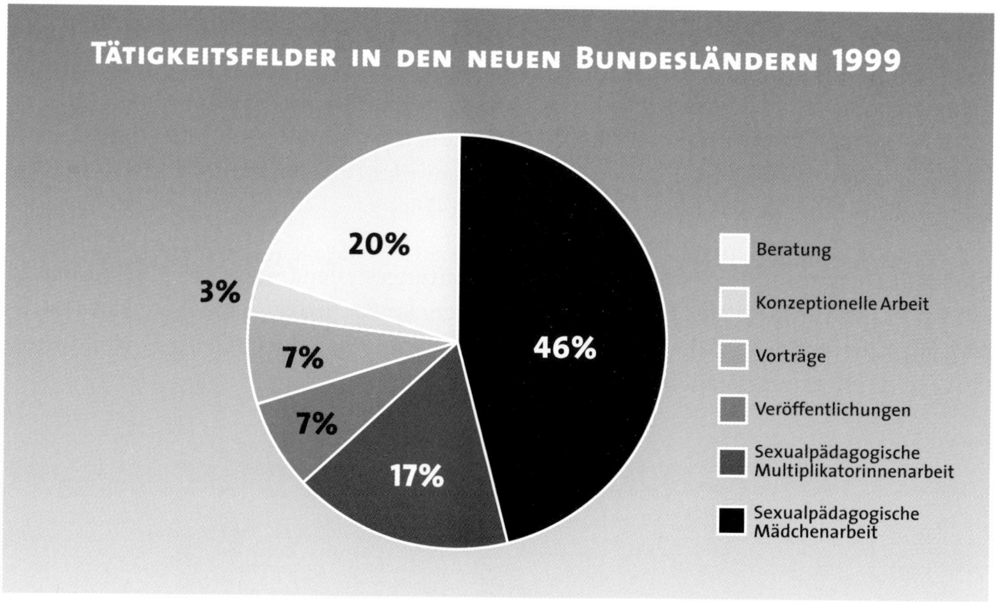

Abb. 26

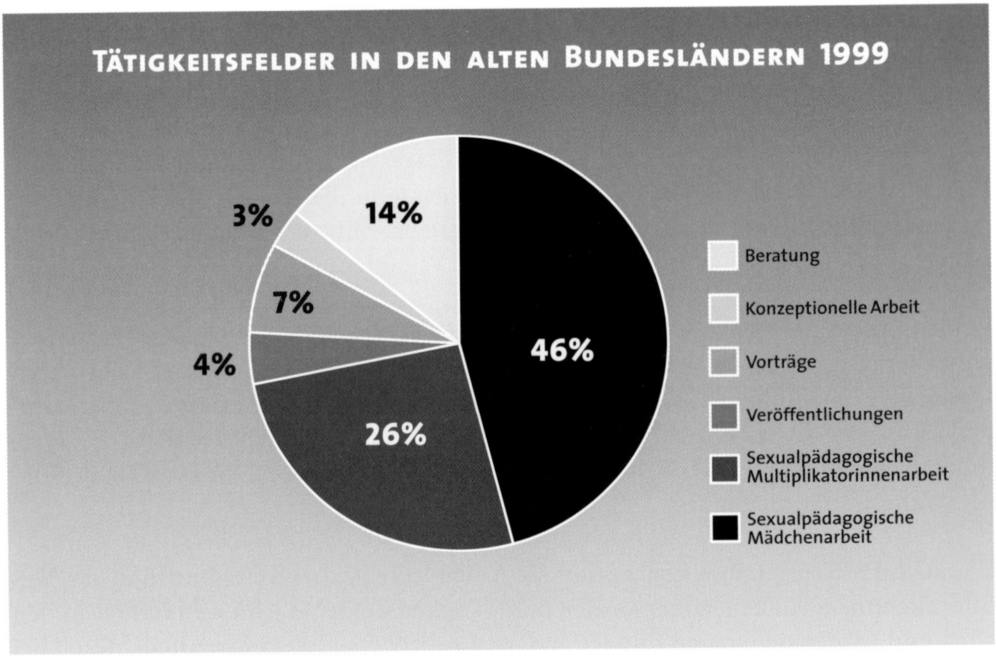

Wie bereits ausgeführt, wurde 1999 die Beratungstätigkeit ebenfalls erfasst. 20% der Einrichtungen in den neuen und 14% der Einrichtungen in den alten Bundesländern gaben dieses Arbeitsfeld an. Der Darstellung eines differenzierten Bildes der Tätigkeitsfelder der einzelnen Einrichtungskategorien dienen die Kreisdiagramme auf S. 63 f.

Die prozentuale Verteilung der Angebotsformen ist bei den Mädcheneinrichtungen und den Jugendeinrichtungen sehr ähnlich, 1999 wie auch schon 1996. Die aktuelle Studie belegt, dass die Mädcheneinrichtungen (17%) unwesentlich mehr Beratung anbieten als die Jugendeinrichtungen (14%). Der prozentuale Anteil an praktischer sexualpädagogischer Mädchenarbeit liegt bei den Jugendeinrichtungen (50%) 1999 geringfügig höher als bei den Mädcheneinrichtungen (47%).

Eine stärkere Fortbildungstätigkeit ist bei den Beratungsstellen festzustellen. Diese macht 1999 27% der Tätigkeit aus. Entsprechend geringer ist der prozentuale Anteil an sexualpädagogischer Mädchenarbeit (40%). Im Vergleich zu 1996 jedoch hat die Fortbildungstätigkeit der Beratungsstellen tendenziell abgenommen.

Abb. 27

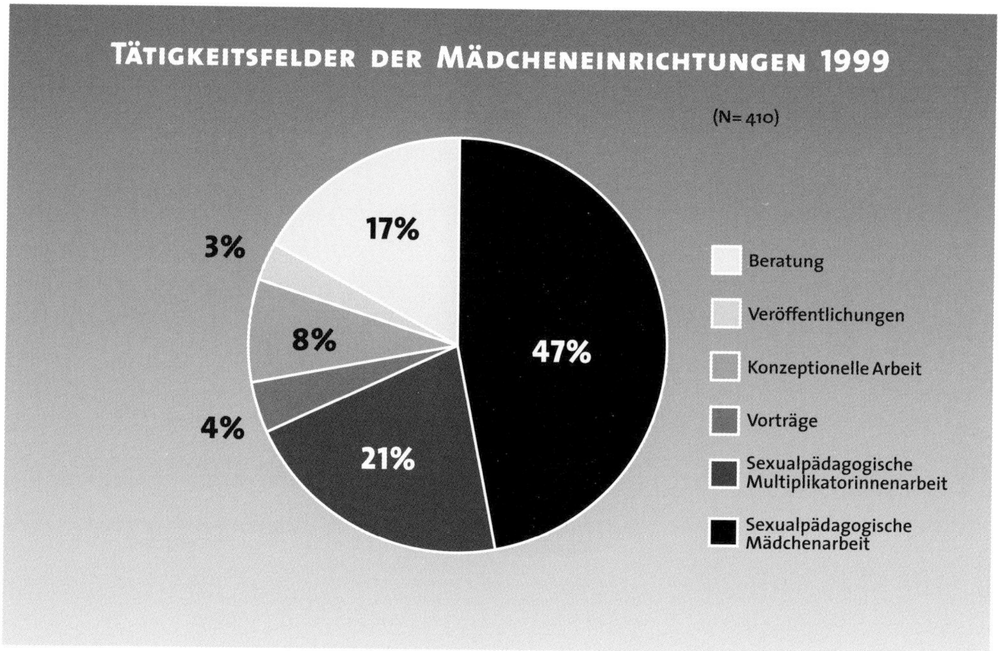

Abb. 28

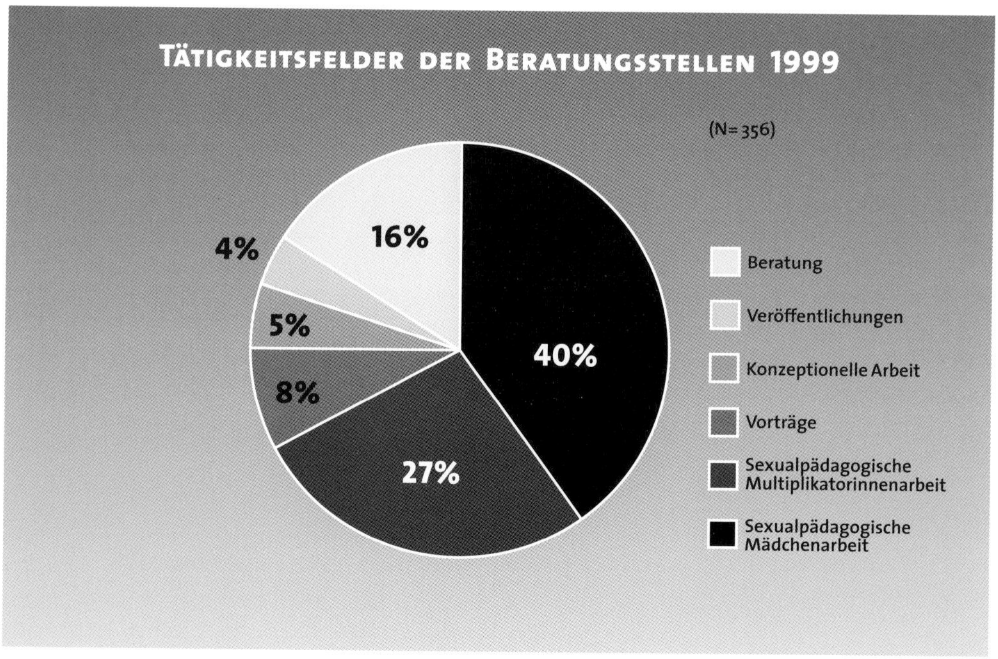

4

Abb. 29

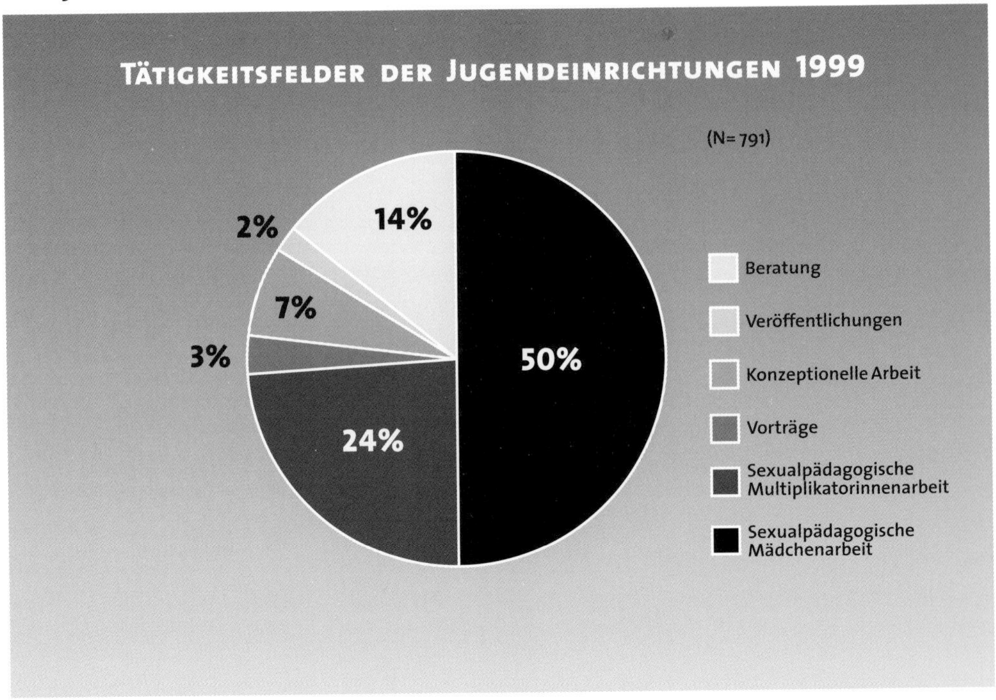
TÄTIGKEITSFELDER DER JUGENDEINRICHTUNGEN 1999
(N=791)
14%
2%
7%
3%
50%
24%
Beratung
Veröffentlichungen
Konzeptionelle Arbeit
Vorträge
Sexualpädagogische Multiplikatorinnenarbeit
Sexualpädagogische Mädchenarbeit

Abb. 30

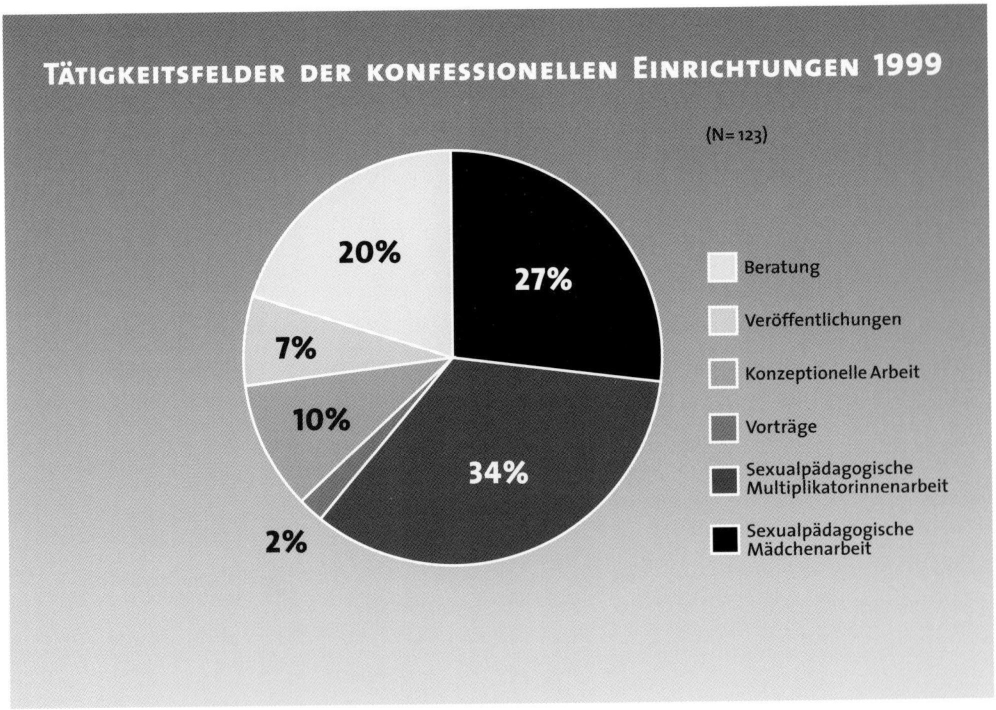
TÄTIGKEITSFELDER DER KONFESSIONELLEN EINRICHTUNGEN 1999
(N=123)
20%
27%
7%
10%
34%
2%
Beratung
Veröffentlichungen
Konzeptionelle Arbeit
Vorträge
Sexualpädagogische Multiplikatorinnenarbeit
Sexualpädagogische Mädchenarbeit

Die 36 konfessionellen Einrichtungen, die sich an der Befragung 1999 beteiligten, machten insgesamt 123 Einzelnennungen, die sich wie folgt verteilen: 27% „Mädchenarbeit", 34% „Multiplikatorinnenarbeit", 20% „Beratung", 10% „Konzeption", 7% „Veröffentlichungen" und 2% „Vorträge".

Der hohe Anteil an Multiplikatorinnenarbeit ist darauf zurückzuführen, dass die konfessionellen Verbände Schulungen für die Gruppenleiterinnen durchführen (z.B. PFADFINDERINNENSCHAFT ST. GEORG). Diese Schulungen sind ebenfalls unter „Multiplikatorinnenarbeit" subsumiert.

Abb. 31

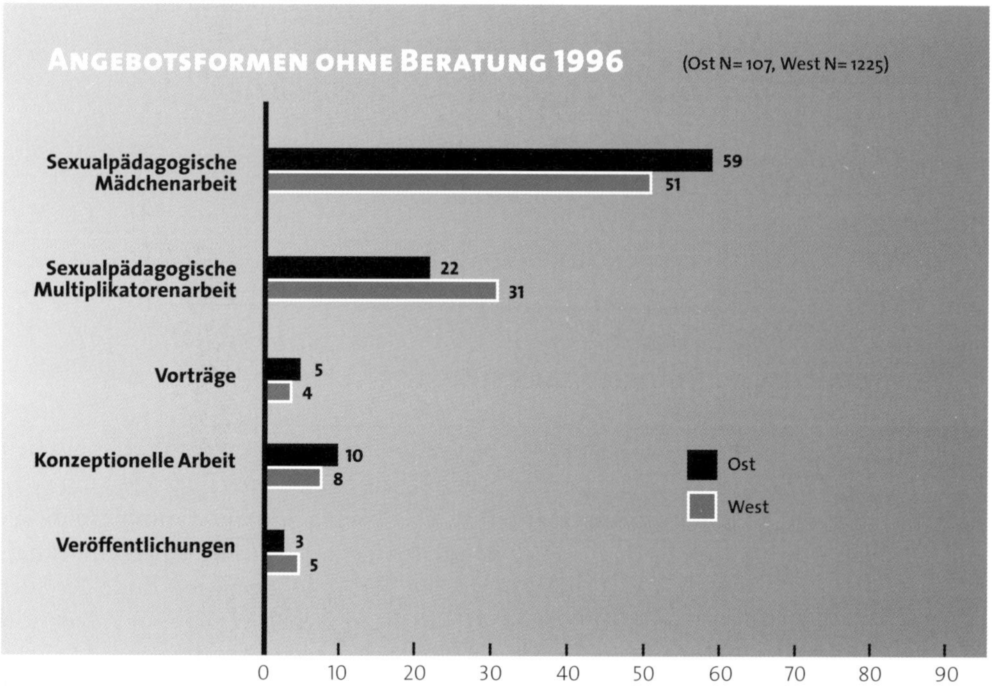

Abb. 32

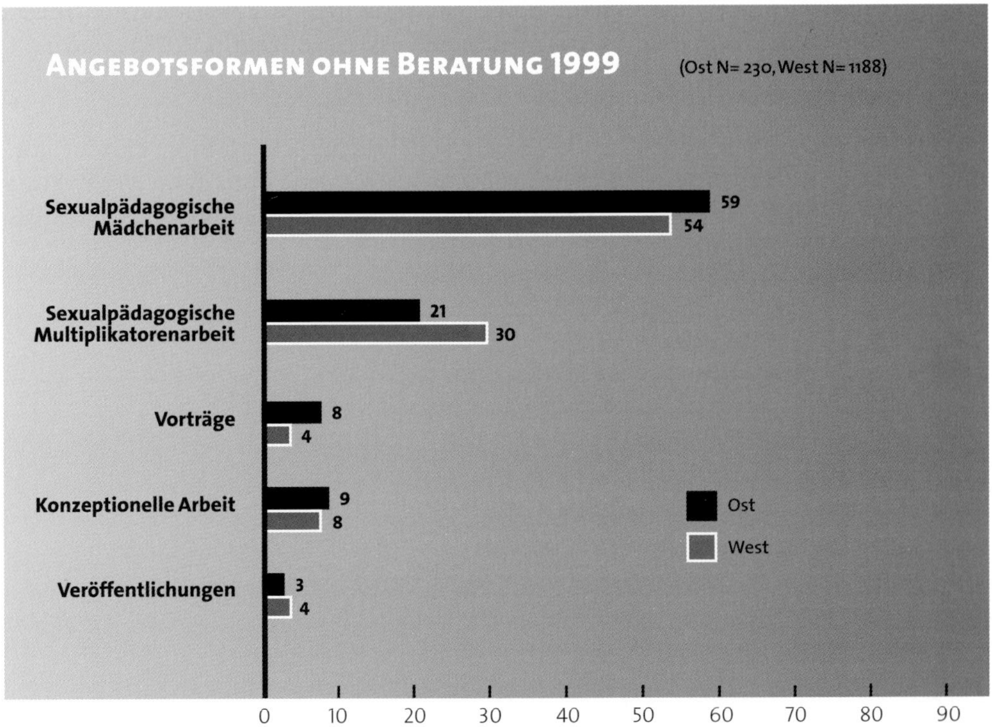

4.2.1 Praktische Mädchenarbeit

In den letzten 25 Jahren ist die Mädchenarbeit generell in nahezu allen pädagogischen Bereichen und Feldern Standard geworden, wenn sie auch nicht überall explizit mit eigenem Konzept und Stellenprofil ausgestattet ist. Das Thema Sexualität nimmt in dieser Arbeit immer eine wichtige Rolle ein, auch dann, wenn es nicht ausdrücklich um sexualpädagogische Maßnahmen geht. Das Vorantreiben der Aids-Prävention Ende der 80er Jahre und die Entwicklung und Verbreitung sexualpädagogischer Ansätze zur Prävention von HIV und Aids sowie die Debatte um sexuelle Gewalt gegen Mädchen und Frauen haben auch in der Mädchenarbeit zu einer Konzentration auf bestimmte sexualpädagogische Themen geführt.

Noch 1996 wurde deutlich, dass die „Entdeckung" der Sexualpädagogik als ein altes – „neues" – Feld der Mädchenarbeit zu einem verstärkten Angebot in diesem Bereich führte. Vier Jahre später zeichnet sich ab, dass sich Mädchenarbeiterinnen diesem scheinbar so „traditionellen Thema" seltener zuwenden und sich heute, kurz vor dem Wechsel in das nächste Jahrtausend, mehr den „richtig neuen", zukunftsträchtigen und lukrativeren Themen zuwenden: Ökotechnik, Abenteuersport und Berufsorientierung. „Je spektakulärer desto innovativer und fortschrittlicher" könnte man/frau meinen, auf jeden Fall aber mit größerem Geldsegen bedacht, denn Projekte und Konzeptionen, ausgerichtet an diesen „Trendthemen", werden heute, in Zeiten besorgniserregender Jugend-, also auch Mädchenarbeitslosigkeit, durch die entsprechenden Ministerien stark favorisiert. Sicher auch zu Recht, denn die Zukunftsperspektive und Zukunftssicherung sind für Mädchen (und Jungen) wichtig und existenziell notwendig.

Verständlich also, dass viele Mitarbeiterinnen auf diese Perspektiven setzen und ihr Angebot schwerpunktmäßig auf Berufsorientierung und neue Technologien ausrichten. Schwierig ist dies aber vor allem dann, wenn die Mädchen mangels Interesse an Ökotechnologien fernbleiben, weil sie sich eben doch mehr Gedanken machen um das Wachstum ihrer Brüste, um das Ausbleiben der Menstruation oder den lang ersehnten Orgasmus. Selbstverständlich ist Berufsvorbereitung und Lebensplanung gerade für Mädchen wichtig, aber beides führt auch zur Auseinandersetzung mit dem eigenen Rollenverständnis, der Kompetenz, Beziehungen zu gestalten und Sexualität zu erleben. Sexualpädagogik ist daher kein Thema, das „wir" (die Mädchenarbeiterinnen) sowieso schon (immer) machen, sondern eine ganzheitliche Aufgabe, die zentrale Lebensaspekte, wie die Vorbereitung auf das Berufsleben, einschließt.

Bei der Sichtung der mitgeschickten Materialien, Programme usw. fällt auf, dass die Thematisierung von Sexualität eher beiläufig, im Alltag einer Einrichtung „en passant" geschieht. Sexualpädagogik wird seltener explizit „platziert" als vielmehr nebenbei erledigt. Sicher arbeiten insgesamt mehr Einrichtungen und Verbände mit Mädchen, aber der Anteil der explizit sexualpädagogischen Angebote scheint nicht gleichzeitig angestiegen zu sein. Eine Ausnahme bilden hier selbstverständlich die verschiedenen befragten Beratungsstellen. Um einen Eindruck zu erhalten von aktuellen sexualpädagogischen Angeboten für Mädchen, ist im Folgenden eine zufällige Auswahl von Programmauszügen zusammengestellt.

Programmauszüge

Double X – Interkulturelles Kommunikations- und Kulturzentrum für Mädchen und junge Frauen, Berlin

„Coming-Out-Gruppe: Verliebt in die beste Freundin? Hast du Lust, mit anderen gemeinsam die Frauenszene zu entdecken? Oder suchst du nur einen Ort, an dem du dich wohl fühlen kannst?"

Jugendzentrum Poschinger Villa, Landshut

„In diesem Kurs beschäftigen wir uns mit Gefahren und Möglichkeiten, diese kennen zu lernen und zu vermeiden. Es geht auch darum, selbstbewusst Grenzen zu ziehen und sie zu verteidigen. Das Erleben effektiver Selbstverteidigungstechniken kann helfen, Ängste abzubauen und sich sicherer zu fühlen."

Jugendbegegnungsstätte und Café Zora, Mädchentreff, Koblenz

„... Liebe, Lust und Zärtlichkeit zum Thema machen (egal, ob du Mädchen oder Jungen liebst!) ... Kicker/Billard spielen ... Mädchenwelt und Mädchenkultur erkunden ... gemeinsam Hausaufgaben machen ... andere Mädchen kennen lernen ... Lebensplanung und Bewerbungen ... Selbstverteidigung lernen ... und viel Spaß haben"

Tritta e.V., Verein für feministische Mädchenarbeit, Freiburg

„Unbeschreiblich weiblich: Frauen mit Behinderungen werden meist als Neutren betrachtet, in ihrer Weiblichkeit nicht ernst genommen. Trotzdem, oder gerade deswegen, werden sie mehr als nichtbehinderte Mädchen oder Frauen sexuell ausgebeutet. Unter dem Motto ‚Unbeschreiblich weiblich' bieten wir einen Tag mit: Informationen, Austausch, Übungen zum Thema Frau-Sein mit Behinderung und Grenzverletzungen. Das Seminar ist ausschließlich für Frauen mit Behinderungen, Assistenzfrauen können mitgebracht werden."

Beratungsstelle Grüner Turm, Ravensburg

„Fragestunde für Mädchen: Rund um Liebe, Freundschaft, Sexualität, Verhütung, Frauenärztin und alles, was ihr schon immer wissen wollt."

PRO FAMILIA – Beratungsstelle, Stade

„Oder du kannst auch kommen, wenn du einfach sprechen möchtest, z.B. über Verliebtsein, Eifersucht, Orgasmus, Selbstbefriedigung, Freundschaft, Zusammengehen oder Auseinandergehen... In unserer Beratungsstelle kannst du Bücher, Broschüren, Spiele und Bilder zu diesen Themen finden!!"

Dreist e.V., Barnim, Verein zur Förderung einer geschlechtsreflektierenden Einstellung

„Kontakt und Beratungsangebote für Mädchen bei unterschiedlichen Problemen wie:
Liebeskummer, Problemen mit den Eltern, dem Freund, der Freundin, Stress in der Schule, in der Ausbildung, bei der Berufsfindung, physischer und sexueller Gewalterfahrung"

Stuttgarter Jugendhaus e.V., Stuttgart

„Mädchengruppen als Erfahrungs- und Lernort: Inhalte z.B.: Spiele, miteinander über verschiedene Themen reden – Mädchen sein, Freundschaft, Pubertät, Körperlichkeit, Sexualität, Eltern, Drogen, Berufswünsche etc. – Fotografieren, Videoprojekte, Sport, Ausflüge, Kennenlernen von Beratungsstellen, Werkstattarbeiten, Tanzen, Selbstverteidigung, Massage ..."

4.2.2 Multiplikatorinnenarbeit

In den letzten beiden Jahren sind die beherrschenden Themen in der Multiplikatorinnenarbeit die Qualitätssicherungsdebatte und die Konsequenzen aus dem neuen Kinder- und Jugendhilfegesetz. Im Zuge der Reform und Neustrukturierung der öffentlichen Verwaltungen – und auch Mädcheneinrichtungen sind häufig ein Teil davon – wurden Wege der Optimierung, der Effektivierung, des Controllings und des Qualitätsmanagements gesucht und erprobt. Die Mädchenarbeit greift diese Themen und Anforderungen auf, um ihre Relevanz zu belegen und dadurch die eigene Existenz in Zeiten knapper Kassen zu sichern. Neben diesen Themen gibt es verstärkt Fortbildungen in den Bereichen

„Neue Technologien“, „Berufsvorbereitung“ und „Abenteuersport“. Dies bedeutet aber nicht, dass keine sexualpädagogische Qualifizierung in der Mädchenarbeit existiert.

17% der befragten Einrichtungen in den neuen und 26% in den alten Bundesländern gaben an, sexualpädagogische Multiplikatorinnenarbeit durchzuführen. Die Themen sind sehr vielfältig, ebenso die Dauer, die Veranstaltungsformen und die Zielgruppen. Die Themen „sexueller Missbrauch“, „Ess-Störungen“ und „Selbstbehauptung – Selbstverteidigung“ scheinen, ohne dass dies aufgrund der Befragung evaluierbar ist, wichtige Themen zu sein. In der Regel handelt es sich um ein- oder zweitägige Fortbildungen, die z.B. für eine bestimmte Zielgruppe wie Erzieherinnen, Lehrerinnen oder Beraterinnen angeboten werden. Neben den offenen Fortbildungen wird Qualifizierung auch als Auftragsmaßnahme für eine feststehende Zielgruppe angeboten, z.B. für die Erzieherinnen eines Kindergartens oder ein Schulkollegium. Besonders die Beratungsstellen (wie PRO FAMILIA und Beratungsstellen für Opfer sexueller Gewalt) sind in diesem Qualifizierungsfeld tätig.

Die konfessionellen Träger qualifizieren in erster Linie ihre Teamerinnen und Gruppenleiterinnen. Die großen Jugendverbände bieten verbandsinterne Fortbildungen oder berufsbegleitende Qualifizierung an. Eine berufsbegleitende Qualifizierung, die sich über einen Zeitraum von ca. sechs Monaten erstreckt, bietet die HEIMVOLKSHOCHSCHULE FRILLE in Petershagen an. „Feministische Sexualpädagogik für Frauen mit Lust auf mehr“ ist der Titel dieses Lehrgangs, der aus drei Baustein-Seminaren zu den Themen „Sexuelle Identität“, „Grenzen und Befreiung“ und „Berufsrolle als Pädagogin“ besteht. Die geschlechtsspezifische Sexualpädagogik, die kritische Auseinandersetzung mit dem Rollenbild und den Geschlechtsrollen finden heute auch in den geschlechtsheterogenen Lehrgängen zur Sexualpädagogik Niederschlag.

Um auch für den Bereich der Qualifizierung einen Überblick über das bestehende Angebot der befragten Einrichtungen zu geben, folgen Auszüge aus den Programmausschreibungen und Seminarankündigungen verschiedenster Institutionen. Auch diese Auswahl ist nicht repräsentativ, sondern soll in erster Linie die Vielfalt der Themen und die Spannbreite der Zielgruppen verdeutlichen.

Auszüge aus Programmausschreibungen und Seminarankündigungen

Landschaftsverband Westfalen-Lippe, Münster

„So jung und schon Mama – Mädchen und junge Frauen bekommen Kinder und dann stellt sich häufig die Frage, welche Hilfen sie brauchen, damit sie mit dieser Verantwortung, ihrer neuen Rolle und der Entwicklung von Zukunftsperspektiven zurechtkommen. Die Veranstaltung beschäftigt sich mit den Fragen:

- Warum entscheiden sich Mädchen und junge Frauen bewusst oder unbewusst für die Mutterrolle?
- Welche Kompetenzen haben sie, aber in welcher Hinsicht brauchen sie auch Unterstützung, um den neuen Anforderungen gerecht zu werden?
- Wie lassen sich Schule und Ausbildung mit dem Muttersein kombinieren?
- Wie können die Väter in die Betreuung einbezogen werden?

Diese besondere Problemsituation erfordert Hilfekonzepte, die flexibel an den Bedürfnissen der Mädchen und jungen Frauen orientiert sind und gleichzeitig das Kindeswohl im Blick behalten."

Heimvolkshochschule Alte Molkerei Frille, Petershagen

„Feministische Sexualpädagogik – Diese Seminarreihe richtet sich an Frauen, die mit Mädchen oder Frauen arbeiten, sie begleiten und ihre sexualpädagogischen Kompetenzen erweitern wollen. Mädchen suchen nach Orientierung, ihr Körpergefühl und ihre Sexualität zu entfalten. Was sie dabei finden, ist teilweise eine nüchterne Aufklärung, teilweise eine ausschließlich an Heterosexualität ausgerichtete Normalität, teilweise die Unsicherheit von LehrerInnen und PädagogInnen. Mädchen brauchen aber Frauen, die sie in ihrer Suche positiv und offen unterstützen. Wir möchten in dieser Reihe Frauen ermutigen, ihre eigene (sexuelle) Identität zu reflektieren, sei es als lesbisch, bi- oder heterosexuell lebende Frau, und auf dieser Basis eine parteiliche Sichtweise auf Mädchen und Frauen und ihre Sexualität zu entwickeln. Feministische Sexualpädagogik heißt bei uns, die Mädchen und Frauen in ihrer Weiblichkeit wertzuschätzen und sie darin zu unterstützen, ein eigenes Körperbild zu entwickeln und lustvoll zu entfalten. Feministische Sexualpädagogik ist demzufolge nicht eine Frage von Methoden, sondern eine Haltung, in der es prozesshaft darum geht, Fremdbestimmungen abzulegen, Vertrauen in die eigene Körperlichkeit zu entwickeln und die Macht der Erotik zu entdecken."

PRO FAMILIA Münster

„Lust, ein Mädchen zu sein! – Lust, Mädchenarbeit zu machen?

Ist eine bewusste, geschlechtsspezifische Mädchenarbeit heute noch notwendig und sinnvoll? Sollen Jungen und Mädchen in getrenntgeschlechtlichen Gruppen sprechen? Können/sollen Männer Mädchenarbeit machen? Ist ein geschlechtsspezifischer Blick in der sexualpädagogischen Arbeit überhaupt noch gefragt? Diese und andere Fragen sollen in diesem Workshop diskutiert werden. Vorkenntnisse in der geschlechtsspezifischen Arbeit mit Mädchen sind wünschenswert, werden aber nicht vorausgesetzt."

Mädchengesundheitsladen Stuttgart

„Methodenfortbildung: Sexualität und Pubertät als Themen in der Mädchenarbeit

Die körperliche und psychosexuelle Entwicklung von Mädchen während der Pubertät löst auch heute noch bei den Mädchen selber, aber auch bei ihren Eltern und den mit ihnen arbeitenden Pädagoginnen viele Fragen, Unsicherheiten und Ängste aus. Der weibliche Körper und Sexualität sind zwar als Themen allgegenwärtig, jedoch häufig nicht in adäquater Weise besprechbar. Vor dem Hintergrund entwicklungspsychologischer Grundlagen möchten wir in dieser Fortbildung mädchenspezifische Themen herausarbeiten. Der Schwerpunkt wird jedoch auf der Vermittlung methodisch-didaktischer Anregungen für die Praxis der Mädchenarbeit liegen."

Libs e.V. Frankfurt

„Bundesweites Treffen der Lesben in der lesbisch-feministischen Mädchenarbeit. Geplante Themen:

1. Welche Rolle spielen heute (sog.) Klassenunterschiede? Was habe ich für Bilder und Vorurteile zu Mädchen und den (sog.) Klassenunterschieden zwischen den Mädchen im Kopf?
2. Wie sieht die Arbeit mit Müttern lesbischer Mädchen aus?
3. Soll es eigenständige Einrichtungen für junge Lesben geben oder soll die Arbeit mit jungen Lesben in den jeweiligen Mädchen- oder Lesbeneinrichtungen integriert werden?
4. Wie kann die Arbeit mit jungen Lesben konzeptionell in die Mädchenarbeit verankert werden?
5. Wie kann ich als lesbische Pädagogin lesbische Lebensweisen in der Mädchenarbeit sichtbar machen?"

4

KomBi, Kommunikation und Bildung vom anderen Ufer, Berlin

„‚Was haben Sie in der Schule über Homosexualität gelernt?'

‚Gar nichts' – müssten wohl die meisten von uns auf diese Frage antworten, denn der heimliche Lehrplan hieß damals wie heute Heterosexualität. Verschiedene Lebensweisen sind immer noch ein heißes Eisen in Schule und Jugendarbeit – und auch in der Ausbildung von PädagogInnen. Um dieses Tabu in der Pädagogik zu brechen, arbeiten wir seit vielen Jahren mit Jugendlichen und Erwachsenen zum Thema Lebensformenpädagogik.

- Emanzipatorische Sexualpädagogik
- Zwischen Sexualität und Fortpflanzung unterscheiden
- Gefühle und Wünsche aussprechen
- Mit Mädchen und Jungen geschlechtsspezifisch arbeiten
- Über Beziehungen und Lebensplan reden"

4.3 Arbeitsformen

Ziel der Frage nach den Arbeitsformen war es herauszufinden, welche Einrichtungen im Bereich der Sexualpädagogik Mädchenarbeit eher nachfrageorientiert oder eher programmorientiert – d.h. aufgrund eines selbst konzipierten Programmangebotes – arbeiten. In der Studie von 1996 wurde zusätzlich die Kategorie „Angebotsorientierung" abgefragt. Unter „Angebotsorientierung" wurde verstanden, wenn einer bestehenden Mädchengruppe ein Angebot für eine sexualpädagogische Veranstaltung unterbreitet wurde. Aufgrund der festgestellten fehlenden Trennschärfe der Begriffe „Angebotsorientierung", „Nachfrageorientierung" und „Programmorientierung" bei der ersten Untersuchung wurden bei der vorliegenden Vergleichsstudie die Antwortmöglichkeiten reduziert auf die Nachfrage- sowie die Programmorientierung. Die Ergebnisse von 1996 sind daher nicht oder nur sehr bedingt mit denen von 1999 vergleichbar.

Abb. 33

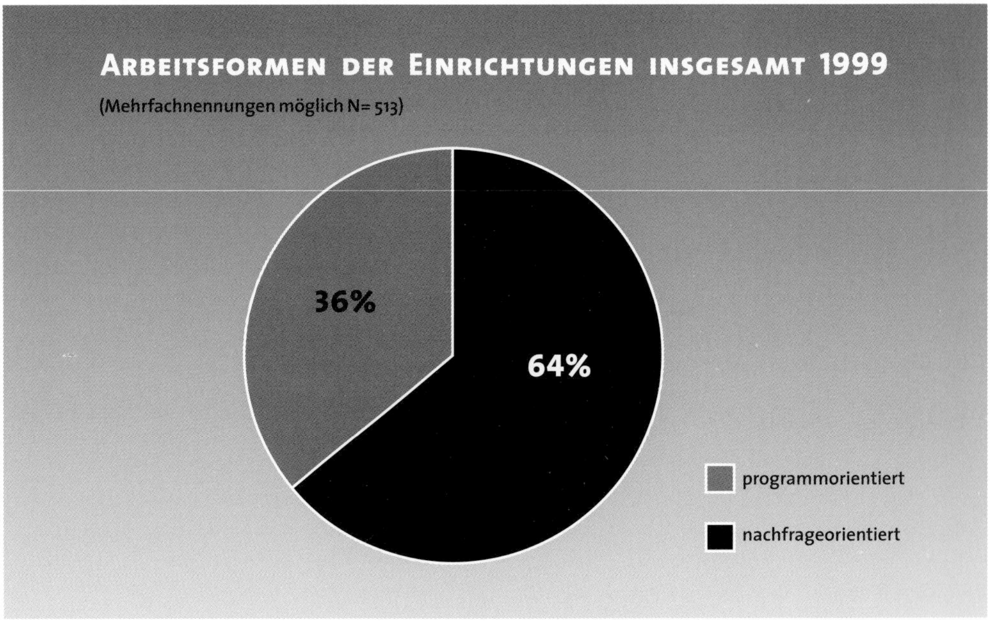

1999 gaben die befragten Einrichtungen an, zu 64% nachfrageorientiert und zu 36% programmorientiert zu arbeiten. Insgesamt wurden 513 Nennungen durch die 384 befragten Einrichtungen vorgenommen, d.h. ein sehr hoher Prozentsatz der befragten Einrichtungen arbeitet sowohl nachfrage- als auch programmorientiert. Dieses Ergebnis bezieht sich auf die Bundesrepublik insgesamt. Die nach neuen und alten Bundesländern differenzierte Auswertung ergibt nur einen sehr geringen, daher zu vernachlässigenden Unterschied. Eine größere Differenzierung bieten die Ergebnisse nach Einrichtungskategorien.

Abb. 34

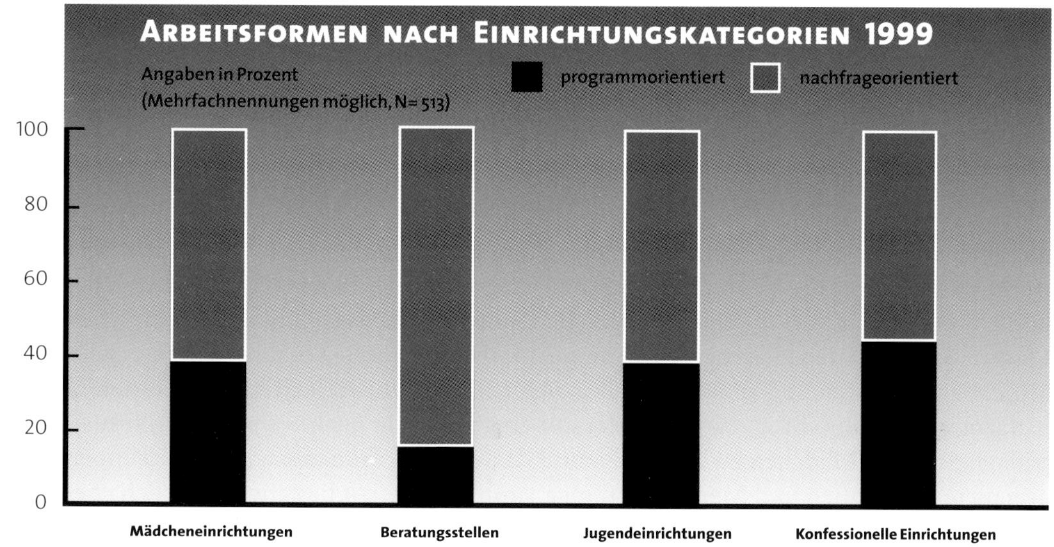

Während die Mädchen- und Jugendzentren jeweils zu 61% nachfrageorientiert und zu 39% programmorientiert arbeiten, fällt bei den Beratungsstellen auf, dass sie nur wenig programmorientiert (16%), dafür aber sehr stark aufgrund von Nachfrage (84%) tätig sind. Diese Verteilung liegt in der Aufgabenstellung der befragten Beratungsstellen begründet, denn sie bieten Sprechzeiten, Beratungsstunden und Therapiesitzungen an, die von betroffenen und interessierten Mädchen und Frauen gezielt genutzt werden. Konfessionelle Einrichtungen arbeiten zu 56% nachfrage- und zu 44% programmorientiert.

Zwar ist, wie bereits beschrieben, ein Vergleich mit der Studie von 1996 nur sehr bedingt möglich, dennoch soll versucht werden, die Zunahme der nachfrageorientierten Angebote zu analysieren. Von 1996 bis 1999 ist in allen Einrichtungskategorien ein Zuwachs an Nachfrageorientierung zu erkennen. Dieses Ergebnis kann darauf hindeuten, dass die Mitarbeiterinnen sexualpädagogische Themen und Fragen stärker in den Alltag der Einrichtungen einbinden. Dies wurde durch die Interviews mit vielen Mitarbeiterinnen der Einrichtungen bestätigt. Allerdings existieren keine Aussagen über die Quantität dieser sexualpädagogischen „Alltagssituationen“. Dieser Trend kann gleichzeitig auch bedeuten, dass weniger explizit sexualpädagogische Angebote gemacht werden und dass die Mädchen eigenständig das Thema abfragen und einfordern können. Sind die Mädchen somit stärker auf aufmerksame und sensible Pädagoginnen angewiesen oder ist die Sexualpädagogik selbstverständlicher Bestandteil pädagogischer Alltagskontakte geworden?

Eindeutig lässt sich diese Frage durch die vorliegende Studie nicht beantworten. Für beide Positionen gibt es Argumente. Dass die Sexualpädagogik ihren spektakulären Charakter verloren hat, ist positiv. Schließlich war und ist das Ziel sexualpädagogischer Projekte, das Thema „selbstverständlicher und normaler“ werden zu lassen. Die fehlende Aufmerksamkeit darf jedoch nicht dazu führen, dass sexualpädagogische Angebote deshalb nicht mehr gemacht werden, weil es „Schnee von gestern“ ist.

Die Quantität der sexualpädagogischen Fortbildung und die Fülle von Arbeitsmaterialien für die unterschiedlichsten Zielgruppen führt selbstverständlich auch zu dem Anspruch, in jeder Einrichtung sexualpädagogische Angebote durchzuführen: 1999 zumeist ohne Hilfe und Teamerinnen von außen, wie noch Anfang der 90er Jahre. Ob die Mitarbeiterinnen in Jugend- und Mädcheneinrichtungen oder bei konfessionellen Trägern sich aber qualifiziert genug fühlen, zu den Themen zu arbeiten, ist unbekannt. Ob sie sich 1999 noch „trauen“, trotz der Vielzahl an Qualifizierungsmöglichkeiten und Materialien Hilfe und Unterstützung von außen hinzuzuziehen, ohne dabei das Gefühl des persönlichen Unvermögens zu erleben, ist m. E. nur mit qualitativen Methoden evaluierbar. Fest steht, ohne dies quantifizieren zu können, dass sich nach wie vor viele Mitarbeiterinnen in pädagogischen Einrichtungen nicht oder nur eingeschränkt qualifiziert fühlen, sexualpädagogisch mit Mädchen zu arbeiten – und das, obwohl für nahezu alle Zielgruppen geeignete Materialien und Medien verfügbar sind. Das Defizit besteht vermutlich eher im Bereich der persönlichen, individuellen Bereitschaft und Fähigkeiten. Sinnvoll erscheint hier, das Augenmerk bei Qualifizierungsangeboten weniger auf die Methodik als auf die selbstreflexive Arbeit zu richten, um die persönlichen Stärken der Mitarbeiterinnen zu fördern.

4.3.1 Kontaktkontinuität

25% der befragten Einrichtungen in der gesamten Bundesrepublik gaben an, die Mädchen „nur einmal“ zu sehen, die restlichen 75% haben mehrmaligen Kontakt zu den Mädchen. Der Vergleich zu 1996 zeigt, dass der Kontakt zwischen den Mitarbeiterinnen und den Mädchen kontinuierlicher bzw. konstanter geworden ist. 1996 gaben 31% der Befragten an, Mädchen nur einmal zu sehen, während 69% mehrmalige Kontakte hatten.

Die Differenzierung der Ergebnisse auf der Ebene neue und alte Bundesländer entspricht nahezu exakt dem Gesamtergebnis. Wie aber schon 1996 gibt es auch 1999 Unterschiede hinsichtlich der Kontakthäufigkeit bezogen auf die Einrichtungskategorien.

Abb. 35

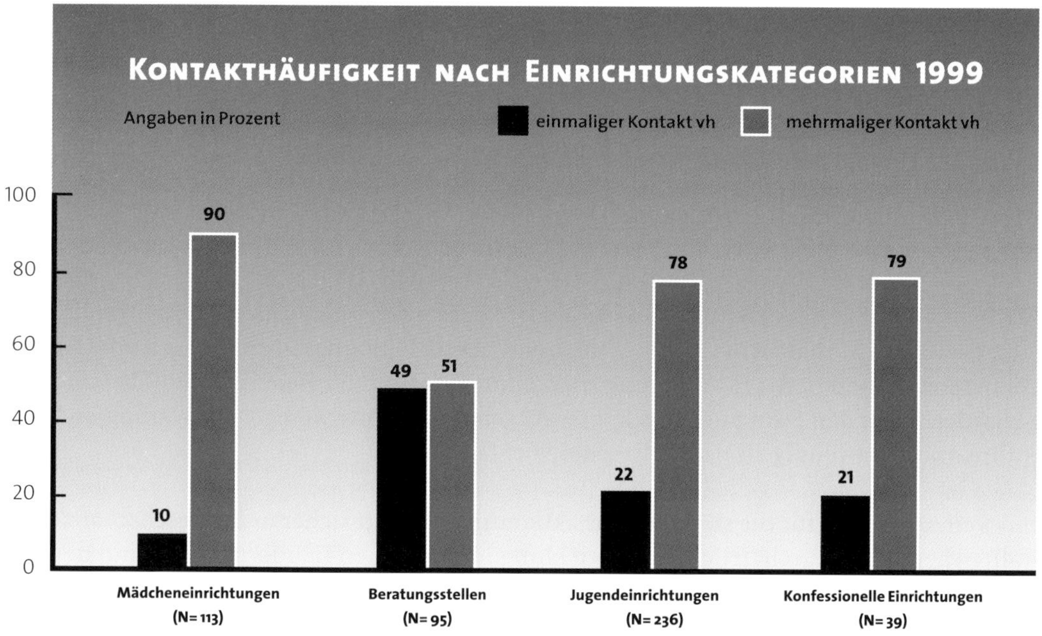

Jugendeinrichtungen in Ost- und Westdeutschland sowie die konfessionellen Einrichtungen haben zu 78% bzw. 79% mehrmaligen Kontakt zu ihrer Klientel. Vergleicht man die aktuellen Ergebnisse mit denen von 1996, so lassen sich hier keine signifikanten Unterschiede erkennen, weder in Bezug auf die Ost-West-Differenzierung noch in Bezug auf die Einrichtungskategorie.

Anders bei den Mädcheneinrichtungen: 1999 ist hier eine stärkere Tendenz zur Kontaktkontinuität abzulesen: 90% der befragten Einrichtungen gaben an, mehrmaligen Kontakt zu ihrer Zielgruppe zu haben (86% in den neuen und 92% in den alten Bundesländern). Blieb die Verteilung im Vergleich zu 1996 in den neuen Bundesländern prozentual gesehen gleich, so verschiebt sich die prozentuale Aufteilung in den alten Bundesländern zugunsten des kontinuierlichen Kontaktes von 80% 1996 auf 92% 1999.

Die Kontakthäufigkeit der Beratungsstellen ist im bundesweiten Vergleich 1999 unverändert gegenüber 1996: 49% der Beratungsstellen sehen die Mädchen in der Regel einmal, 51% haben überwiegend mehrmaligen Kontakt zu ihnen. Differenziert man die Ergebnisse jedoch nach neuen und alten Bundesländern, so fällt auf, dass 1999 die prozentuale Verteilung nahezu identisch ist, jedoch im Vergleich zu 1996 in den neuen Bundesländern mehr Kontaktkontinuität bestand. Gaben 1996 31% der befragten Beratungsstellen in den neuen Bundesländern an, die Mädchen mehrmals zu sehen, sind es 1999 bereits 51%. In den alten Bundesländern ist die Verteilung identisch mit der von 1996.

„Beim Ost-West-Vergleich der Beratungsstellen ist signifikant, dass alle befragten Beratungsstellen in den neuen Bundesländern häufiger nur einmaligen Kontakt mit den Mädchen haben. Auch wenn die geringe Zahl der Angaben der ‚Ost-Beratungsstellen' keine schlüssige Aussage zulässt, so ist doch denkbar, dass dieser Trend durch die Tatsache zustande kommt, dass in den neuen Bundesländern die Mitarbeiterinnen in stärkerem Maße als im Westen Aufklärungs- und Informationsarbeit leisten müssen. Während die Beratungsstellen in der ‚alten' BRD eine lange Tradition haben, mussten die Mitarbeiterinnen in den neuen Ländern nach der Wende diese Arbeit erst aufbauen. Unter diesen Bedingungen stehen Arbeitsbereiche wie Öffentlichkeitsarbeit oder Weiterbildung im Vordergrund und beschränken die Kontinuität einer sexualpädagogischen (Mädchen-)Arbeit enorm."[6]

Die Beratungsstellen in den neuen Bundesländern haben sich, zehn Jahre nach der Wende, längst etabliert. Sie haben ihren „Platz" als qualifizierte Beratungseinrichtungen vor Ort gefunden und sind in der Bevölkerung anerkannte Adressen für Beratung und Therapie geworden. Über den Sinn und Zweck ihrer Angebote ist heute weniger Aufklärung und Information notwendig als noch Mitte der 90er Jahre.

Ein weiterer Grund für die stärkere Kontaktkontinuität liegt sicher in der gesellschaftspolitischen und wirtschaftlichen Entwicklung in den neuen Ländern. Der Stand der Erwerbslosigkeit, besonders der Anteil von Frauen und Mädchen, ist dramatisch. Dass durch Arbeitslosigkeit und wirtschaftliche Notlagen auch die persönlichen Probleme größer werden, ist unstrittig. Um Lösungswege zu suchen und zu finden, nutzen Frauen und Mädchen verstärkt die Beratungs- und Therapieangebote der Einrichtungen vor Ort.

Abb. 36

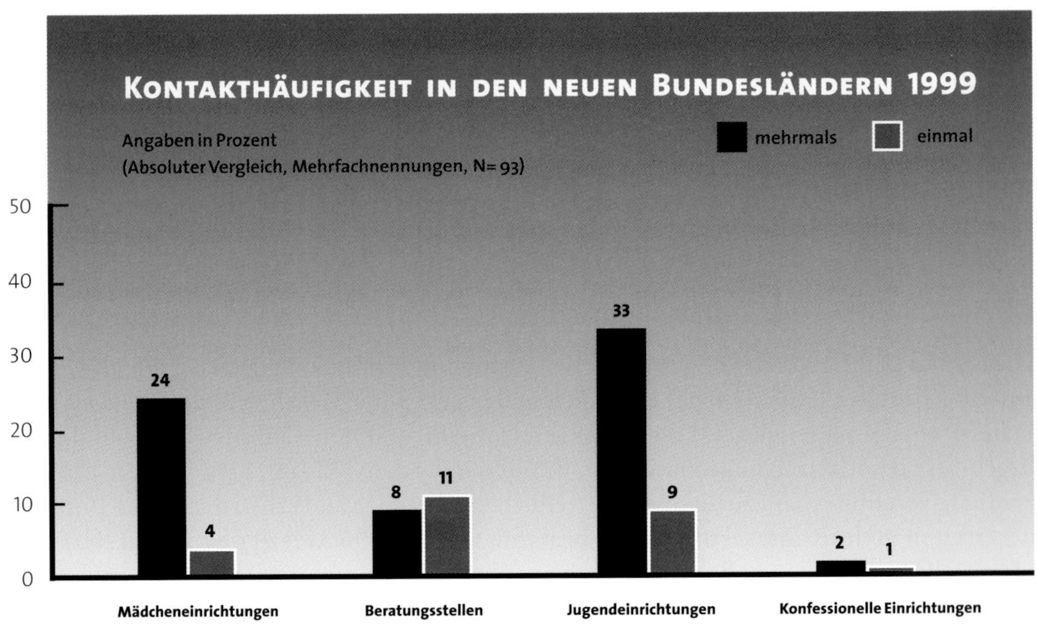

6 Bültmann, G. (1996): Sexualpädagogische Mädchenarbeit, S. 58

Abb. 37

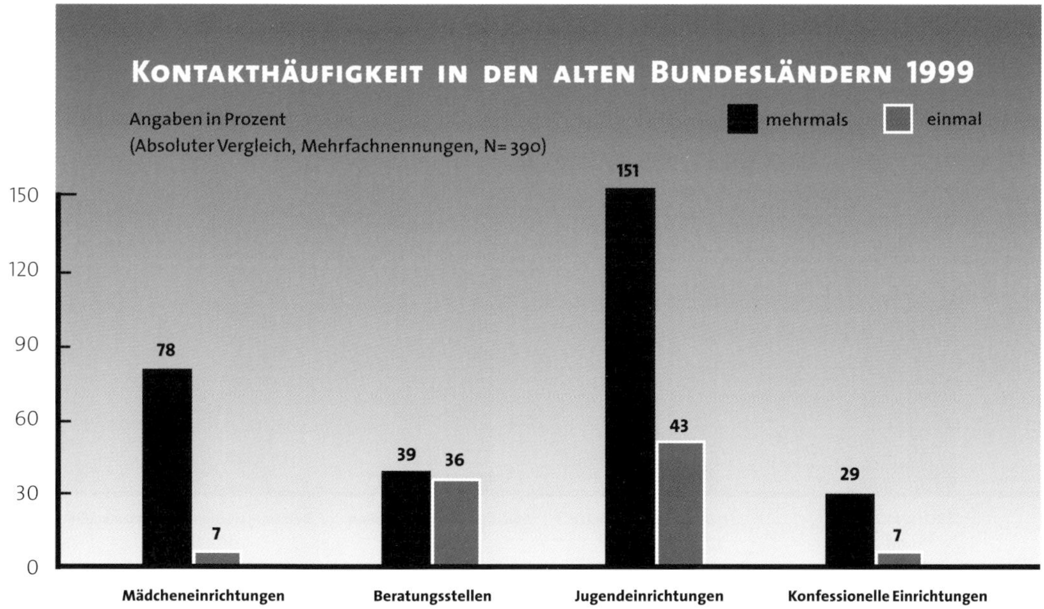

Die Studie von 1996 zeigte, dass die Kontakthäufigkeit bei den verschiedenen Beratungsstellen sehr unterschiedlich ist. Auch 1999 wurden die Beratungsstellen differenziert ausgezählt.

Abb. 38

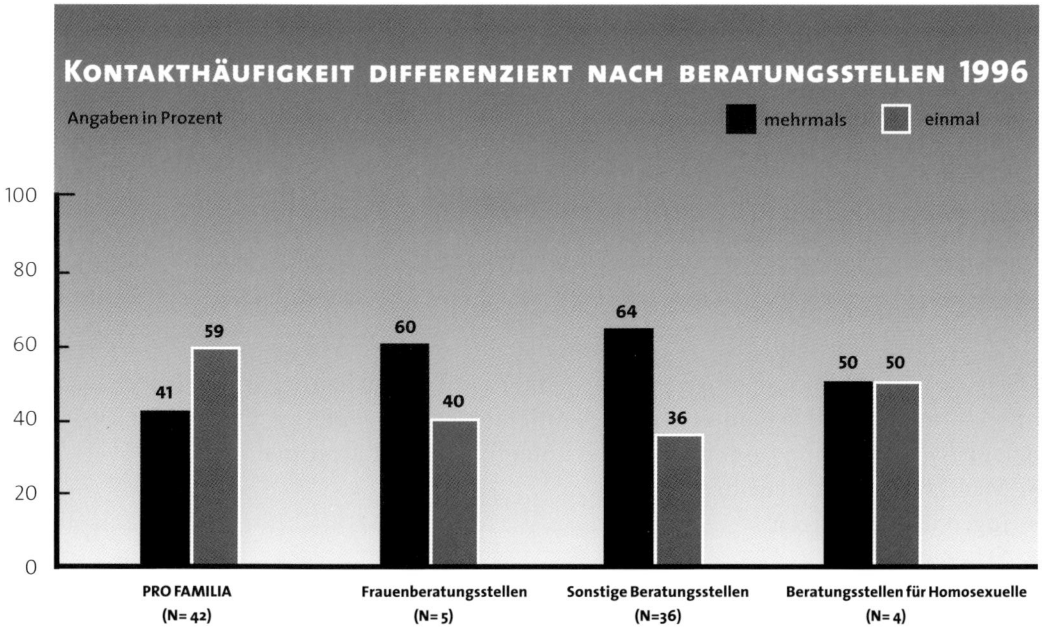

Abb. 39

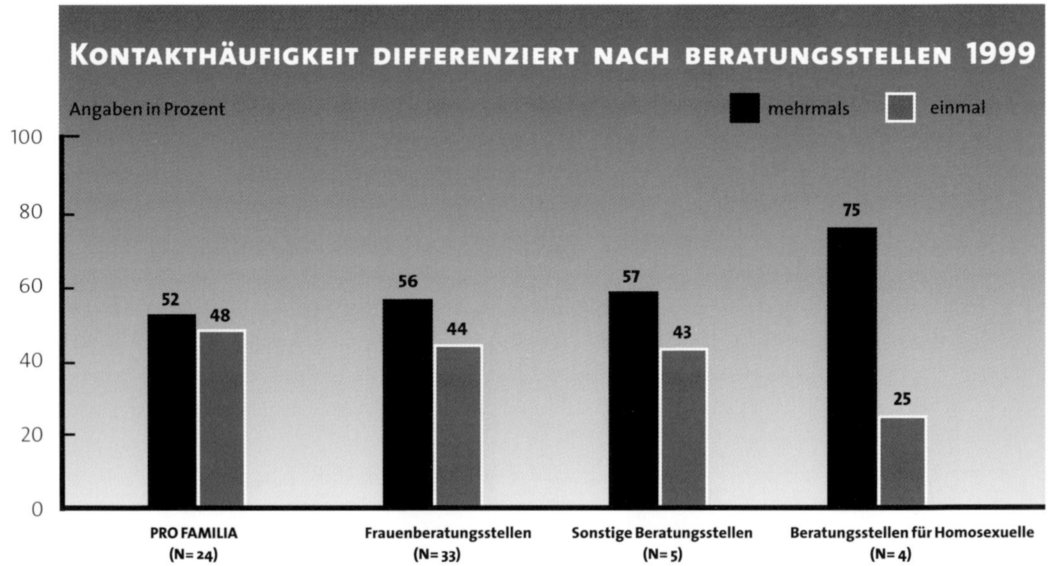

Bei den Lesben- und Schwulenberatungsstellen sowie den PRO FAMILIA-Beratungsstellen ist ein Zuwachs der mehrmaligen Kontakte abzulesen. In allen anderen Beratungsstellen zeigt die bundesweite Auszählung im Vergleich zu 1996 eine Abnahme der mehrmaligen Kontakte. Dennoch liegen diese auch 1999 prozentual deutlich über der Anzahl der einmaligen Kontakte. Beratungsstellen für Opfer sexueller Gewalt sowie PRO FAMILIA-Beratungsstellen, aber auch Lesben- und Schwulenberatungsstellen sowie Beratungsstellen für essgestörte Mädchen und Frauen bieten zu einem großen Anteil therapeutische Maßnahmen wie Einzel- oder Gruppenarbeit an und arbeiten somit über einen längeren Zeitraum kontinuierlich mit ihren Klientinnen. Gleichzeitg leisten sie zu einem großen Teil Öffentlichkeitsarbeit sowie (Sexual-)Aufklärungs- und Informationsarbeit in Schulen, Jugendzentren usw. Dass dieser Arbeitsbereich möglicherweise tendenziell zunimmt, kann auch mit der schwierigen Lage der öffentlichen Haushalte zusammenhängen. Die Öffentlichkeitsarbeit sowie Informationsveranstaltungen garantieren auch die Bedeutung und Relevanz der Projekte und tragen so zu Fortführung und Weiterfinanzierung bei.

4.3.2 Vernetzung

Die Frage nach den Vernetzungsstrukturen und Kooperationspartnern ist im Fragebogen offen formuliert und ließ unterschiedlich differenzierte Angaben zu. Die Angaben wurden in der Auswertung zusammengefasst unter folgenden Kategorien:

- Mädchen- und Fraueneinrichtungen
- Jugendeinrichtungen
- Schulen
- Beratungsstellen
- sonstige Einrichtungen

Grundsätzlich ist festzustellen, dass Mädchenarbeiterinnen sehr vielseitige und zahlreiche Kooperationen eingehen und sich mit anderen Einrichtungen vernetzen. Im Bereich der Mädcheneinrichtungen, insbesondere der autonomen Mädchen- und Fraueneinrichtungen, ist das Netzwerk seit der ersten Studie 1996 vielfältig gewachsen. Heute gibt es in nahezu allen Bundesländern Landesarbeitsgemeinschaften zur Mädchenarbeit, Beauftragte großer Verbände für Mädchenarbeit oder regionale und trägerübergreifende Mädchenarbeitskreise. Mädcheneinrichtungen kooperieren verstärkt mit anderen Mädchen- und Fraueneinrichtungen.

Betrachtet man die Angaben von Mädcheneinrichtungen in Hinblick auf die Kooperation mit Beratungsstellen, so fällt auf, dass vergleichsweise seltener mit Beratungsstellen kooperiert wird. Zwar wurden keine bestimmten Beratungsstellen als Kooperationspartner abgefragt, aber auffällig ist, dass keine autonome Mädcheneinrichtung explizit angab, mit PRO FAMILIA zusammenzuarbeiten. Dies gilt auch für die konfessionellen Einrichtungen. Selbstverständlich sind in den regionalen Mädchenarbeitskreisen auch Mitarbeiterinnen aus Einrichtungen, z.B. Beratungsstellen und koedukativen Einrichtungen vertreten, so dass generell trägerübergreifend kooperiert wird. Dass diese von den Befragten jedoch unter „Beratungsstellen“ subsumiert und nicht explizit genannt wurden, scheint wahrscheinlich zu sein. Dagegen kooperieren viele Jugendeinrichtungen mit PRO FAMILIA-Beratungsstellen, anderen Beratungsstellen und Schulen.

Die Erhebung von 1996 zeigte, dass es in der Zusammenarbeit mit Beratungsstellen für homosexuelle Menschen offensichtlich große Berührungsängste bei allen Einrichtungen gab. Zwar gaben 1999 die vier befragten Beratungsstellen für homosexuelle Menschen an, mit Mädchen- und Fraueneinrichtungen, Jugendeinrichtungen und Schulen zu kooperieren, umgekehrt wurde aber von den befragten Einrichtungen eine Zusammenarbeit mit diesen Beratungsstellen nicht explizit benannt. Es ist davon auszugehen, dass diese Kooperationen unter dem Stichwort „Beratungsstellen“ subsumiert wurden. Die vorliegenden Daten lassen keine Rückschlüsse zu, ob die Kooperation mit Beratungsstellen für Lesben und Schwule verstärkt wurde, Gespräche mit Expertinnen zeigen jedoch deutlich, dass die Barrieren und Vorbehalte geringer geworden sind. In den letzten vier Jahren scheint also die mangelnde Kommunikation zwischen den vornehmlich „heterosexuellen“ und den ausgewiesen „homosexuellen“ Einrichtungen abgebaut worden zu sein.

Beigetragen haben hierzu sicher auch Fachtagungen und Fachveranstaltungen sowie Studien und Kampagnen, die die Lebenssituation von Lesben und Schwulen in unserer Gesellschaft verbessern und die Diskriminierung abbauen sollen. Großveranstaltungen wie der Christopher Street Day sind zu Events mit Massenveranstaltungscharakter geworden, an denen nicht nur Schwule, Lesben, Bi- und Transsexuelle teilnehmen, sondern die in der allgemeinen Bevölkerung auf großes Interesse und breiten Zulauf stoßen. Auch die Gesetzesinitiative der BUNDESREGIERUNG – Stichwort „Homo-Ehe“ – weist darauf hin, dass die Akzeptanz von Lesben und Schwulen in unserer Gesellschaft deutlich gestiegen ist. Dass dies sich auch in der Zusammenarbeit im Bereich der Mädchenarbeit widerspiegelt, ist nur konsequent.

4.4 Geschlechtsspezifische Gruppenarbeit

In der ersten Mädchenarbeitsexpertise 1996 wurden die Einrichtungen danach befragt, ob sie ausschließlich mit Mädchen(gruppen) oder möglichst nur mit Mädchengruppen arbeiten. Hintergrund dieser Frage und der vorgegebenen Antwortmöglichkeiten war die Tatsache, dass die Mitarbeiterinnen z.B. von Beratungsstellen häufig in gemischtgeschlechtlichen Einrichtungen (Jugendzentren, Schulen etc.) sexualpädagogisch arbeiten. 32% der befragten Einrichtungen gaben demzufolge an, „nach Möglichkeit nur mit Mädchen" zu arbeiten. Die restlichen 68% boten Sexualpädagogik „ausschließlich in Mädchengruppen" an.

Abb. 40

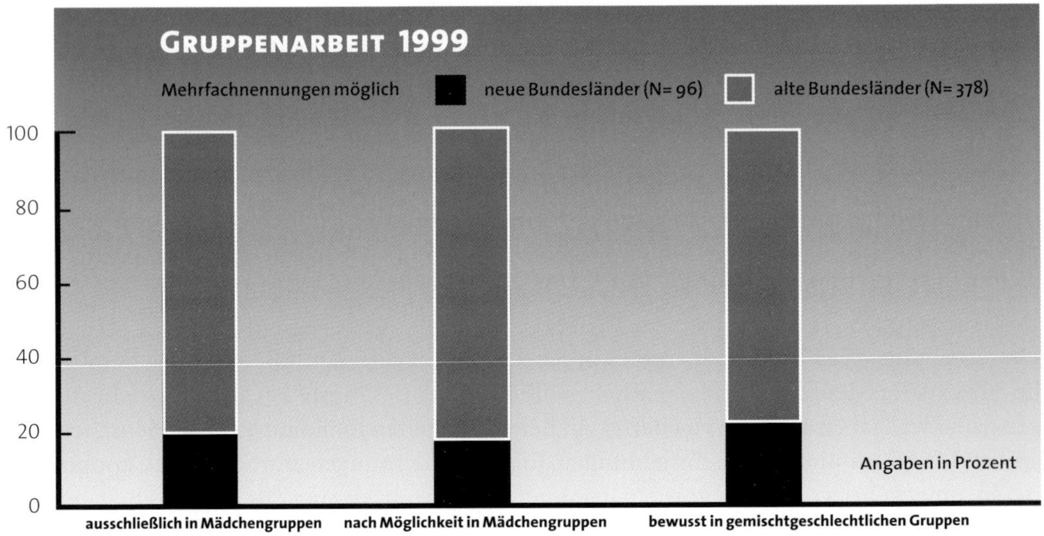

Seit der ersten Erhebung scheint sich in der Mädchenarbeit generell, aber auch in der sexualpädagogischen Mädchenarbeit, ein Paradigmenwechsel zu vollziehen. Das Dogma der Geschlechtshomogenität scheint sich teilweise aufzulösen, und dies nicht nur in koedukativen Einrichtungen, sondern ebenso in den Mädcheneinrichtungen. Feministinnen und Mädchenarbeiterinnen diskutieren mit Kolleginnen, ob Frauen heute, „nach 20 Jahren feministischer Pädagogik, nicht ein anderer Blick auf Koedukation möglich ist?"[7] Anlass für die Diskussion ist die Beobachtung, dass Mädchen in einem bestimmten Alter, vornehmlich mit Eintritt in die Pubertät, die geschlechtshomogenen Einrichtungen nicht mehr besuchen. Sie ziehen es vor, Räume und Treffpunkte aufzusuchen, an denen sie Jungen treffen und kennen lernen können. Der Mädchentreff MaDonna in Berlin entwickelte konzeptionelle und mädchenpolitische Überlegungen, die die teilweise Integration von Jungen ermöglichen, um die jugendlichen Besucherinnen an die Einrichtung zu binden. Ziel war auch, die Mädchen in ihrer alltäglichen Beziehungsgestaltung zu den Jungen zu begleiten und zu unterstützen. Beziehungsfähigkeit und Selbstbehauptung sind Kompetenzen, die sich die Mädchen hier im „learning by doing"-Verfahren unter fachlicher Anleitung aneignen können.

7 Heinemann, G.: Heraus aus der Nische – hinein in den öffentlichen Raum: Aufbruch in unbekannte Welten – Koedukation in der Mädchenarbeit?! Unveröffentlichtes Manuskript, Berlin

„Der Besuch der Jungen bei MaDonna unterliegt klar umrissenen Regeln, die von den Mitarbeiterinnen in den Grundsätzen bestimmt und mit den Mädchen konkreter ausgehandelt werden, z.B.:

- *Die Mädchen sind 50% oder die Mehrheit der Besucherinnen an den beiden Jungentagen. Da häufig mehr Jungen auftauchen, mussten wir reagieren und erfanden folgende Regel: Jedes Mädchen wählt einen Jungen. Die anderen müssen gehen. Die Mädchen sind sich dieser Macht bewusst und genießen sie. Rumhängen der Jungen vor der Tür, lautstarke Wichtigtuerei ist untersagt. Wenn die Mädchen anfangen, einzelne Jungen so zu bevorzugen, dass zusätzliche Konflikte ausbrechen, z.B. diskriminierende Auswahlkriterien aller Couleur (dick/dünn, Nationalität usw.), greift das Team ein. In Zeiten, wenn die Mädchen nur noch Augen für Jungen haben und deren Werben genießen, kann es für kurze (!) Zeit sinnvoll sein, dass auch jedes Mädchen einmal zwei bis drei Jungen einladen darf. Sind Jungen in der Mehrzahl, kapieren die Mädchen meist sofort, dass ihr Territorium verloren geht, wenn sie sich nicht dafür einsetzen, und fordern von selbst Regeln und ihren Raum zurück.*
- *Die Mädchen fällen alle Entscheidungen über die Gestaltung des Nachmittags, die Jungen machen mit.*
- *Die Jungen müssen sich an die Verhaltensregeln im Mädchentreff halten.*
- *Die Mitarbeiterinnen widmen ihre Aufmerksamkeit und Energie den Mädchen bzw. präziser: sie üben sich darin. Die Durchsetzung von Frauen im öffentlichen Raum beginnt bei den Mitarbeiterinnen.*
- *Der Besuch der Jungen ist auf Wunsch der Mädchen (Mehrheitsentscheidung) oder des Teams jederzeit, auch kurzfristig, zu unterbinden, was immer wieder genutzt wird.*
- *Brechen die Jungen Regeln, benehmen sie sich daneben usw., unterliegen sie bestimmten Sanktionen: Sie müssen etwas für den Mädchentreff Sinnvolles tun, z.B. für alle ein Essen kochen oder abwaschen, für die jüngeren Mädchen etwas reparieren und sie technisch einweisen (z.B. Fahrräder, Hängemattenaufhängung); und sie müssen sich persönlich ausdrücklich entschuldigen."*[8]

Viele Mädchenarbeiterinnen lehnen eine Öffnung in Richtung Koedukation ab. Obwohl die jungen Mädchen und Frauen, die „Töchter der Frauenbewegung" also, heute selbstbewusster und autonomer leben, trauen die „Mütter" der Frauenbewegung ihren „Töchtern" diese Unabhängigkeit nicht so recht zu. Und damit misstrauen sie auch ihrem eigenen Erziehungshandeln. Ein Problem also, das mehr auf der Seite der „Mütter" bzw. Mädchenarbeiterinnen verankert ist als auf der Seite der Mädchen? Die Erfahrungen im MÄDCHENTREFF MADONNA zeigen jedoch, dass die Entscheidung, die Mädchen mit ihrem Wunsch nach Kontakt zu Jungen ernst zu nehmen und ihnen dies unter besseren Bedingungen im Mädchentreff zu ermöglichen, sinnvoll war. Die Mädchen lernen, ihre Interessen gegenüber den Jungen zu formulieren und durchzusetzen, und sie lernen, dass es viele Vorteile haben kann nur mit Mädchen – in einem geschützten Raum – zusammen zu sein.

Der Diskurs über die Integration koedukativer Ansätze wird zur Zeit auf verschiedenen Ebenen geführt: in der Wissenschaft ebenso wie in der pädagogischen Praxis. Dorit MEYER und Gerlinde SEIDENSPINNER, die 1999 in dem Jubiläumsband „50 Jahre AGJ"[9] für einen Paradigmenwechsel in der Mädchenarbeit plädieren, halten die alten geschlechtsspezi-

8 HEINEMANN, G., ebenda, S. 5

9 MEYER, D., SEIDENSPINNER, G. (1999): 50 Jahre AGJ

fischen oder emanzipatorischen Konzepte im heutigen Medienzeitalter deshalb für überholt und nicht-förderlich für die persönliche Entwicklung von Mädchen und jungen Frauen, weil diese Konzepte die Veränderungen des soziokulturellen und politischen Kontextes nicht berücksichtigen.

„Die fünfzehn Jahre alten Konzepte der Mädchenarbeit sind ausgelegt auf eine gesellschaftliche Situation, die heute nicht mehr existiert. Sie waren gebunden an die Existenz der sozialen Bewegungen der siebziger und frühen achtziger Jahre, insbesondere der Frauenbewegung, mit ihren politisch autonomen Prämissen. Inzwischen hat sich die Frauenbewegung, wie andere soziale Bewegungen auch, institutionalisiert, von einer Bewegung kann nur noch mit einem historischen Abstand gesprochen werden. Die Begründung eines notwendigen politischen Freiraums, jenseits der männerzentrierten Strukturen, erschien in den siebziger und frühen achtziger Jahren als Konsequenz einer männerdominierten Gesellschaft, die Frauen als das Andere ausschloss. Ende der neunziger Jahre haben diese gleichfalls utopisch figurierten Freiraumideale ihren Bezugspunkt verloren, soll aus dem Außerhalb nicht ein Draußen vor der Tür werden."[10]

Für die neue Studie ist es daher von Interesse, herauszufinden, ob die bewusste Koedukation überhaupt von Mädchenarbeiterinnen praktiziert wird, oder ob dies nur einzelne Einrichtungen bzw. Mitarbeiterinnen betrifft. Aus diesem Grund wurde die Frage entsprechend erweitert: 1999 gaben 54% der Befragten an, ausschließlich mit Mädchengruppen zu arbeiten, 23% arbeiten nach Möglichkeit in geschlechtshomogenen Gruppen. Diese Ergebnisse beziehen sich auf die BUNDESREPUBLIK insgesamt, jedoch ergibt die Differenzierung nach neuen und alten Bundesländer keinen relevanten Unterschied. Interessant ist daher die nach Einrichtungskategorien differenzierte Auswertung:

Abb. 41

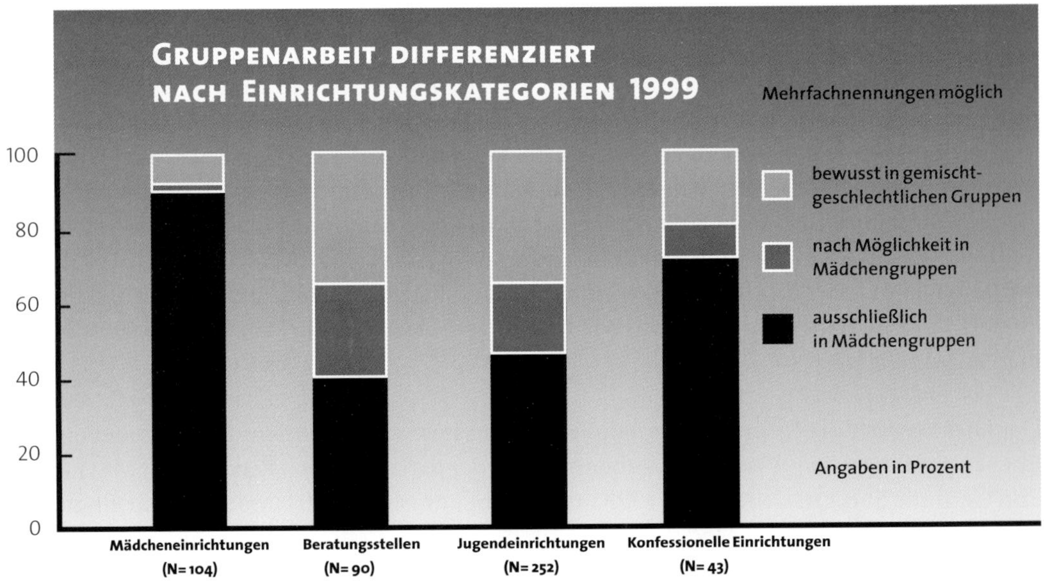

10 ebenda, S. 61

Diese Differenzierung zeigt, dass Mädcheneinrichtungen zu 90% ausschließlich mit Mädchengruppen arbeiten und nur 8% der Befragten die Jungen bewusst in diese Arbeit einbeziehen. Anders in den Beratungsstellen: Hier bestätigen 35% der befragten Beratungsstellen die bewusste Integration der Jungen. Bei den Jugendeinrichtungen sind es ebenfalls 35% und bei den konfessionellen Einrichtungen 19%.

Seit der ersten Erhebung 1996 ist im Arbeitsfeld Mädchenarbeit vieles in Bewegung geraten. Dass Mädchenarbeit nicht nur in „geschlossenen" Räumen für Mädchen oder zu bestimmten Zeiten in koedukativen Einrichtungen stattfinden kann, sondern dass Mädchenarbeit auch und vor allem durch die parteiliche Haltung der Pädagoginnen gekennzeichnet ist und somit ein permanentes Arbeitsprinzip bedeutet, zeigt sich in der Offenheit, sich auf die Wünsche und Bedürfnisse der Mädchen einzulassen und in der Vielfalt der Angebote.

Neue Wege in der Gruppenarbeit

Die PRO FAMILIA-Beratungsstelle Rostock führt seit 1997 das Projekt „Beziehungsweisen" durch. Es handelt sich dabei um ein sexualpädagogisches Mädchen-Jungen-Projekt, das von einem Mann/Frau-Team geleitet wird. Beide arbeiten jeweils mit Mädchen- und Jungengruppen getrennt, führen diese allerdings immer dann zusammen, wenn die Jugendlichen dies wünschen.

Die sächsische Landjugend erhält bis zum Jahr 2000 Projektmittel für ein Modellprojekt Mädchen- und Jungenarbeit, das konzeptionell auch die Verbindung von Mädchen- und Jungenarbeit beinhaltet. Leider hat sich kein Pädagoge für die Jungenarbeit beworben, so dass die Jungenarbeit auch von einer Pädagogin geleistet wird. Auch in diesem Projekt arbeiten die Pädagoginnen abwechselnd in getrenntgeschlechtlichen Gruppen und gezielt in koedukativer Zusammensetzung.

Die PRO FAMILIA-Beratungsstelle Tübingen hat in den letzten fünf Jahren diesen Ansatz weiter spezialisiert und qualifiziert. „Mädchen im Dialog" heißt das Konzept, wobei Mädchen und Jungen miteinander in den Dialog treten. Diese Methode, die z.B. in der Arbeit mit Schulklassen eingesetzt wird, ist sehr gruppendynamisch. Die Mädchengruppe einigt sich auf Fragen, die sie der Jungengruppe stellen will. Umgekehrt erhält sie die Fragen der Jungengruppe und muss nun Antworten auf diese Fragen gemeinsam finden, formulieren und als „Gruppenmeinung" den Jungen präsentieren. Die Jungen verfahren ebenso mit den Mädchenfragen.

Die Frage, ob Frauen für sexualpädagogische Jungenarbeit und Männer für die sexualpädagogische Mädchenarbeit qualifiziert werden sollten, beschäftigt u.a. SexualpädagogInnen von PRO FAMILIA-Beratungsstellen. Aufgrund der Erfahrung, dass koedukative Elemente in der sexualpädagogischen Arbeit mit Mädchen und Jungen sinnvoll und fruchtbar sind, liegt die Überlegung nahe, inwieweit gegengeschlechtliche PädagogInnen diese Arbeit leisten können und sollen. Der Bedarf scheint seitens der Jugendeinrichtungen vorhanden zu sein. Es werden häufiger Frauen für die sexualpädagogische Jungenarbeit angefragt.

Überfällig ist eine fachliche Diskussion mit Sexualpädagoginnen und Mädchenarbeiterinnen darüber, wie und unter welchen Bedingungen Jungen in die sexualpädagogische Mädchenarbeit integriert werden können, auf welche Weise Mädchenarbeit mit Jungenarbeit kooperieren und beide voneinander profitieren können. Dass die Auseinandersetzung der Mädchen mit den Jungen über die Themenbereiche „Sexualität, Liebe und Partnerschaft" stattfindet, weiß frau und man. Dass dies häufig nicht gleichberechtigt, tolerant, wohlwollend und mit dem Interesse an einem wirklichen Austausch geschieht, ist ebenfalls bekannt. Selbstverständlich ist auch, dass Mädchen sich ab der Pubertät sehr für Jungen und deren Ansichten interessieren. Die pädagogische Begleitung dieser Auseinandersetzungen gewährleistet nicht nur, dass sich beide Geschlechter mit Respekt und Akzeptanz begegnen. Sie ist auch ein deutliches Signal an die Mädchen, dass sie tatsächlich da „abgeholt werden, wo sie stehen".

Sexualpädagogische Arbeit mit Elternbeteiligung

Die Einbeziehung der Mütter bzw. der Eltern in die sexualpädagogische Mädchenarbeit wurde 1999 ebenfalls erstmals evaluiert. Hintergrund ist die Annahme, dass sich in einigen Arbeitsbereichen, z.B. in der Beratungsarbeit mit Opfern sexueller Gewalt oder auch in der Arbeit mit Migrantinnen und behinderten Mädchen das Einverständnis der Eltern positiv auf den pädagogischen Prozess auswirkt. „Die meisten Mädchen bauen sich seit der Frühadoleszenz eine dichte und weibliche kommunikative Kultur mit ihrer Mutter und einem Zentrum aus ‚besten Freund/innen' auf." Zu diesem Ergebnis kommen Peter Franzkowiak und Peter Sabo in ihrer Studie zur innerfamiliären Kommunikation. Sie rechnen den Müttern (und den Vätern) bezüglich der Aufklärungskommunikation eine zentrale Rolle zu und empfehlen z.B. neben der professionellen Unterstützung von Eltern auch die Einrichtung von Mütter-Töchter-Gesprächskreisen.[11]

In ihrer qualitativen Untersuchung zum Thema „Mädchen und Menstruation" kommt Karin Flaake[12] zu dem Schluss, dass den Müttern insofern eine wichtige Rolle zukommt, als ihre Unterstützung und ihre Reaktion auf die Menarche der Töchter das Erleben und den Stellenwert der Menstruation für die Töchter stark beeinflusst. Die befragten Mädchen schilderten, dass sie als erstes ihren Müttern von der einsetzenden Menstruation berichtet hatten. „Die Reaktion der Mütter wird dabei oft wie eine ‚Bremse für die Freude und den Stolz der Mädchen' dargestellt." Wesentlich verbessert hat sich im Vergleich zu der Generation der Mütter allerdings der Grad der Informiertheit über die Menstruation.

11 Franzkowiak, P., Sabo, P. (1996): Stolperstein Sexualaufklärung, in: Prävention 1/96, S. 4

12 Flaake, K. (1996): Von Freude und Stolz zum lästigen Übel. Mädchen und Menstruation, in: PRO FAMILIA Magazin 5/96, S. 7

Auch die Einbeziehung der Mütter in die sexualpädagogische Arbeit – gerade mit Migrantinnen – erscheint somit sinnvoll und notwendig, um eine kontinuierlich begleitende Aufklärung der Mädchen zu gewährleisten. Gewinnt frau das Vertrauen der Eltern, unterstützen diese die Teilnahme ihrer Töchter an den Maßnahmen. Ähnlich ist die Situation auch in der sexualpädagogischen Arbeit mit behinderten Mädchen. Auch hier sind befürwortende Mütter wertvolle Verbündete für diese Arbeit.

Sicher ist die Einbeziehung der Mütter bzw. der Eltern bei den Pädagoginnen nicht unumstritten. Viele Mädchenarbeiterinnen lehnen aufgrund negativer Erfahrungen deren Integration ab. Besonders die pädagogische Praxis mit Migrantinnen zeigt, dass viele Eltern ihrem früheren Kulturkreis sehr verbunden bleiben und daher sehr „konservativ" sind. Die Sexualaufklärung der Töchter bewerten sie als Vertrauensbruch der Pädagogin und infolgedessen verbieten sie ihren Töchtern die Einrichtung zu besuchen. Wie verbreitet die Einbeziehung der Eltern in die sexualpädagogische Mädchenarbeit überhaupt ist, sollte für diese Studie mit einer dementsprechende Frage geklärt werden. Die Ergebnisse lassen jedoch keine Rückschlüsse auf die Qualität und Quantität zu, sondern geben lediglich Auskunft darüber, ob Mütter bzw. Eltern „wie auch immer" integriert werden:

45 von 384 Einrichtungen, also 9% aller befragten Einrichtungen geben an, die Mütter/Eltern mit einzubeziehen, davon liegen 12 in den neuen Bundesländern und 33 in den alten Bundesländern. Spezifiziert nach Einrichtungskategorien stellt sich die Frage nach der Elternbeteiligung folgendermaßen dar:

11 Mädcheneinrichtungen
11 Beratungsstellen
20 Jugendeinrichtungen
3 konfessionelle Einrichtungen

Das FEMINISTISCHE FRAUENGESUNDHEITSZENTRUM FREIBURG bietet gezielt Gruppen für Mütter an, z.B. zur Menarche der Töchter oder auch ganz allgemein zu der Frage „Wie kläre ich meine Tochter auf?". Die Erfahrungen zeigen jedoch, dass nur sehr engagierte Mütter dieses Angebot nutzen.

Mädcheneinrichtungen und Beratungsstellen, die in den Bereichen sexueller Missbrauch, Selbstbehauptung, Selbstverteidigung, Schwangerschafts- und Konfliktberatung schwerpunktmäßig arbeiten, sind hinsichtlich des pädagogischen oder therapeutischen Erfolges ihrer Arbeit auf die Unterstützung der Mütter und Eltern vielfach angewiesen. Ob und unter welchen Bedingungen sich die Arbeit mit den Müttern/Eltern positiv auf die Mädchen selbst sowie auch auf die sexualpädagogische Mädchenarbeit auswirkt, sollte zukünftig evaluiert werden.

4.5 Teamarbeit oder Einzelarbeit

Absolut identisch sind die Angaben der Befragten über die Arbeitsweise der sexualpädagogischen Mädchenarbeit 1996 wie auch 1999. Ebenso wie 1996 arbeiten 67% der Mitarbeiterinnen im Team und nur 33% arbeiten allein. Auch 1999 wurden die Gründe für die Einzelarbeit anhand der Kategorien „finanzielle“, „organisatorische“ oder „sonstige Gründe“ abgefragt. Wie schon 1996 stehen „organisatorische“ (46%) und „finanzielle Gründe“ (41%) im Vordergrund. Die Ergebnisse sind nahezu identisch mit denen von 1996. Betrachtet man die Differenzierung nach neuen und alten Bundesländern, lässt sich feststellen, dass die Mitarbeiterinnen in den neuen Bundesländern in stärkerem Maß ihre Arbeit „im Alleingang“ erledigen müssen als die Mitarbeiterinnen in den alten Bundesländern.

Abb. 42

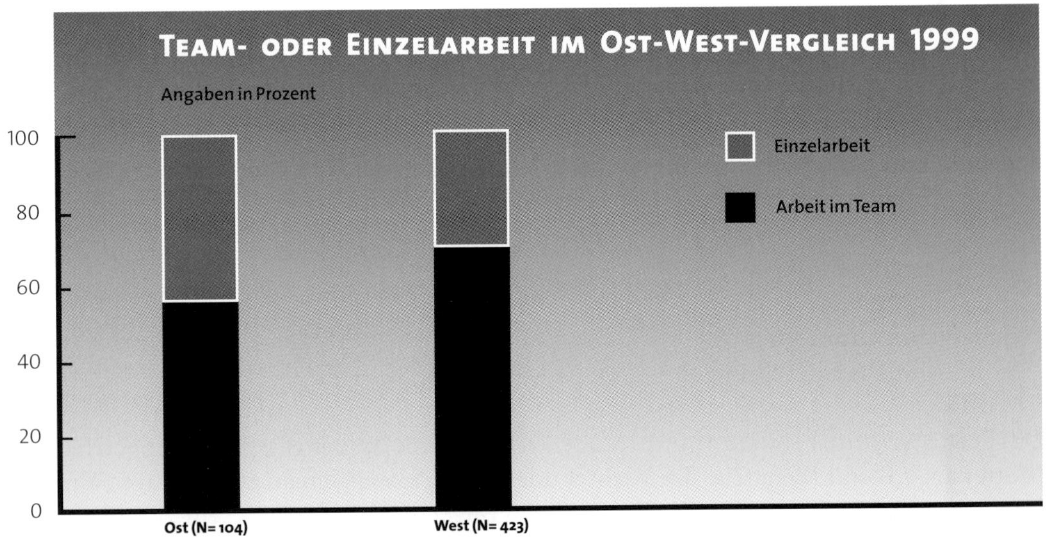

Die personelle Struktur in den alten Bundesländern ist sicher aufgrund der z.T. alten und gewachsenen und damit auch abgesicherten Strukturen wesentlich günstiger als in den neuen Bundesländern. 52% der befragten Jugendeinrichtungen in den alten Bundesländern arbeiten im Team, in den neuen Ländern geben dies nur 37% der Befragten an.

Ähnlich stellt sich die Situation in den Beratungsstellen dar: 59% der West-Einrichtungen arbeiten im Team, aber nur 35% der Ost-Einrichtungen.

Anders sieht die Arbeitsweise in den Mädchen- und konfessionellen Einrichtungen aus: 61% der Mädcheneinrichtungen in den alten Ländern, aber 67% (!) in den neuen Ländern arbeiten im Team. Bei den konfessionellen Trägern sind es 67% im Westen und alle Einrichtungen in Ostdeutschland. Jedoch muss hier einschränkend benannt werden, dass nur drei konfessionelle Einrichtungen aus den neuen Ländern befragt wurden. In konfessionellen Einrichtungen, die zahlenmäßig mehr ehrenamtliche Mitarbeiterinnen einbeziehen, arbeiten die Mitarbeiterinnen nur selten allein, sondern nahezu immer im Team.

Finanzielle (41%) und organisatorische (46%) Gründe werden in der Studie 1999 von den befragten Einrichtungen als Begründung für die Einzelarbeit angeführt. Bei der Analyse der Angaben bezogen auf die Einrichtungskategorien lassen sich folgende Tendenzaussagen ableiten:

Beratungsstellen in den alten und neuen Bundesländern sowie Mädcheneinrichtungen in den alten Bundesländern scheinen hauptsächlich aus finanziellen Gründen (Beratungsstellen Ost 29%; Beratungsstellen West 26%; Mädcheneinrichtungen West 20%) Einzelarbeit leisten zu müssen. Mädcheneinrichtungen in den neuen Bundesländern sind deutlich weniger vom Zwang zu Einzelarbeit betroffen, und wenn, dann zu gleichen Anteilen aus finanziellen und organisatorischen Gründen (jeweils 8%). Organisatorische Gründe werden vorwiegend von Jugendeinrichtungen in Ost und West angeführt: 43% der Einrichtungen in den neuen und 16% in den alten Bundesländern. Organisatorische Gründe für Einzelarbeit bestehen bei den Beratungsstellen eher in denen der alten Bundesrepublik (24%) als in denen der ehemaligen DDR (17%).

Abb. 43

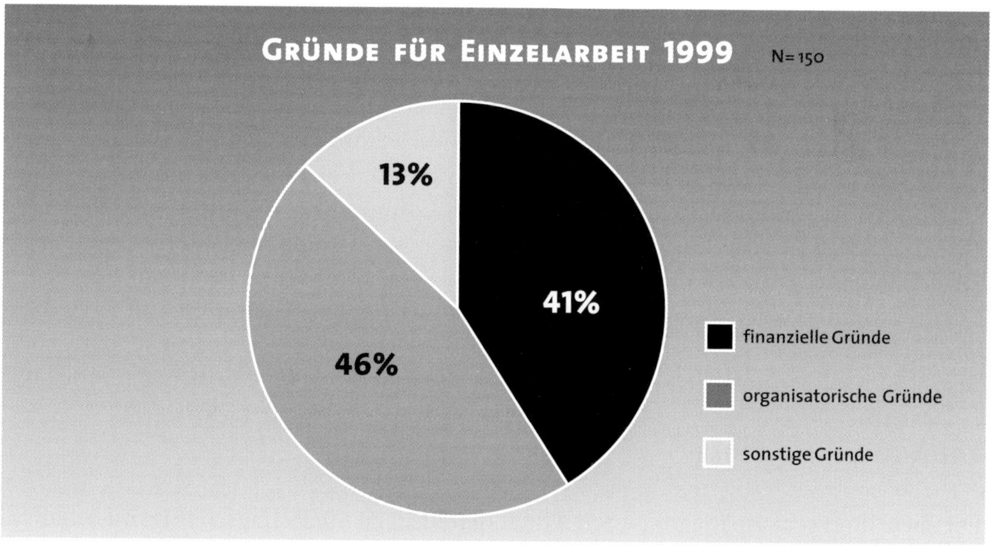

4.6 Methoden-Überblick

Die Angaben zu den sexualpädagogischen Methoden wurden von den Befragten frei formuliert. Für die Bewertung wurden die vielfältigen Angaben geklustert und in folgende Bereiche gegliedert:

1. pädagogische Haltung der Pädagoginnen
2. Methodenkategorien
3. pädagogische Ziele

Pädagogische Haltung der Pädagoginnen

Mädchenarbeiterinnen und Sexualpädagoginnen begegnen Mädchen in erster Linie authentisch, akzeptierend und demokratisch. Sie formulieren den Anspruch der Parteilichkeit als pädagogische Grundhaltung. Dies trifft sowohl auf Mädchenarbeiterinnen aus der Mädchenarbeitsbewegung als auch auf Mitarbeiterinnen von Beratungsstellen und koedukativen Einrichtungen zu.

Methodenkategorien

Sexualpädagogische Mädchenarbeit ist vor allem Gruppenarbeit mit Mädchen. Die Gruppenarbeit wird auch in Form von Projekten oder Freizeitmaßnahmen wie z.B. Feriencamps realisiert. Rollenspiele, kreative Methoden, sexualpädagogische Spiele und Übungen sowie sexualpädagogische Medien werden ergänzt durch Aufklärung und Information. Die angewandten Methoden und Übungen sind vielfach ganzheitlich, also Körper, Geist und Seele integrierend. Sie sollen körperliche, multi-sinnliche Erfahrungen und wirkliche Selbsterfahrung und Selbstreflexion ermöglichen. Vertrauensvolle Gespräche mit den Mädchen, ob mit einzelnen oder mit einer Gruppe, geplant und vorbereitet oder situativ entstanden, nehmen wie schon 1996 einen wichtigen Platz in der sexualpädagogischen Praxis ein. Einzelberatung, Therapie und Einzelfallhilfe stehen besonders in den Beratungsstellen, aber auch in Mädchenhäusern, Wohngemeinschaften und Jugendämtern im Vordergrund.

Pädagogische Ziele

Die Ziele ihrer sexualpädagogischen Arbeit beschrieben die Befragten folgendermaßen: identitätsbildend, situationsbezogen, handlungsorientiert, erfahrungsorientiert, auf die Lebenswelt der Mädchen ausgerichtet, an den Bedürfnissen der Mädchen orientiert sowie gesundheitsbezogen. Einige der Befragten betonten besonders den interkulturellen Charakter ihrer Arbeit.

Stärkenorientierung als Prinzip von Mädchenarbeit wurde von zahlreichen Befragten explizit aufgeführt. Der vor einigen Jahren begonnene Perspektivenwandel in der Mädchenarbeit (weg vom Defizit- hin zum Stärkenansatz) spiegelt sich in diesen Angaben wider.

Die Methodik in der sexualpädagogischen Mädchenarbeit ist so vielfältig wie die Mädchengruppen selbst. Die Auswahl der Methoden richtet sich zum einen nach den Interessen und Bedürfnissen der Mädchen. Ihre individuelle Lebenssituation, ihre kulturelle und soziale Zugehörigkeit sowie ihre Bereitschaft, sich auf neue Erfahrungen einzulassen, bestimmen maßgeblich die eingesetzten Methoden und Medien. Andererseits ist auch die fachliche Qualifikation der Mitarbeiterinnen wesentlich für die Entscheidung, welche Methoden und Medien zum Einsatz kommen.

Sexualpädagogische (Mädchen-)Arbeit erfordert ein hohes Maß an fachlicher, selbstreflexiver und didaktisch-methodischer Kompetenz. Übungen so einzusetzen, dass die Erfahrungen und Erkenntnisse, die daraus gewonnen werden können, die Mädchen auch erreichen, setzt die Fähigkeit voraus, die Mädchen mit ihren Bedürfnissen, Stärken und auch mit ihren Problemen wahr- und anzunehmen. Obwohl in der sexualpädagogischen Mädchenarbeit Medien wie z.B. Videofilme eingesetzt werden, gibt es jedoch in diesem Bereich kaum Erfahrungen mit der Nutzung neuer Kommunikationstechnologien. Ob und in welchem Umfang Aufklärung per Computer, wie sie z.B. durch die CD-ROM „Love Line" der BZGA[13] möglich ist, auch in der Mädchenarbeit eingesetzt wird, ist nicht erkennbar.

Multimediale Sexualpädagogik

Das Mädchenprojekt „Selma" in Rostock entwickelte gemeinsam mit der Regisseurin Christina Perincioli das Präventions-CD-ROM-Computerspiel für Mädchen mit dem Titel: „Selma – ein Computer-Adventure aus dem richtigen Leben". Es wurde zur Prävention sexuellen Missbrauchs entwickelt.

Bis heute gibt es keine gesicherten Erkenntnisse darüber, ob und in welchem Ausmaß Mädchen Sexualaufklärungsangebote im Internet nutzen bzw. ob sie selbst diese Medien aktiv gestaltend einsetzen. Erfahrungen von Expertinnen zeigen jedoch, dass die Mädchen das Internet dann sehr gerne und intensiv nutzen, wenn sie gelernt haben, damit umzugehen. Besonders attraktiv scheint für sie das anonyme Flirten zu sein.

Für Mädchen ist es schwierig, Zugang zum Internet zu bekommen, z.B. in Familie oder Schule, Jugendzentrum oder auch über ein Internet-Café. Das Mädchencafé Düsseldorf führt zur Zeit ein Internet-Projekt für Mädchen durch. Die teilnehmenden Mädchen sind sehr an dem Medium Internet interessiert. So haben sie eine eigene Internet-Home-

13 BZGA (Hg.) (1998): Love Line. Eine multimediale Aufklärung über Liebe, Partnerschaft, Sexualität und Verhütung Bestellnummer 133 500 00, Schutzgebühr 20 DM

page mit dem Namen „Zickenpost“ (http://www.zickenpost.de) gestaltet und u.a. folgende Rubriken eingerichtet, die sie regelmäßig beschicken: „Die küssende Muse“, „Macht eurem Herzen Luft“, „Traumtypen“. Sie schicken auf diesen Seiten regelmäßig ihre Wünsche und Träume, aber auch positive wie negative Erfahrungen ins Internet.

Ein Angebot zur Sexualberatung im Internet bietet derzeit die PRO FAMILIA Tübingen mit SEXTRA an. Das Projekt bietet seit mehr als drei Jahren Internet-Beratung an. 30.000-mal pro Jahr werden die Internet-Seiten aufgerufen. Laut Auskunft der zuständigen SexualpädagogInnen kommen etwa 30% der Anfragen von Mädchen und Frauen. Die BZgA hat die inhaltlichen Schwerpunkte der angesprochenen Themen auswerten lassen. Sie betrafen im Zeitraum 1996 bis 1998:

1. Medizinische, insbesondere Fragen der Empfängnisregelung, der Geburt und der Anatomie der Sexualorgane. Auffallend ist die Unsicherheit der (jungen) Männer über das Aussehen, die Form und das „Funktionieren“ ihres Penis. Die Fragen waren oft mals so präzise und auch speziell, dass exakte Recherche auch durch Fachgremien notwendig wurde;

2. Geschlechterbeziehung: Darstellungen von emotionalen Problemen und deren Lösungen mit der Bitte um Rat und Hilfe. Liebeskummer ist dabei das häufigste Problem;

3. Schwangerschaft sowie Schwangerschaftsabbruch und deren rechtliche, soziale und finanzielle Fragen;

4. sexuelle Störungen der Frauen, die überproportional zu denen der Männer angefragt wurden;

5. sexuelle Abweichungen, Pornographie, sexualwissenschaftliche Erkenntnisse. Dabei fanden sich oft auch provokative und exhibitionistische Statements;

6. Kontaktwünsche mit anderen Institutionen und Selbsthilfegruppen; Informationsbedarf über eigene und andere Institutionen;

7. eine Art von „Korrespondenzkommunikation“, Briefwechsel bis zu 10 E-Mails, die sehr persönlich und ausführlich über eine Lebenssituation geführt wurden.[14]

Dass Internet-Beratung sexualpädagogische „face-to-face“-Arbeit nicht ersetzen kann, ist unstrittig. Dennoch bietet die Internet-Beratung neue Möglichkeiten, Mädchen zu erreichen. Die Frage ist aber, wie diese neue Beratungsform für junge Mädchen und Frauen sinnvoll und effektiv zugänglich gemacht werden kann.

14 vgl. BZgA (Hg.) (1999): Der virtuelle Rat, E-Mail-Beratung im Internet, in: Wissenschaftliche Grundlagen, Teil 2 – Jugendliche, S. 132

Die Einführung neuer Kommunikationstechnologien in die sexualpädagogische Mädchenarbeit hängt nicht nur vom Interesse der Mädchen selbst ab, sondern ist entscheidend abhängig von der Einstellung und der Bereitschaft der Pädagoginnen, sich mit diesen Medien vertraut zu machen und den Mädchen zugänglich zu machen. Neben der mangelnden Geräteausstattung ist die viel zitierte „Technikfeindlichkeit" der Frauen sicher ein Grund dafür, dass viele Pädagoginnen sehr zurückhaltend und manchmal auch abweisend auf die Auseinandersetzung mit diesen Medien reagieren. Qualifizierung und Bereitstellung der notwendigen Technik sind hier dringend erforderlich.

Peer education

1994 startete ein dreijähriges Modellprojekt der BZgA in Berlin („Peer education – Ein Ansatz von Jugendlichen für Jugendliche zu Fragen über Liebe, Sexualtät und Schwangerschaftsverhütung"), welches den Ansatz des „peer-envolvement" für die sexualpädagogische Arbeit neu konzipierte. 1996 zeichnete sich ab, dass „peer education" gerade für die sexualpädagogische Mädchenarbeit eine sinnvolle Methode sein könnte. Zwar liegen im Rahmen dieser Vergleichsstudie keine Zahlen über Art und Umfang von peer education-Projekten für Mädchen vor, aber die Interviews mit Expertinnen zeigen, dass sich Mädchen sehr von dieser Methode angesprochen fühlen.

Die Auswertung des peer education-Projektes zeigt, dass 63% der TeilnehmerInnen des ersten Trainings in Berlin Mädchen im Alter von durchschnittlich 14,69 Jahren waren. Allerdings war das Projekt nicht mädchenspezifisch angelegt und daher können keine Aussagen darüber getroffen werden, ob peer education besonders für die sexualpädagogische Mädchenarbeit geeignet ist. Erfahrungen des peer education-Projekts Berlin zeigen, dass Mädchen dieser Altersgruppe aufgrund ihrer psychosexuellen Entwicklung eher an sexualpädagogischen Themen interessiert und stärker motivierbar für die peer-Arbeit sind als Jungen.

Eine weitere, für die Arbeit mit peers wichtige Zielgruppe sind Jugendliche anderer Nationalitäten. In Berlin werden bis zum Jahr 2000 peer-Gruppen mit Migrantinnen initiiert und qualifiziert. Es handelt sich hier um junge Frauen im Alter von 15 bis 30 Jahren, die erst seit kurzem in der Bundesrepublik leben.

Ein peer education-Projekt nur für Mädchen startete im August 1998 bei der PRO FAMILIA-Beratungsstelle in Bonn. Geworben wurden die Mädchen einerseits über die Zusammenarbeit mit Schulen und andererseits über Artikel in den Lokalzeitungen. Die Resonanz war unerwartet groß. Die Mädchen, die zwischen 14 und 21 Jahren alt sind, wurde in ca. 70 Unterrichtsstunden zu verschiedenen Themen qualifiziert. Seit Januar 1999 bieten die ausgebildeten Mädchen Telefonberatung an. Laut PRO FAMILIA soll ausdrücklich keine „Problemberatung" angeboten werden, sondern vielmehr das Gespräch von „Schwester zu Schwester" oder von „Freundin zu Freundin". Die peers werden von den Sexualpädagoginnen begleitend supervidiert.

5

Zielgruppenanalyse

5.1 Altersstruktur

Die Frage nach der Altersstruktur im Fragebogen der vorliegenden Vergleichsstudie kategorisiert die Altersgruppen folgendermaßen:

- bis 10 Jahre,
- 11–13 Jahre,
- 14–16 Jahre,
- 17–19 Jahre,
- älter als 19 Jahre.

Es war möglich, hier Mehrfachnennungen vorzunehmen. Im Vergleich zu den Erhebungen von 1996 wurde die Kategorie „bis 10 Jahre" zusätzlich abgefragt. Aufgrund von Gesprächen mit Expertinnen und durch Sichtung von Dokumentationen und Praxisberichten war anzunehmen, dass für Mädchen dieser Altersgruppe verstärkt sexualpädagogische Angebote konzipiert und durchgeführt werden. Inhaltlich handelt es sich vielfach um Maßnahmen zur Prävention sexueller Gewalt sowie um Aufklärung und Informationen über die Themen „Pubertät" und „Menstruation". Im Folgenden werden zunächst die Ergebnisse der aktuellen Studie vorgestellt, sowohl für die gesamte Bundesrepublik als auch spezifiziert nach Ost- und Westdeutschland sowie nach Einrichtungskategorien. Im nächsten Schritt werden dann die Ergebnisse der aktuellen Studie mit den Ergebnissen der Studie 1996 verglichen.

Die Altersstruktur insgesamt

55% der Mädchen, die die befragten Einrichtungen frequentieren, sind zwischen 14 und 19 Jahren alt. Die größte Altersgruppe ist mit 30% die der 14- bis 16-jährigen Mädchen.

Abb. 44

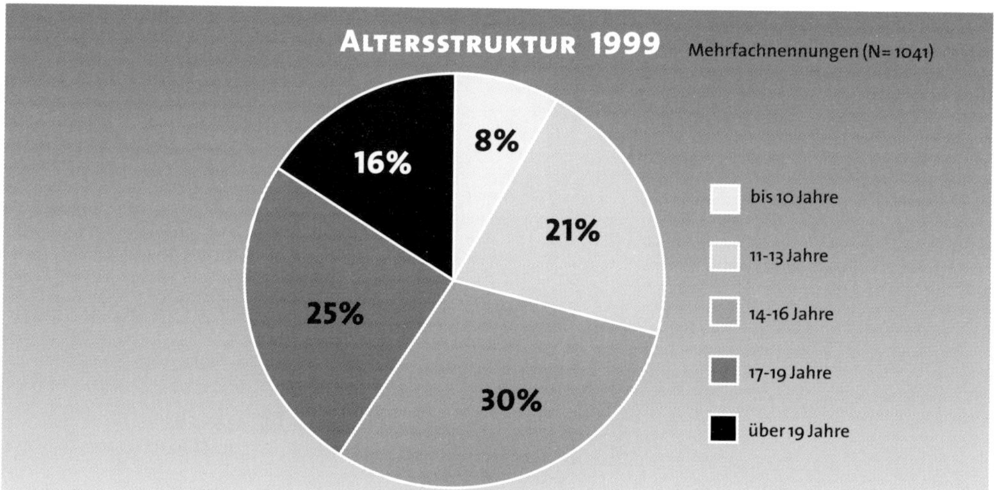

5

Die 11- bis 13-jährigen Mädchen sind mit 29% die zweitgrößte Altersgruppe, gefolgt von den über 19-jährigen mit 16%. Die ganz jungen Mädchen, also die Gruppe der bis zu 10 Jahren alten Mädchen, ist mit 8% die kleinste Altersgruppe.

Die Altersstruktur in Ost und West

Differenziert man die Befragungsergebnisse in neue und alte Bundesländer, so fällt auf, dass abweichend vom Gesamtergebnis in den neuen Bundesländern die Gruppe der 14- bis 16-jährigen mit 36% 6 Prozentpunkte mehr Anteil an der Gesamtverteilung hat und die

Abb. 45

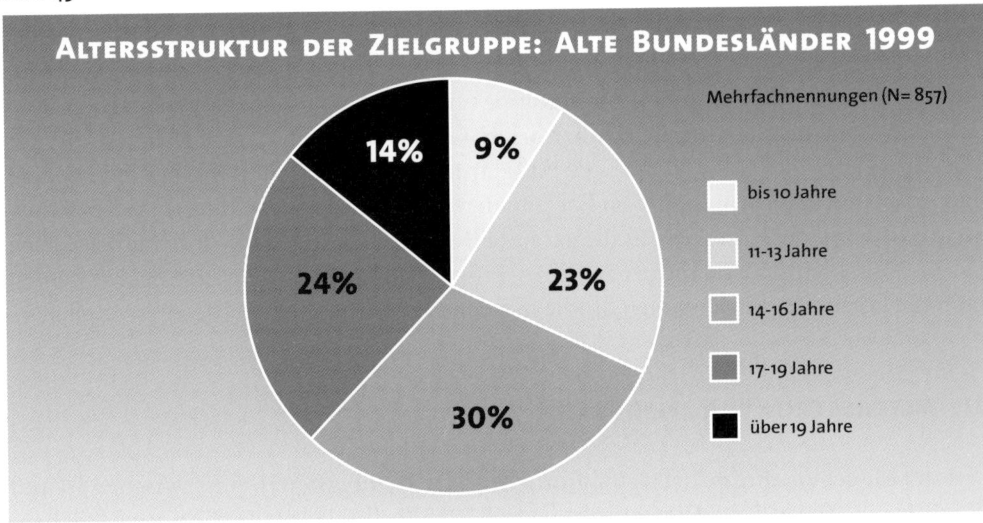

Abb. 46

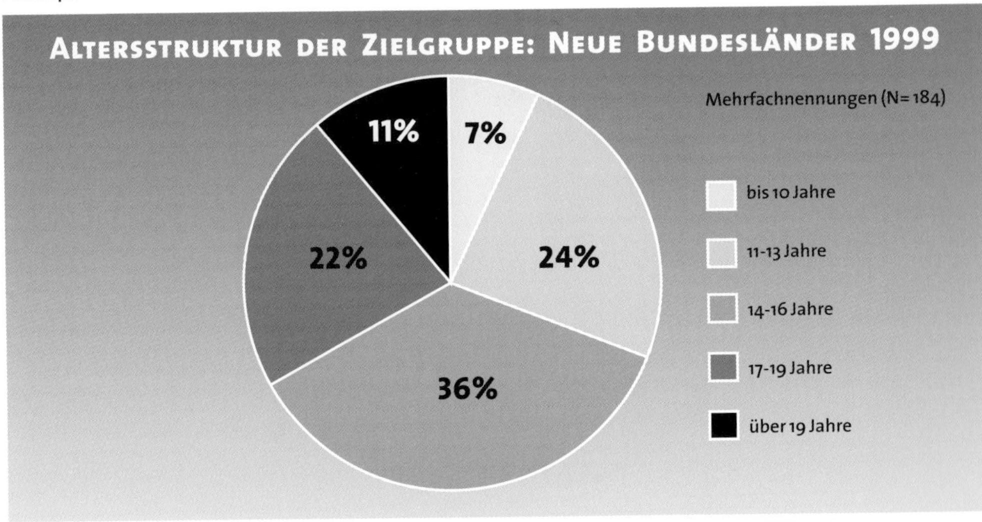

Gruppe der 11- bis 13-jährigen mit 24% ebenfalls tendenziell stärker als in den alten Bundesländern vertreten ist. Die älteren Mädchen ab 17 Jahren gehören seltener zur Klientel als im Bundesdurchschnitt.

In den alten Bundesländern entspricht die Altersverteilung bis auf geringe Unterschiede eher der des Bundesdurchschnitts. Lediglich die 11- bis 13-jährigen und die bis 10 Jahre alten Mädchen sind mit 23% bzw. 9% minimal stärker vertreten. Daher ist der Anteil der über 19-jährigen mit 14% etwas geringer als im Bundesdurchschnitt.

Die Altersstruktur in den Einrichtungskategorien

Bezogen auf die Einrichtungskategorien sind folgende Unterschiede zu erkennen: **Mädcheneinrichtungen und Beratungsstellen** weisen eine sehr ähnliche Altersstruktur in ihrer Klientel auf: Die Mädchen bis 10 Jahre sind in beiden Einrichtungskategorien mit 7% bzw. 9% nur gering vertreten. Die Gruppe der 14- bis 16-jährigen ist in beiden Kategorien die stärkste Altersgruppe, gefolgt von den 17- bis 19-jährigen und den 11- bis 13-jährigen Mädchen. Die jungen Frauen, also die über 19-jährigen, stellen in beiden Kategorien 15% der Gesamtklientel.

Anders in den **Jugendeinrichtungen**: Auch hier ist die Gruppe der 14- bis 16-jährigen die stärkste Altersgruppe, hier allerdings mit 34%. Die zweitgrößte Altersgruppe sind in dieser Kategorie jedoch die 11- bis 13-jährigen Mädchen mit 26%, gefolgt von den über 19-jährigen mit 10% und den unter 10-jährigen mit 9%. Im Gegensatz zu allen zuvor genannten Einrichtungskategorien fällt bei den konfessionellen Einrichtungen die starke Präsenz der über 19-jährigen auf: Diese Gruppe hat einen Anteil von 23%. Auch der Anteil der 17- bis 19-jährigen ist mit 26% der höchste in allen Einrichtungskategorien. Somit ist knapp die Hälfte der Mädchen in **konfessionellen Einrichtungen** über 17 Jahre alt. Erklärbar ist dies dadurch, dass konfessionelle Träger Mädchen im Alter von 16 bis 19 Jahren als Gruppenleiterinnen einsetzen und sie dadurch an die Einrichtung binden. Die größte Altersgruppe ist auch hier die der 14- bis 16-jährigen mit 28%. Im Vergleich zu anderen Einrichtungskategorien haben die 11- bis 13-jährigen Mädchen mit 16% den geringsten Anteil. Die bis zu 10 Jahren alten Mädchen stellen nur einen Anteil von 7%.

5

Die Altersstruktur in Ost und West nach Einrichtungskategorien

In den folgenden Säulendiagrammen ist die Auswertung der Altersstruktur in den Einrichtungskategorien weiter differenziert nach alten und neuen Bundesländern dargestellt: Tendenziell lässt sich feststellen, dass die Einrichtungen in den alten Bundesländern stärker die jungen Frauen im Alter ab 19 Jahren sowie die ganz jungen Mädchen (bis 10 Jahre) ansprechen. Die Einrichtungen in den neuen Bundesländern werden stärker von den 11- bis 13- und den 14- bis 16-jährigen aufgesucht.

Abb. 47

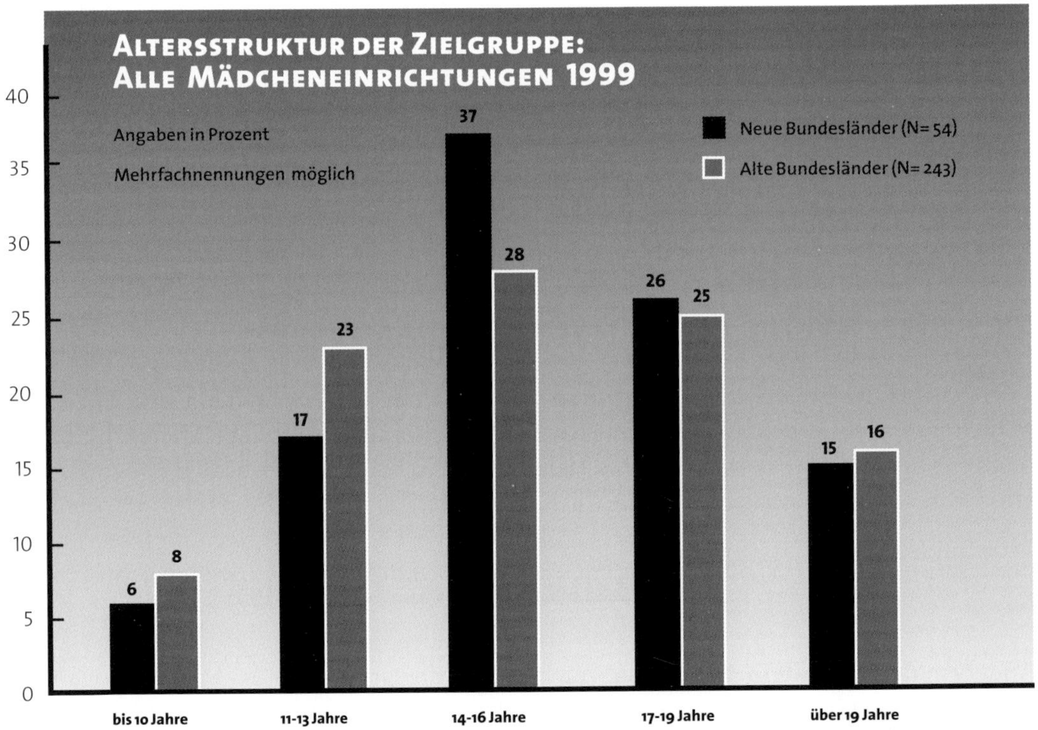
Altersstruktur der Zielgruppe: Alle Mädcheneinrichtungen 1999
Angaben in Prozent
Mehrfachnennungen möglich
Neue Bundesländer (N=54)
Alte Bundesländer (N=243)
40
35
30
25
20
15
10
5
0
6
8
17
23
37
28
26
25
15
16
bis 10 Jahre
11-13 Jahre
14-16 Jahre
17-19 Jahre
über 19 Jahre

Abb. 48

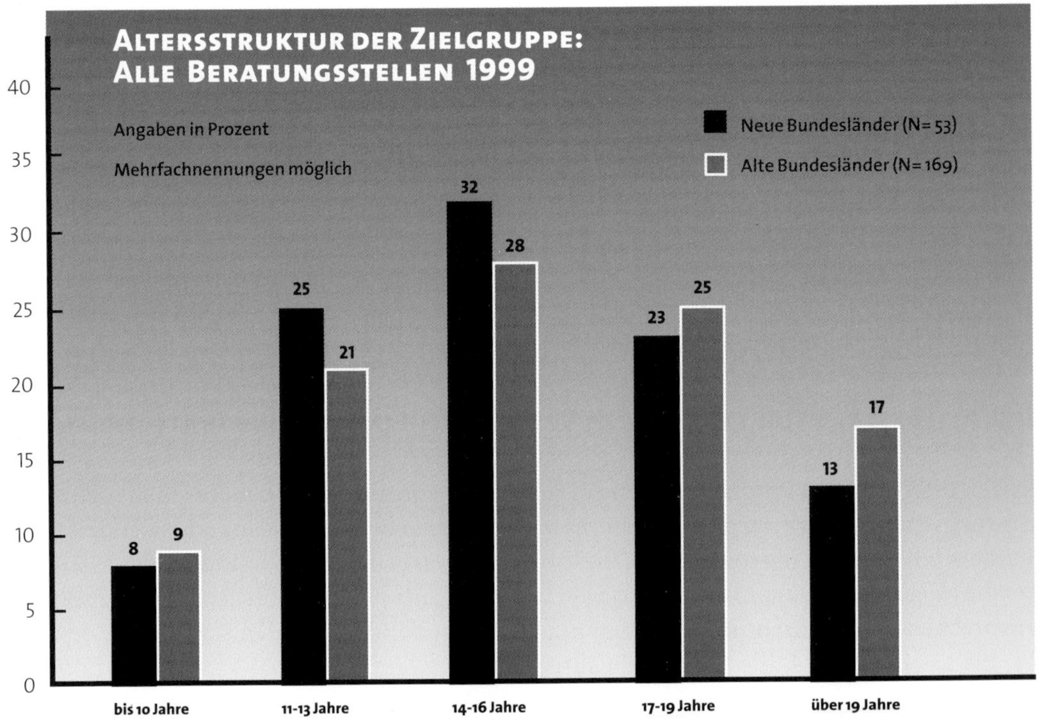
Altersstruktur der Zielgruppe: Alle Beratungsstellen 1999
Angaben in Prozent
Mehrfachnennungen möglich
Neue Bundesländer (N=53)
Alte Bundesländer (N=169)
40
35
30
25
20
15
10
5
0
8
9
25
21
32
28
23
25
13
17
bis 10 Jahre
11-13 Jahre
14-16 Jahre
17-19 Jahre
über 19 Jahre

Abb. 49

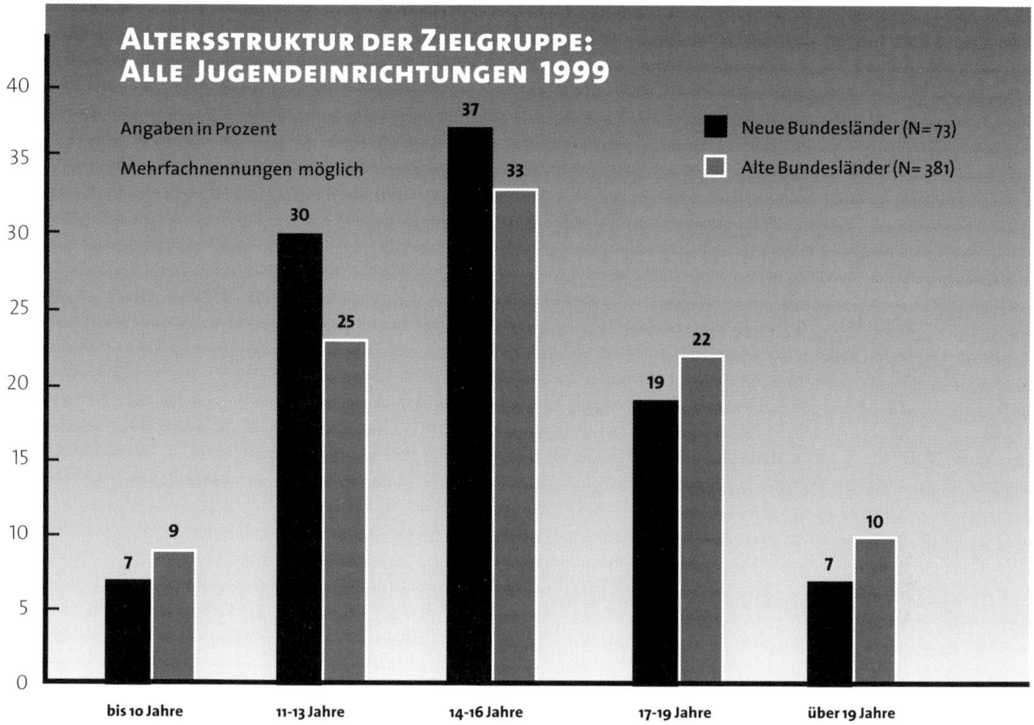
ALTERSSTRUKTUR DER ZIELGRUPPE:
ALLE JUGENDEINRICHTUNGEN 1999
Angaben in Prozent
Mehrfachnennungen möglich
Neue Bundesländer (N=73)
Alte Bundesländer (N=381)
0
5
10
15
20
25
30
35
40
7
9
30
25
37
33
19
22
7
10
bis 10 Jahre
11-13 Jahre
14-16 Jahre
17-19 Jahre
über 19 Jahre

Abb. 50

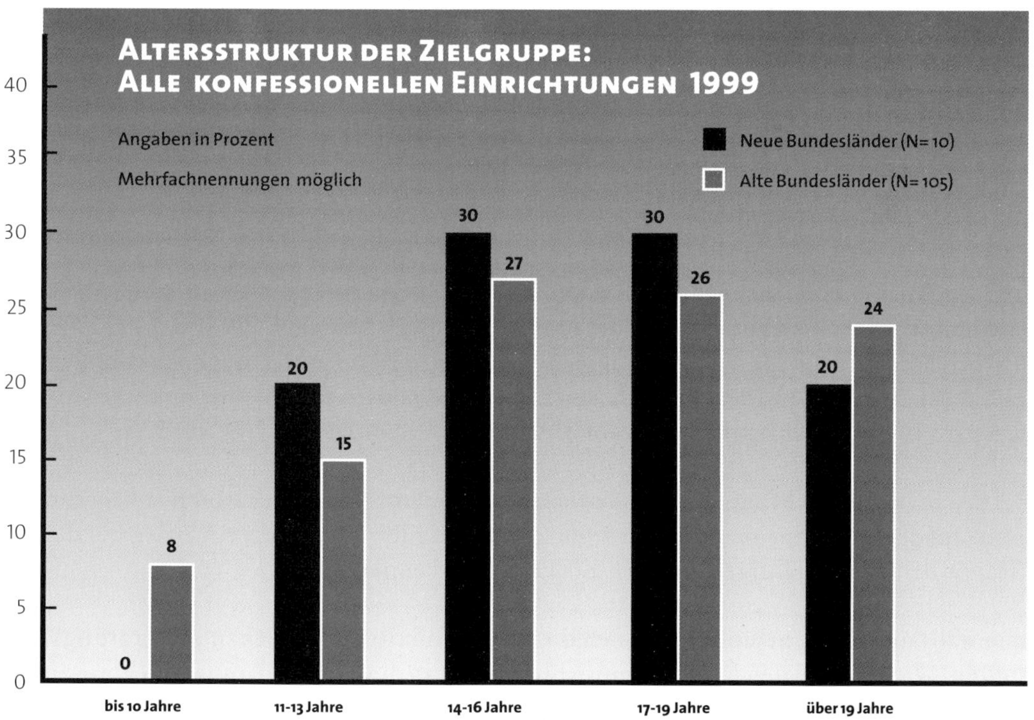
ALTERSSTRUKTUR DER ZIELGRUPPE:
ALLE KONFESSIONELLEN EINRICHTUNGEN 1999
Angaben in Prozent
Mehrfachnennungen möglich
Neue Bundesländer (N=10)
Alte Bundesländer (N=105)
0
5
10
15
20
25
30
35
40
0
8
20
15
30
27
30
26
20
24
bis 10 Jahre
11-13 Jahre
14-16 Jahre
17-19 Jahre
über 19 Jahre

DIE ALTERSSTRUKTUR IM ZEITVERGLEICH

Um einen Vergleich der aktuellen Befragung mit den Ergebnissen der 96er Studie zu ermöglichen, wurde in den folgenden Diagrammen die Kategorie der Mädchen „bis 10 Jahre“ rechnerisch nicht berücksichtigt. Da sich danach die jeweilige Gesamtheit der Nennungen verringert, ergeben sich bei der prozentualen Verteilung auf die verbleibenden vier Altersgruppen zahlenmäßige Veränderungen. Um aber herauszufinden, ob sich in der Altersstruktur Unterschiede ergeben haben, ist diese Umrechnung notwendig.

Abb. 51

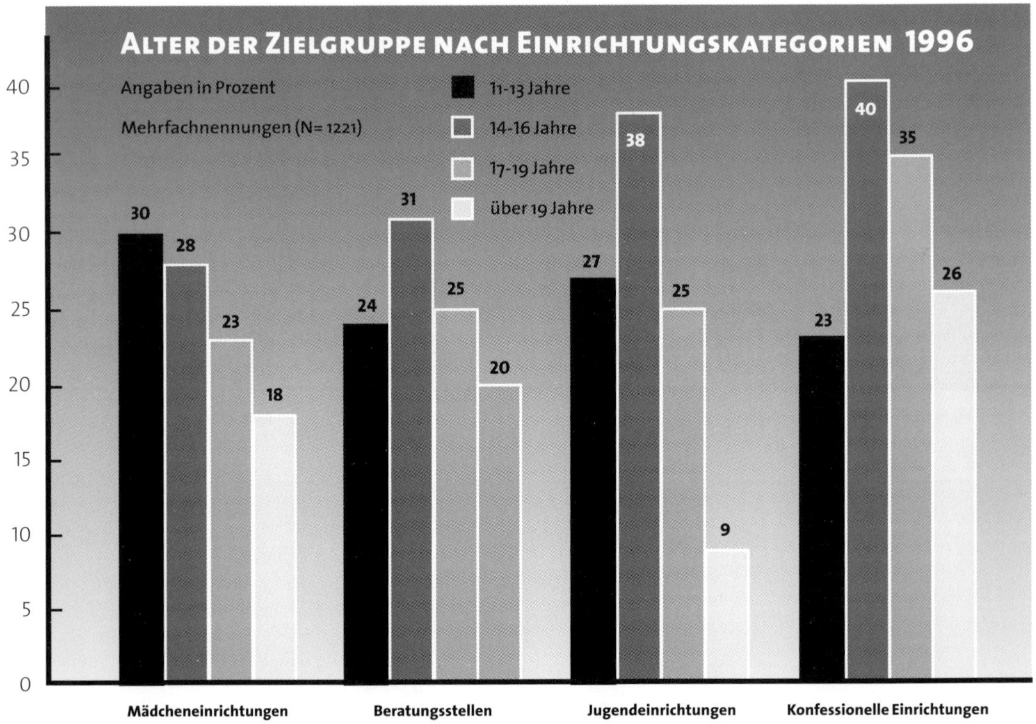

In den **Mädcheneinrichtungen** ist eine stärkere Konzentration auf die mittleren Altersgruppen zu erkennen. Lag der Anteil der 11- bis 13-jährigen Mädchen 1996 noch bei 30%, sinkt er 1999 auf 24%. Der Anteil der über 19-jährigen jungen Frauen liegt nahezu unverändert bei 17% (1996: 18%). Die beiden mittleren Altersstufen steigen prozentual geringfügig an: 14- bis 16-jährige von 28% auf 32%, 17- bis 19-jährige von 23% auf 27%.

Bei den **Jugendeinrichtungen** ist die Verteilung auf die einzelnen Altersstufen annähernd konstant geblieben im Vergleich zu 1996. Es ist lediglich ein geringer Anstieg bei der Gruppe der über 19-jährigen (von 9% auf 11%) zu erkennen.

Ebenfalls nur gering verändert hat sich die Altersstruktur der Mädchen in **Beratungsstellen**. Wie auch bei den Mädcheneinrichtungen ist in dieser Einrichtungskategorie zu erkennen, dass der Anteil der 17- bis 19-jährigen Mädchen nur leicht ansteigt (von 25%

auf 27%) sowie dass auch die Zielgruppe der jungen Frauen (über 19 Jahre) relativ konstant geblieben ist (von 20% auf 18%).

Abb. 52

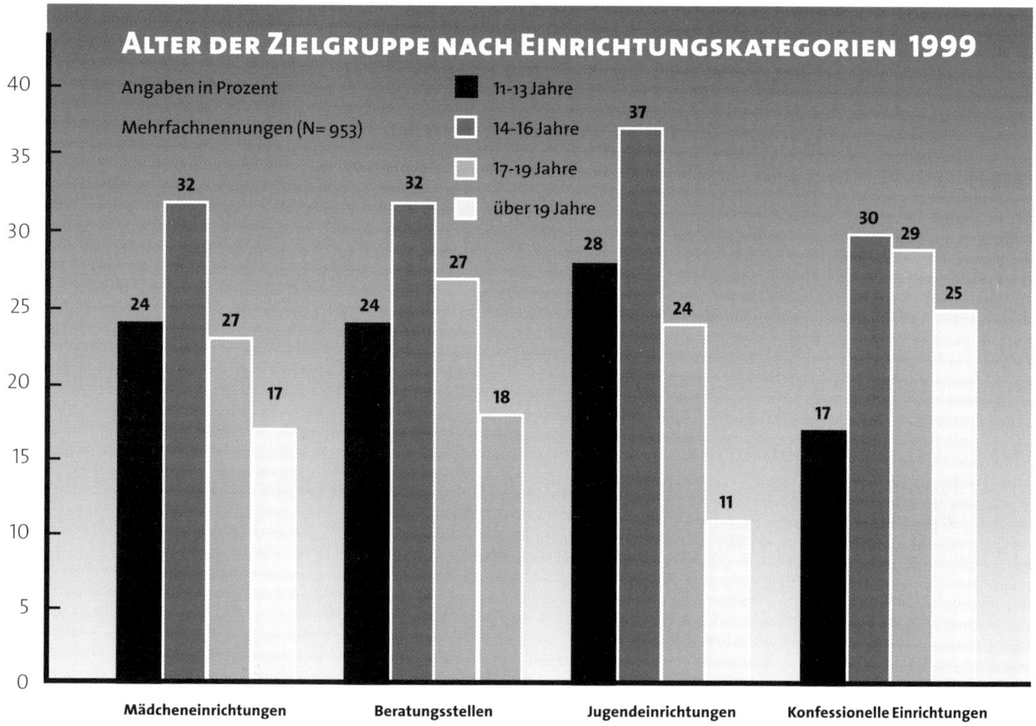

Subsumiert unter der Einrichtungskategorie „Beratungsstellen" sind: z.B. PRO FAMILIA-Beratungsstellen, Beratungsstellen für Schwule und Lesben sowie freie Beratungsstellen und autonome Frauen- und Mädchenberatungsstellen. Analysiert man die gesamte Altersstruktur der Beratungsstellen nach Trägerkategorien, so wird deutlich, dass die Altersverteilung unterschiedlich ist:

PRO FAMILIA-Beratungsstellen arbeiten in erster Linie mit 11- bis 19-jährigen Mädchen (11- bis 13-jährige: 26%, 14- bis 16-jährige: 30%, 16- bis 19-jährige: 25%). Die Gruppe der über 19-jährigen ist weniger stark vertreten (11%). Die unter 10-jährigen sind mit 8% die Altersgruppe mit dem geringsten prozentualen Anteil. Die vier Beratungsstellen für homosexuelle Menschen gaben erwartungsgemäß an, ausschließlich mit 14- bis 19-jährigen Mädchen zu arbeiten. Beide Trägertypen leisten zu einem großen Anteil sexualpädagogische Aufklärung in Schulen und hier, wie in den Lehrplänen vorgegeben, hauptsächlich in den 7., 8. und 9. Schulklassen, die SchülerInnen sind also in der Regel 14 bis 18 Jahre alt.

Die autonomen Beratungsstellen, die z.B. Beratung und Therapie bei sexuellem Missbrauch oder Ess-Problemen anbieten, erreichen zu einem sehr viel höheren Prozentsatz ältere, aber auch jüngere Mädchen: 11% ihrer Klientel sind unter 10 Jahren alt, 20% sind

11 bis 13 Jahre alt, 28% sind 14 bis 16 Jahre alt, 23% sind 17 bis 19 Jahre alt und 19% über 19 Jahre alt.

In den **konfessionellen Einrichtungen** stieg der Anteil der über 19-jährigen gegenüber 21% 1996 auf 25% 1999. Gleichzeitig verkleinerte sich die Gruppe der 11- bis 13-jährigen minimal um 2 Prozentpunkte von 19% auf 17%.

Fazit

Die Vermutung, dass sich die Einrichtungen verstärkt den jungen Mädchen zuwenden, die noch vor der Pubertät stehen, kann durch die vorliegende Studie nicht bestätigt werden. Unbeachtet bleiben darf jedoch nicht, dass ihr Anteil im Durchschnitt 8% beträgt. Die Einrichtungen, die z.B. Präventionsmodelle gegen sexuelle Gewalt auch für Grundschülerinnen entwickeln und in Kooperation mit Schulen durchführen, erreichen sicher eine größere Anzahl jüngerer Mädchen als die Einrichtungen für offene Jugendarbeit. Dass den Mitarbeiterinnen bzw. den Einrichtungen die Mädchen verloren gehen, die sich in der Pubertät befinden und ihre ersten sexuellen Erfahrungen und Beziehungen erleben, kann ebenfalls nicht bestätigt werden. Vielmehr ist gerade in den Altersgruppen „14 bis 16“ und „17 bis 19“ Jahre eine Stabilisierung festzustellen.

5.2 Nationalitätszugehörigkeit

Der Ermittlung der prozentualen Anteile deutscher und nicht-deutscher Mädchen liegt eine Selbsteinschätzung der Mitarbeiterinnen zugrunde. Insgesamt äußerten sich 319 der 384 befragten Einrichtungen, also 83% zu dieser Frage. Bei der Auszählung der Antworten fiel auf, dass viele Mitarbeiterinnen, wie bereits in der 96er Studie, keine exakten Angaben über ihre Klientel machen konnten, weil sie in den Einrichtungen in der Regel nicht evaluiert werden. Genaue Angaben machten auch 1999 nur Einrichtungen, die hauptsächlich oder ausschließlich mit Mädchen anderer Nationalitäten arbeiten.

Mit einer weiteren Frage wurde die Nationalität der nicht-deutschen Mädchen abgefragt. Das Antwortverhalten der Befragten differierte bei dieser Frage stark: Nur 73% der Befragten aus Mädcheneinrichtungen, aber 97% der Befragten aus konfessionellen Einrichtungen gaben hier Auskunft. 86% der Beratungsstellen und der Jugendeinrichtungen schätzten den prozentualen Anteil der nicht-deutschen Mädchen.

Abb. 53

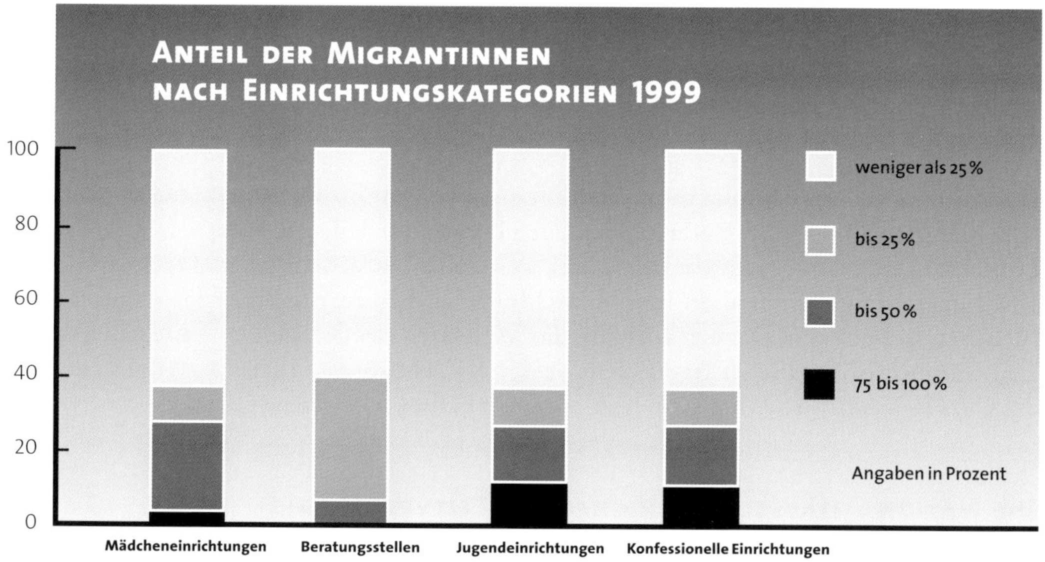

NATIONALITÄTSZUGEHÖRIGKEIT IN OST UND WEST

45% der West- und 84% Osteinrichtungen gaben an, nur deutsche Mädchen zu betreuen. Bei 46 West- und keiner Osteinrichtungen liegt die Quote bei bis zu 75% Migrantinnen. 49 West- und eine Osteinrichtung arbeiten mit bis zu 50% Deutschen und nur 20 Westeinrichtungen, aber keine Osteinrichtung, betreuen bis zu 25% deutsche, ergo bis zu 75% nicht-deutsche Mädchen.

NATIONALITÄTSZUGEHÖRIGKEIT IN DEN EINRICHTUNGSKATEGORIEN

Betrachtet man die Ergebnisse der Auswertung differenziert nach Einrichtungskategorien, so ist feststellbar, dass in allen Kategorien der prozentuale Anteil der Einrichtungen, die vor allem mit deutschen Mädchen arbeiten, nahezu gleich ist. Im Durchschnitt liegt er bei 63%.

In 25% der **Mädcheneinrichtungen**, die geantwortet haben, ist das Verhältnis von deutschen und nicht-deutschen Mädchen 1:1, also 50% Deutsche und 50% Migrantinnen. Einrichtungen mit bis zu 25% Deutschen (also bis zu 75% Migrantinnen) sind selten (3%), ebenso gibt es nur wenige Einrichtungen mit bis zu 75% deutschen, also 25% nicht-deutschen Mädchen (8%).

Bei den **Jugendeinrichtungen** gaben 11% der Befragten an, bis zu 75% deutsche Mädchen zu betreuen, 17% gaben an, dass bis zu 50% Deutsche (also auch 50% Nicht-Deutsche) die Einrichtung frequentieren. Bei 9% der befragten Einrichtungen überwiegen die Migrantinnen bzw. sind nur bis zu 25% deutsche Mädchen in den Einrichtungen.

Beratungsstellen werden deutlich weniger von Migrantinnen als von deutschen Mädchen genutzt: 62% der Einrichtungen gaben an, bis zu 100% deutsche Mädchen zu betreuen und 33% bis zu 75%. Lediglich 5% der befragten Beratungsstellen schätzen das Verhältnis von deutschen und nicht-deutschen Mädchen auf 50:50. Keine Beratungsstelle betreut ausschließlich Mädchen anderer Nationalitäten.

Konfessionelle Einrichtungen sprechen ebenfalls zu knapp zwei Dritteln (63%) deutsche Mädchen an. 11% der Befragten betreuen bis zu 75% deutsche Mädchen. 17% der Einrichtungen, die hier geantwortet haben, werden von 50% deutschen Mädchen und 50% Migrantinnen frequentiert. Drei Einrichtungen gaben an, nur bis zu 25% deutsche Mädchen zu betreuen. Dazu gehört z.B. das MÄDCHENZENTRUM GLADBECK, das eine Einrichtung in evangelischer Trägerschaft ist, der IN VIA MÄDCHENTREFF STUTTGART oder das CAFÉ IN VIA INTERNATIONAL in Köln, beide in katholischer Trägerschaft.

DIE NATIONALITÄTSZUGEHÖRIGKEIT IM ZEITVERGLEICH

Im Vergleich zu der ersten Mädchenarbeitsexpertise von 1996 sind Änderungen in der Zielgruppenarbeit mit Migrantinnen zu erkennen:

1. Die konfessionellen Einrichtungen integrieren häufiger nicht-deutsche Mädchen als noch 1996. Lag der Anteil der Einrichtungen, die bis zu 100% Deutsche betreuen, 1996 noch bei knapp 80%, schrumpft dieser 1999 auf 63%. Der Anteil der Einrichtungen, die weniger als 25% Deutsche betreuen, ist leicht gestiegen von 8% 1996 auf 10% 1999. Dies deutet darauf hin, dass die Integration der Migrantinnen in die Mädchenarbeit besser zu gelingen scheint.

2. Die Mädcheneinrichtungen arbeiten 1999 im Vergleich zu 1996 in stärkerem Maß mit deutschen als mit nicht-deutschen Mädchen. 45% der Befragten gaben 1996 an, bis zu 100% deutsche Mädchen zu betreuen. 1999 ist ihr Anteil auf 64% gestiegen. Gesunken ist gleichzeitig die Zahl der Einrichtungen, die fast ausschließlich eine nicht-deutsche Klientel ansprechen, von 10% (1996) auf 3% (1999).

3. Auch die Jugendeinrichtungen scheinen sich 1999 stärker auf deutsche Mädchen zu konzentrieren als 1996: 45% der Befragten 1996 und 64% der Befragten 1999 registrierten bis zu 100% deutsche Mädchen als Besucherinnen. Nur noch 10% der Einrichtungen gaben 1999 an, hauptsächlich nicht-deutsche Mädchen zu betreuen; 1996 waren es noch 23%.

4. 95% der Beratungsstellen 1999 und 76% der Beratungsstellen 1996 gaben an, bis zu 100% deutsche Klientel bzw. nicht mehr als 25% nicht-deutsche Mädchen zu beraten.

5. Auch 10 Jahre nach der Wende sind die neuen Bundesländer keine „Einwanderungsländer" wie die alten Bundesländer. Konsequenterweise leben in den neuen Bundesländern weniger Migrantinnen, die in den Einrichtungen vor Ort beraten und betreut werden könnten. Ob die wenigen Migrantinnen auch durch die Angebote der Mädchenarbeit angesprochen und integriert werden, ist aufgrund der vorliegenden Ergebnisse nicht festzustellen.

5.2.1 Streuung der Nationalitäten

Die Frage nach der Streuung der Nationalitäten bei nicht-deutschen Mädchen ist im Fragebogen – wie bereits 1996 – offen formuliert. Da viele Fragebogen zu diesem Punkt lückenhaft ausgefüllt sind, liegt auch hier die Vermutung nahe, dass in den Einrichtungen keine Evaluierung der Herkunft der Klientel vorgenommen wird. Teilweise sind die Angaben aber auch sehr differenziert. Alle genannten Nationalitäten werden wie folgt zusammengefasst:

- vorwiegend islamisch geprägte Länder (z.B. Türkei, Iran, Irak),
- Ex-Jugoslawien,
- Spätaussiedler-Länder,
- asiatische Länder,
- afrikanische Länder,
- europäische Länder,
- sonstige Länder.

Da die Angaben der Einrichtungen aus den neuen Bundesländern zahlenmäßig gering sind, werden keine prozentualen Verteilungen in Ost-West-Vergleich errechnet, sondern die Angabe erfolgt in totalen Zahlen.

Abb. 54

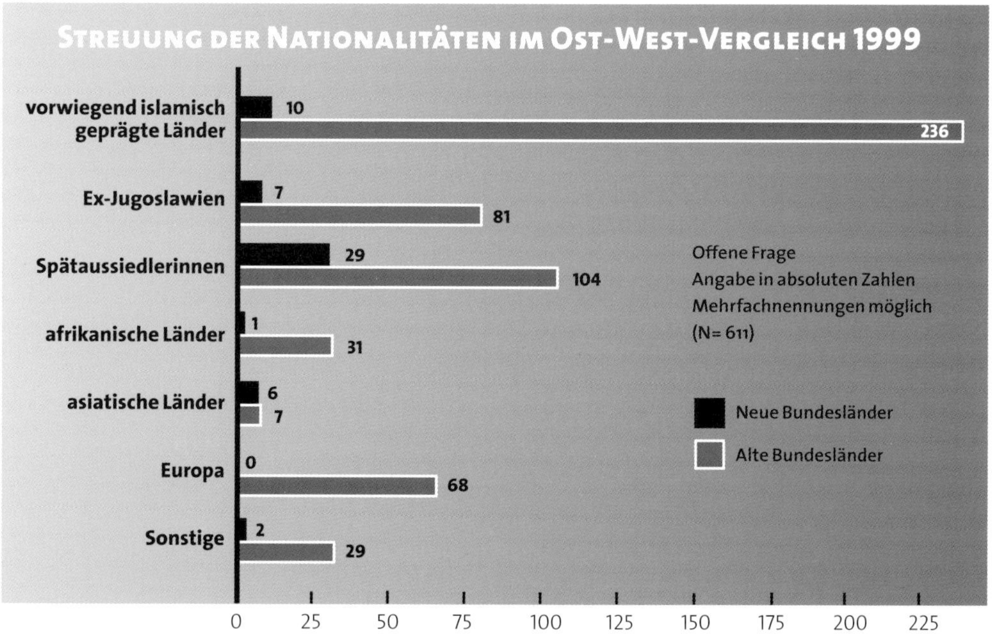

Streuung der Nationalitäten im Zeitvergleich

1996 wurde festgestellt, dass es sich bei den Migrantinnen in den neuen Bundesländern hauptsächlich um Spätaussiedlerinnen aus Polen, Rumänien, Tschechien, Bulgarien und der GUS handelte. 1999 ist diese Gruppe immer noch die stärkste, jedoch werden häufiger auch vorwiegend islamisch geprägte Länder, Ex-Jugoslawien und asiatische Länder genannt.

In den alten Bundesländern liegt wie schon 1996 der Schwerpunkt der Nennungen bei den vorwiegend islamisch geprägten Ländern, insbesondere der Türkei sowie bei den Spätaussiedler-Ländern und Ex-Jugoslawien.

Die Zuwanderung ausländischer Familien nach Deutschland ist immer abhängig vom politischen Geschehen, von Krisen, Kriegen und den damit verbundenen Vertreibungen und Menschenrechtsverletzungen in den jeweiligen Ländern. Dies wirkt sich zeitversetzt auch auf die kulturelle Zusammensetzung in den Einrichtungen aus. Die Gegenüberstellung der verschiedenen Nationalitäten nicht-deutscher Mädchen in den befragten Einrichtungen ist aus diesem Grund keine vergleichende und bewertende Analyse, sondern kann nur eine Abbildung der jeweiligen Situation 1996 und 1999 sein. Auffällig ist, dass der Anteil der Mädchen aus Spätaussiedlerinnen-Ländern in allen Einrichtungen deutlich zugenommen hat. Die Anzahl von Mädchen aus der Türkei und anderen vorwiegend islamisch geprägten Ländern ist im Vergleich zu 1996 rückläufig.

Abb. 55

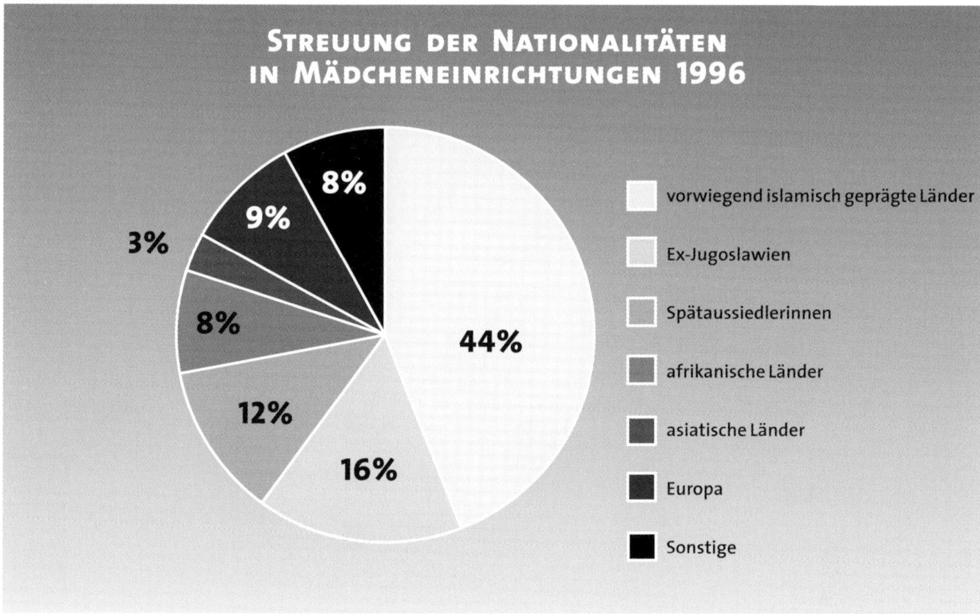
STREUUNG DER NATIONALITÄTEN IN MÄDCHENEINRICHTUNGEN 1996
44%
16%
12%
8%
3%
9%
8%
vorwiegend islamisch geprägte Länder
Ex-Jugoslawien
Spätaussiedlerinnen
afrikanische Länder
asiatische Länder
Europa
Sonstige

Abb. 56

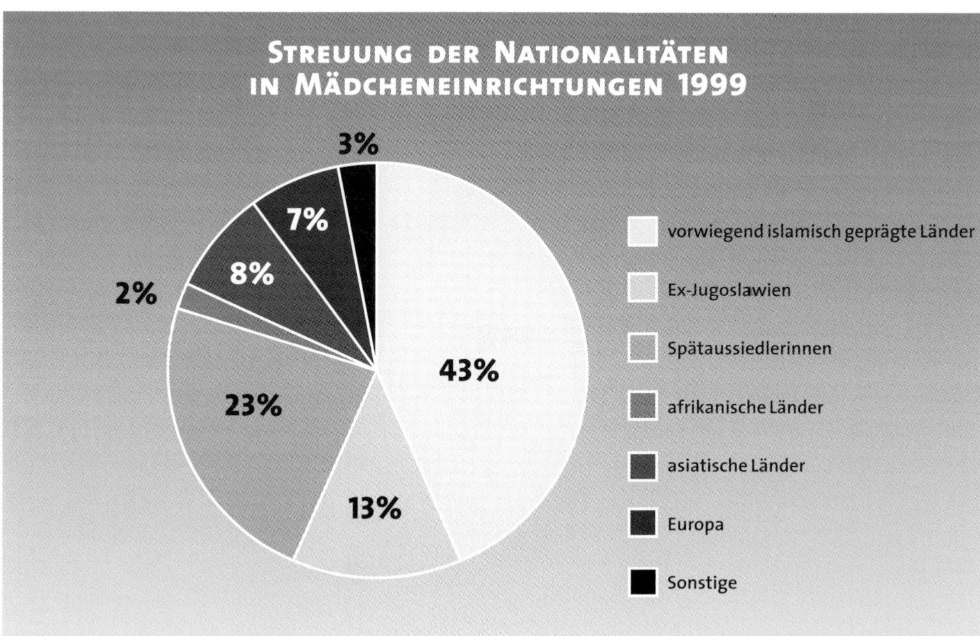
STREUUNG DER NATIONALITÄTEN IN MÄDCHENEINRICHTUNGEN 1999
43%
13%
23%
2%
8%
7%
3%
vorwiegend islamisch geprägte Länder
Ex-Jugoslawien
Spätaussiedlerinnen
afrikanische Länder
asiatische Länder
Europa
Sonstige

Abb. 57

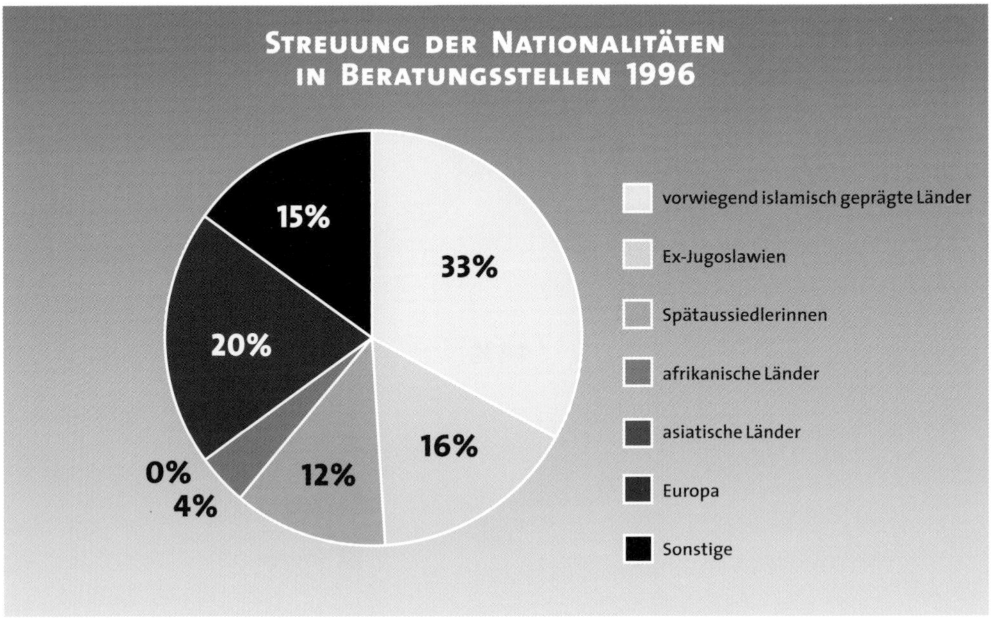

Streuung der Nationalitäten in Beratungsstellen 1996
15%
33%
20%
16%
0%
12%
4%
vorwiegend islamisch geprägte Länder
Ex-Jugoslawien
Spätaussiedlerinnen
afrikanische Länder
asiatische Länder
Europa
Sonstige

Abb. 58

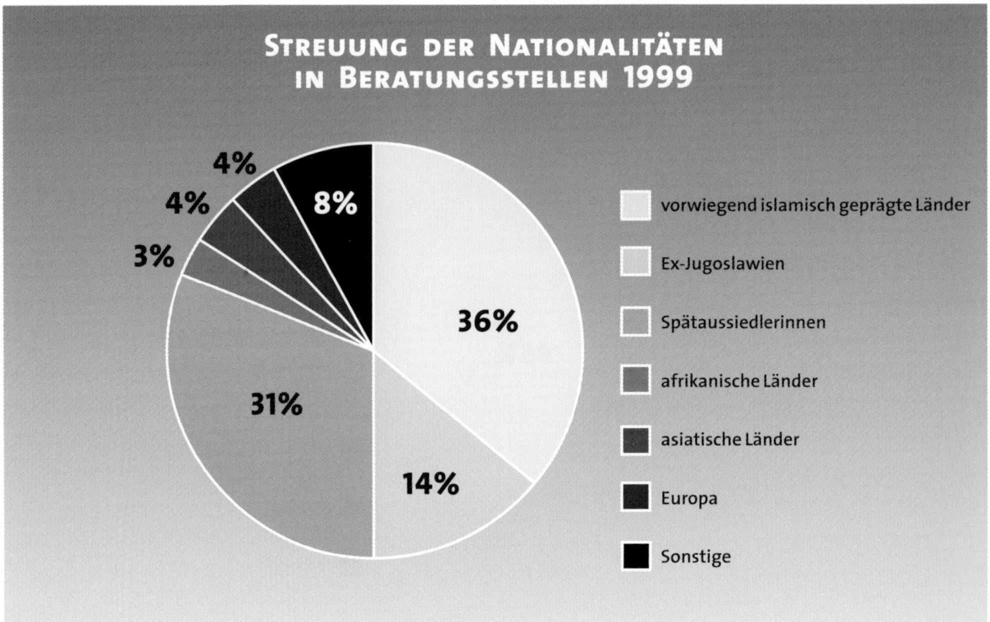

Streuung der Nationalitäten in Beratungsstellen 1999
4%
4%
8%
3%
36%
31%
14%
vorwiegend islamisch geprägte Länder
Ex-Jugoslawien
Spätaussiedlerinnen
afrikanische Länder
asiatische Länder
Europa
Sonstige

Abb. 59

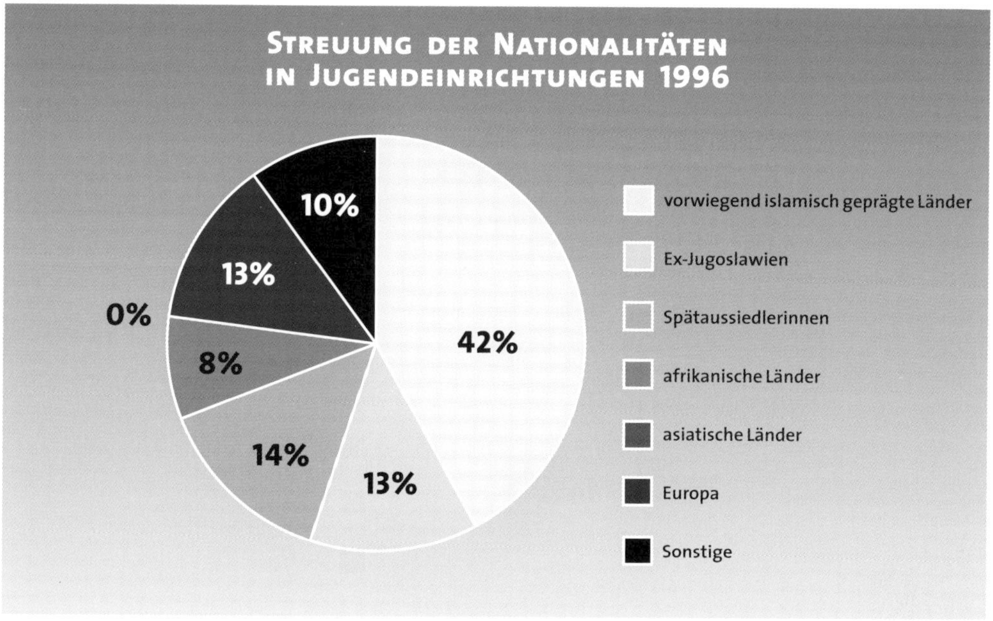

Abb. 60

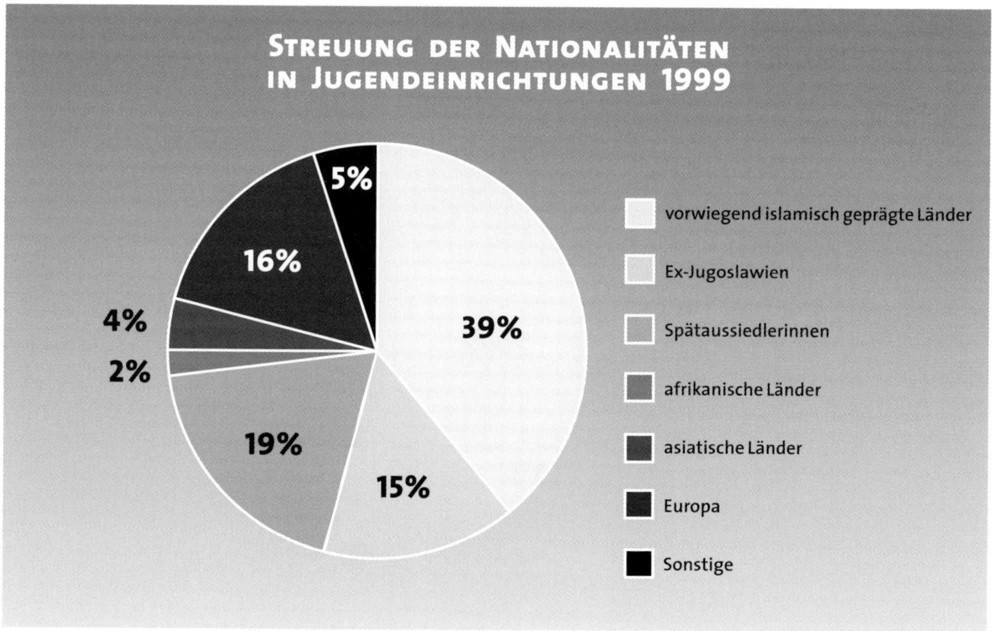

5

Abb. 61

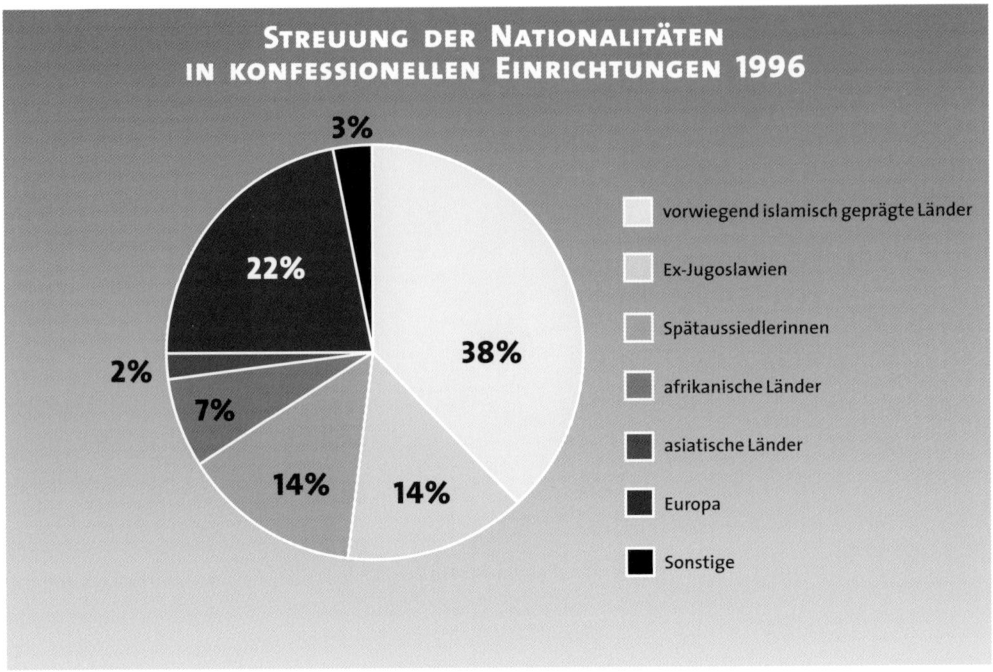
Streuung der Nationalitäten
in konfessionellen Einrichtungen 1996
3%
22%
2%
7%
14%
14%
38%
vorwiegend islamisch geprägte Länder
Ex-Jugoslawien
Spätaussiedlerinnen
afrikanische Länder
asiatische Länder
Europa
Sonstige

Abb. 62

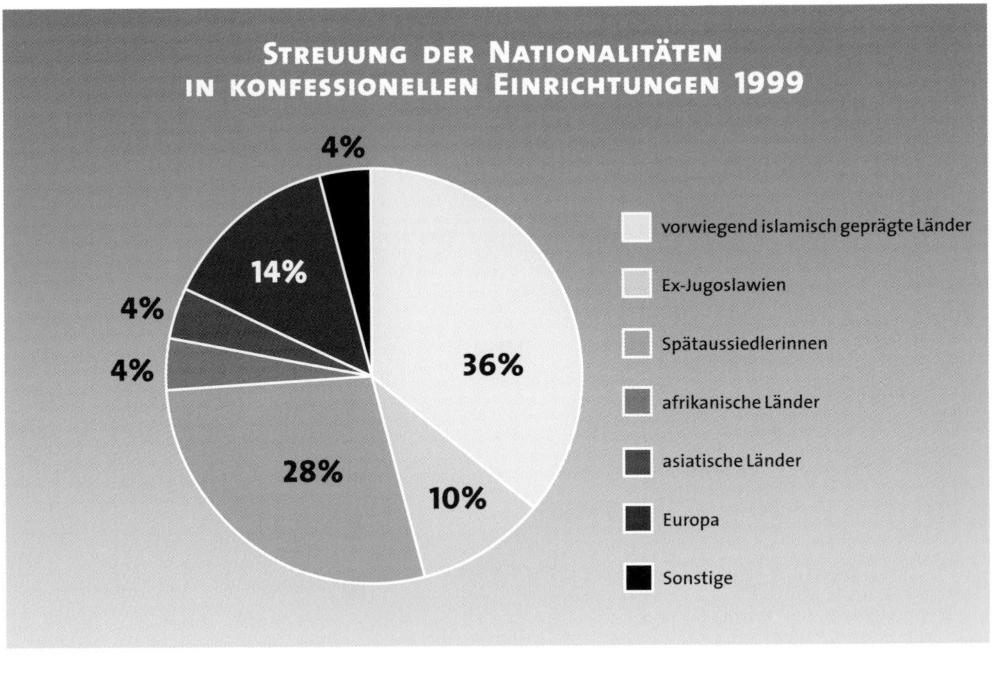
Streuung der Nationalitäten
in konfessionellen Einrichtungen 1999
4%
14%
4%
4%
36%
28%
10%
vorwiegend islamisch geprägte Länder
Ex-Jugoslawien
Spätaussiedlerinnen
afrikanische Länder
asiatische Länder
Europa
Sonstige

5.2.2 Herausforderungen für die Arbeit mit Migrantinnen

Nach wie vor scheint es für viele Mitarbeiterinnen in den Einrichtungen schwierig zu sein, neben den sprachlichen Hürden auch die kulturellen Grenzen zu überwinden. Wie schon in der 96er Studie festgestellt, lassen sich westeuropäisch geprägte Konzepte und Erkenntnisse der Sexualpädagogik nur selten für die Arbeit mit Mädchen anderer Nationalitäten verwenden. Für deutsche Pädagoginnen ist sehr schwer einzuschätzen, welche Sozialisation die Mädchen anderer Nationalitäten erfahren haben, mit welchen Inhalten, Möglichkeiten und Beschränkungen die Rolle der Mädchen und Frauen behaftet ist, und welche Bedeutung die Sexualität für die Mädchen verschiedener Kulturkreise hat. Zudem kann die offene oder auch stille Akzeptanz durch die Eltern nicht vorausgesetzt werden. Um diese Zielgruppe besser erreichen zu können, sind einige Träger dazu übergegangen, speziell für die Zielgruppe der Migrantinnen Pädagoginnen mit Migrationserfahrung einzustellen.

Renate SCHEPKER und Angela EBERDING stellen in ihrer Untersuchung zu Stereotypien über Mädchen mit türkischer Herkunft fest, dass selbst in neueren Arbeiten Migrantinnen türkischer Herkunft als hilflose Opfer ihrer patriarchalen Heimatkultur dargestellt werden. SCHEPKER und EBERDING kommen zu dem Schluss, dass es

„von hoher Bedeutung (ist), die bestehenden Stärken von Mädchen türkischer Herkunft zu sehen und Wege zu finden, die über eine Viktimisierung hinausweisen“. [15]

Die Fachstelle Mädchenarbeit NRW, FUMA E.V., richtete im November 1998 eine Fachtagung mit dem Titel „Verschiedenes und Gleiches – Entwicklungen und Perspektiven interkultureller Mädchenarbeit“ aus, an der ca. 80 deutsche und nicht-deutsche Frauen teilnahmen. Sie stellten u.a. die Frage nach der Zusammenarbeit und Hierarchie zwischen nicht-deutschen und deutschen Pädagoginnen in der interkulturellen Mädchenarbeit:

„Interkulturelle Mädchenarbeit verlangt ein Konzept, das Mädchen und junge Frauen und damit auch Mädchen aus ethnischen Minderheiten als gleichberechtigte Partnerinnen einbezieht, und sie verlangt die interkulturelle Öffnung der Einrichtungen. Dieses wiederum bedeutet:
- *eine Veränderung des Personals: die Einstellung von Mitarbeiterinnen mit Migrationshintergrund und von deutschen Mitarbeiterinnen mit interkulturellen Kompetenzen, letztes auch vermittelt durch Fort- und Weiterbildungsangebote/-maßnahmen;*
- *die konsequente Orientierung an den Ressourcen der jungen Frauen und Mädchen ausländischer Herkunft;*
- *die gleichgewichtige Berücksichtigung von Gleichheit und Differenz; Parteilichkeit: Diese drückt sich in der Bekämpfung sexistischer und rassistischer Diskriminierung von Mädchen und im Einsetzen für eine Verbesserung ihrer gesellschaftlichen Position aus.“* [16]

15 SCHEPKER, R., EBERDING, A. (1996): Der Mädchenmythos im Spiegel der pädagogischen Diskussion, Z f Päd. 42. Jg., 1/96, S. 123

16 aus: Prof. Dr. Ursula BOOS-NÜNNING (1999): Die Zukunft der Mädchenarbeit in NRW, in FUMA E.V. (Hg.): Dokumentation der Tagung: „Verschiedenes und Gleiches – Entwicklungen und Perspektiven interkultureller Mädchenarbeit“, Gladbeck, S. 54

Die SPORTJUGEND NRW führte von 1998 bis 1999 ein Qualifizierungs-Projekt mit dem Schwerpunkt „Sport mit Migrantinnen" durch. Im Rahmen von Seminaren wurden vornehmlich Migrantinnen zu Übungsleiterinnen ausgebildet, mit dem Ziel, durch ihren Einsatz in Sportvereinen mehr Mädchen anderer Nationalitäten erreichen zu können. Auf der Grundlage ihrer Erfahrungen formulierten die Ausbilderinnen in der Projektdokumentation die Notwendigkeit der intensiven Auseinandersetzung mit Fragen der Migration als Grundlage für eine sinnvolle Arbeit mit Migrantinnen in Sportvereinen:

„Die Lehrgangsleitungen sollten sich über politische Strömungen im Bereich der dritten und vierten Generation der Einwanderinnen und Einwanderer informieren. Tendenzen in Richtung Fundamentalismus sollten auf jeden Fall ernst genommen und diskutiert werden."[17]

Die PRO FAMILIA-Beratungsstelle in Tübingen verfügt insbesondere über Erfahrung in der sexualpädagogischen Arbeit mit Aussiedlerinnen. Sie hat eigens für diese Zielgruppe eine Broschüre erstellt und im Winter 1998 eine Fachtagung in Kooperation mit anderen Trägern vor Ort durchgeführt zu der Fragestellung „Wie muss sich die Sexualpädagogik für AussiedlerInnen verändern".

Die Mädcheneinrichtung MABILDA TEAM E.V. in Duisburg wird hauptsächlich von türkischen Mädchen frequentiert. Einmal wöchentlich bieten die Mädchenarbeiterinnen sexualpädagogische Gruppenarbeit an. Unterstützt werden sie dabei von den Müttern der Mädchen. Es werden darüber hinaus monatliche Treffen für Mütter und Töchter angeboten, zu denen Referentinnen zu Themen wie „Aids", „Sexualität", „Trennung und Scheidung" eingeladen werden. Die nicht-deutschen und deutschen Mitarbeiterinnen von MABILDA E.V. halten die Zusammenarbeit mit den Müttern und deren Einbeziehung für unerlässlich, will frau mit türkischen Mädchen sexualpädagogisch arbeiten.

Diese Auffassung wird jedoch nicht von allen Mädchenarbeiterinnen geteilt. Über die sexualpädagogische Arbeit mit den Mädchen verschiedener Altersgruppen und Nationalitäten erhalten die Eltern häufig keine Informationen, damit sie ihren Töchtern nicht den Besuch der Mädchengruppe untersagen. Peer education-Projekte im interkulturellen Kontext zu erproben ist Ziel der zweiten Projektphase des Modellprojekts „In Team" des LANDESAMTES FÜR GESUNDHEIT UND SOZIALES in Berlin und der BZGA. Junge Migrantinnen im Alter von 15 bis 30 Jahren, die noch nicht sehr lange in Deutschland leben und Asyl beantragen wollen, sind die Zielgruppe.

„Die interkulturelle Sexualpädagogik zu nutzen, um Brücken zwischen den Kulturen herzustellen, die Jugendlichen in der Entwicklung ihrer eignen kulturellen und sexuellen Identität zu unterstützen und sie handlungsfähig in Bezug auf Liebe, Sexualität, Verhütung und Partnerschaft zu machen – dies wollen wir mit dem Modellprojekt erreichen."[18]

17 aus: LANDESSPORTBUND NRW (Hg.) (1999): Dokumentation der Kompaktausbildung zur Jugendleiterin/Übungsleiterin für Migrantinnen. Duisburg, S. 14

18 WRONSKA, L., BACKES, H. (1999): Peer education: Ein Weg in der interkulturellen Sexualpädagogik, in: BZGA (Hg.): Forum Sexualaufklärung und Familienplanung, „interkulturell" 2/99, S. 23

Der Grundgedanke ist, mit jungen Migrantinnen bereits zu einem Zeitpunkt in Kontakt zu treten, wo die Vorurteile über die neue Heimat und die möglicherweise negativen Erfahrungen noch keine oder nur geringe Auswirkungen haben. Das Ziel ist dabei zwar auch die sexualpädagogische Kompetenz zu erweitern, vor allem aber eine möglichst ohne Diskriminierung verlaufende Integration in unsere Gesellschaft zu erreichen. Die positiven Erfahrungen mit den verschiedenen Beratungsstellen und Institutionen sollen sich somit multiplizieren und den Migrantinnen rückgekoppelt werden, die aufgrund schlechter Erfahrungen und mangelnder Begleitung die Begegnung mit der neuen Kultur ablehnen.

Die Gruppe, die zur Zeit der Datenerhebung geschult wurde, besteht aus etwa 15 jungen Frauen unterschiedlichster Nationalitäten. Sprachliche Probleme müssen behoben und Vertrauen muss gewonnen werden. Da die Gruppe multikulturell zusammengesetzt ist, tauschen sich die Migrantinnen über ihre kulturellen Wurzeln aus, lernen z.B. Lieder und Tänze der anderen und gewinnen so Vertrauen, Sicherheit und lernen das Gefühl von Respekt und Akzeptanz kennen. Zu Beginn des Projektes bestand bei den jungen Frauen eine große Angst vor Manipulation durch die Deutschen. Sie misstrauten den Zielen und den Angeboten der Trainerinnen und befürchteten hinter dem Bemühen, sie sexualpädagogisch zu qualifizieren, rassistische Gründe (z.B. dass die Deutschen über diese Maßnahme nur die „Vermehrung der Ausländer" stoppen wollen). Dass die Mädchen in einer späteren Phase des Projektes diese Ängste gegenüber den Trainerinnen äußern konnten, zeigt das hohe Maß an Vertrauen und Empathie. Nicht zuletzt war auch die Tatsache, dass die Pädagoginnen z.T. Migrationserfahrung haben, für das Gelingen des Projektes wesentlich. Die peers haben sich vorgenommen, Plakate in ihren Sprachen zu malen und einen Film zu drehen. Das Thema dabei ist weniger Sexualität als vielmehr die Beziehungsgestaltung. Die Fragen „Wie knüpfe ich Beziehungen an?", „Wie erlebe und lebe ich sie?" stehen dabei im Zentrum.

Wie bereits an anderer Stelle dargestellt, führt die PRO FAMILIA-Beratungsstelle Bonn seit 1998 peer education-Projekte für Mädchen durch. Nachdem die erste Gruppe eine rein deutsche war, startete im November 1999 eine multikulturell zusammengesetzte Mädchengruppe. 16 Mädchen aus verschiedenen Nationen (Slowenien, Jordanien, Iran, Irak, Spätaussiedler-Länder) und von verschiedenen Schultypen werden von den PRO FAMILIA-Mitarbeiterinnen und externen Referentinnen sexualpädagogisch über einen längeren Zeitraum geschult. Ziel ist es, die Mädchen zu qualifizieren, damit sie Telefonberatung für andere Mädchen (und Jungen) anbieten können. Mit dem Hintergrund der Migrationserfahrungen der peers erwarten die PRO FAMILIA-Mitarbeiterinnen eine stärkere Resonanz nicht-deutscher Mädchen auf das spezifische Angebot der telefonischen Beratung.

Nicht immer ist die Anstellung von Pädagoginnen mit Migrationserfahrung möglich, sei es durch Auflagen der Träger wie z.B. die Religionszugehörigkeit, oder die fehlenden finanziellen Ressourcen. Erstrebenswert aber ist die gleichberechtigte Zusammenarbeit von Migrantinnen und Deutschen, nicht nur, damit die nicht-deutschen Mädchen auf mehr Verständnis und Empathie stoßen, sondern auch, damit deutsche Pädagoginnen aus erster Hand kulturelle Differenzen und Ähnlichkeiten erleben, erkennen und sie verstehen lernen.

Für Multikulturalität als Chance für sexuellen Pluralismus plädiert Helga MARBURGER in ihrem gleichnamigen Aufsatz, den sie im September 1997 im Rahmen des 2. Pädagogischen Kongresses „Lebensformen und Sexualität" referierte. Ihre These lautet,

„dass jegliche gesellschaftliche Mehrung an sexuellen Orientierungen, Sichtweisen und Deutungsmustern potentiell einer Erweiterung der eigenen Denk- und Handlungsmöglichkeiten impliziert, und zwar völlig unabhängig von deren spezifischen Sinngehalten. Denn wie auch immer die hinzukommenden Leitbilder und Wertsetzungen gefüllt sind, allein ihre Existenz, ihr Vorhandensein macht deutlich, dass die eigenen Vorstellungen nicht naturgegeben und universal gültig sind, sondern kultur-/gesellschafts- bzw. kontextabhängig. Multikulturalität bedeutet daher per se Chance für sexuellen Pluralismus, indem sie das Gewordensein sexueller Werte und Normen vor Augen führt, ihre Relativität und damit auch ihre Veränderbarkeit und ihre Wählbarkeit. Um diese Chance jedoch im Interesse von mehr Selbstbewusstheit und Selbstbestimmung sowie größerer Wahl- und Gestaltungsfreiheit nutzen zu können, ist allerdings ein offener, vorbehaltloser Blick auf andere kulturelle Normierungen erforderlich. Dazu gehört, eigene Selbstverständlichkeiten in Frage zu stellen und sich zu lösen von Wahrnehmung und Deutung fremder sexueller Ausdrucks- und Erscheinungsformen auf dem Hintergrund eigener Standards, Interpretations- und Erklärungsmuster. Vor allem aber gilt es, sich von eigenen Höherwertigkeitsvorstellungen zu verabschieden."[19]

Auch oder gerade in der interkulturellen Sexualpädagogik mit Mädchen ist ein Perspektiven-, vielleicht sogar ein Paradigmenwechsel notwendig. Sexualpädagogik mit Migrantinnen setzt die Bereitschaft der (deutschen wie nicht-deutschen) Pädagoginnen voraus, die kulturellen, religiösen und individuellen Lebensbedingungen, Erfahrungen und Ansichten zu respektieren. Erst dadurch eröffnen sich für Mädchen wie für Pädagoginnen die Chancen, „neue Welten" kennenzulernen, den eigenen Horizont zu erweitern und die Forderung nach einer multikulturellen Gesellschaft lebendig werden zu lassen.

19 MARBURGER, H. (1998): „Multikulturalität als Chance für sexuellen Pluralismus", in: J. HARTMAN u.a. (Hg.): Lebensformen und Sexualität. Herrschaftskritische Analysen und pädagogische Perspektiven, Bielefeld, S. 274

Aus dem Leben eines Mädchens in zwei Kulturen

Duygu Öztürk, 14 Jahre alt:

„Viele Menschen meinen: ‚Sollen sie sich doch einfach einer Kultur anpassen!' Aber wie soll das gehen, wenn man von keiner Kultur akzeptiert wird?

Ich soll berichten, wie es ist, zwischen zwei Kulturen zu leben, welche Vor- und welche Nachteile daraus entstehen. Was ich hier erzählen möchte, ist gar nichts Besonderes, sondern sind ganz alltägliche Erlebnisse. Natürlich gibt es ganz klare Vorteile: z.B. die Vielfalt des Essens und der Gerichte. Außerdem ist es praktisch, zwei Sprachen zu sprechen. Ein gutes Gefühl fürs Tanzen, genauer gesagt für den Bauchtanz, habe ich auch. Als Nachteil sehe ich vor allem die Vorurteile, die viele Menschen, Deutsche wie Migrantinnen, haben:

Z.B. war ich sieben Jahre lang mit einem deutschen Mädchen eng befreundet. Ich ging in ihrer Familie ein und aus und sie in meiner. Plötzlich fing sie an, mich Dinge zu fragen wie: ‚Wirst du misshandelt? Musst du heiraten? Trägst du ein Kopftuch?' und so weiter. Das war eine große Enttäuschung für mich. Ich dachte, ich kenne dieses Mädchen gut und dann diese Fragen.

In der Grundschule nahm ich am katholischen Religionsunterricht teil. Meine türkischen Freunde und Freundinnen warfen mir deshalb vor, dass ich meine Religion verrate und mich schäme, eine Türkin zu sein. Das schlimmste Schimpfwort für eine Türkin ist ‚Deutsche', vor allem wenn es von den eigenen Leuten kommt. Meine deutschen Schulkolleginnen fanden es auch seltsam, dass eine Türkin am katholischen Religionsunterricht teilnahm und meiner Lehrerin war es wohl auch nicht ganz geheuer. Kurz vor der Zeugnisausgabe sagte sie zu mir: ‚Duygu, ich gebe dir keine 1, weil deine Eltern sich nicht darüber freuen würden.' Obwohl meine Eltern mit der Lehrerin darüber sprachen, bekam ich erst zwei Jahre später eine 1 in katholischer Religionslehre. ‚Weil deine Eltern sich jetzt darüber freuen können' war ihre Begründung.

In der weiterführenden Schule wurde ich von den türkischen Mitschülerinnen nicht akzeptiert. ‚Du sprichst besser Deutsch als Türkisch, siehst aus wie eine Deutsche, also geh auch zu den Deutschen!" Das habe ich dann auch getan. Heute habe ich größtenteils deutsche Freundinnen. Ich fühle mich von ihnen akzeptiert und gemocht.

Es gibt viele negative Seiten an diesem Leben in zwei Kulturen, aber es macht auch stark!"

aus: *Dokumentation des* FUMA *e. V., s. a. a. o., S. 11*

5

5.3 Lesbische Mädchen

Die erste Erhebung zur Situation der sexualpädagogischen Mädchenarbeit von 1996 kam zu der Feststellung, dass es für die Präsenz lesbischer Mädchen bzw. für Mädchen, die sich ihrer sexuellen Orientierung (noch) nicht sicher sind, in den meisten Einrichtungen und bei den meisten Mitarbeiterinnen kein Bewusstsein gibt. Nur 33% der befragten Einrichtungen 1996 gaben Auskunft auf die Frage nach dem prozentualen Anteil lesbischer Mädchen in ihrer Einrichtung. Von diesen 101 Einrichtungen gingen 40 davon aus, überhaupt nicht mit lesbischen Mädchen zu arbeiten, 50 Befragte schätzten den Anteil der lesbischen Mädchen auf bis zu 20%, und nur 10 Einrichtungen betreuten eigenen Angaben zufolge mehr als 20% lesbische Mädchen. Einzige Ausnahme bildeten 1996 die Beratungsstellen für homosexuelle Menschen. „Das Bewusstsein eines ‚lesbenfreien Raumes' ist beängstigend, gibt es doch den zweifelsohne präsenten lesbischen Mädchen keine Chance auf eine Konfliktbegleitung oder gar ein Coming out."[20] Die zentrale Frage, die sich folglich für diese Vergleichsstudie stellt, ist: Hat sich das Bewusstsein und die Wahrnehmung homosexueller Mädchen und Frauen in den vergangenen Jahren geändert? Wenn ja: Wurden mehr Angebote für junge Lesben realisiert bzw. ist das Thema gleichgeschlechtlicher Sexualität stärker in den sexualpädagogischen Curricula verankert?

Nur 87 Einrichtungen (von insgesamt 384), 15 in den neuen und 72 in den alten Bundesländern benannten den Anteil der **lesbischen Mädchen** in der eigenen Institution. Dies entspricht nur 23% der befragten Einrichtungen, also 10 Prozentpunkte weniger als noch vor vier Jahren. Von diesen Einrichtungen vermuten 91%, dass etwa 10% Mädchen homosexuell orientiert sind. Vier Befragte schätzen ihren Anteil auf bis zu 25%, und vier auf bis zu 50% der Gesamtklientel. Nur eine Einrichtung geht von bis zu 100% lesbischen Mädchen aus. Mitarbeiterinnen in koedukativen Einrichtungen schätzen den Anteil homosexueller Mädchen sehr gering ein.

Die Präsenz **heterosexuell orientierter Mädchen** wurde in der Erhebung 1999 ebenfalls analysiert: Auch hier war die Resonanz auf die Bitte, ihren Anteil prozentual zu schätzen, eher gering. 110 Einrichtungen (von 384), 22 aus den neuen und 88 aus den alten Bundesländern, nehmen eine Einschätzung vor, dies entspricht 29% aller beteiligten Institutionen. 104 Einrichtungen bundesweit werden ausschließlich von heterosexuellen Mädchen besucht (21 in Ost- und 83 in Westdeutschland, also 95% der Institutionen, die zu dieser Frage Angaben machten). Vier Mitarbeiterinnen gehen von bis zu 75% Heterosexuellen aus, zwei Mädchenarbeiterinnen glauben nur bis zu 10% heterosexuell orientierte Mädchen anzusprechen.

20 Bültmann (1996): Sexualpädagogische Mädchenarbeit, Köln, S. 75

Abb. 63

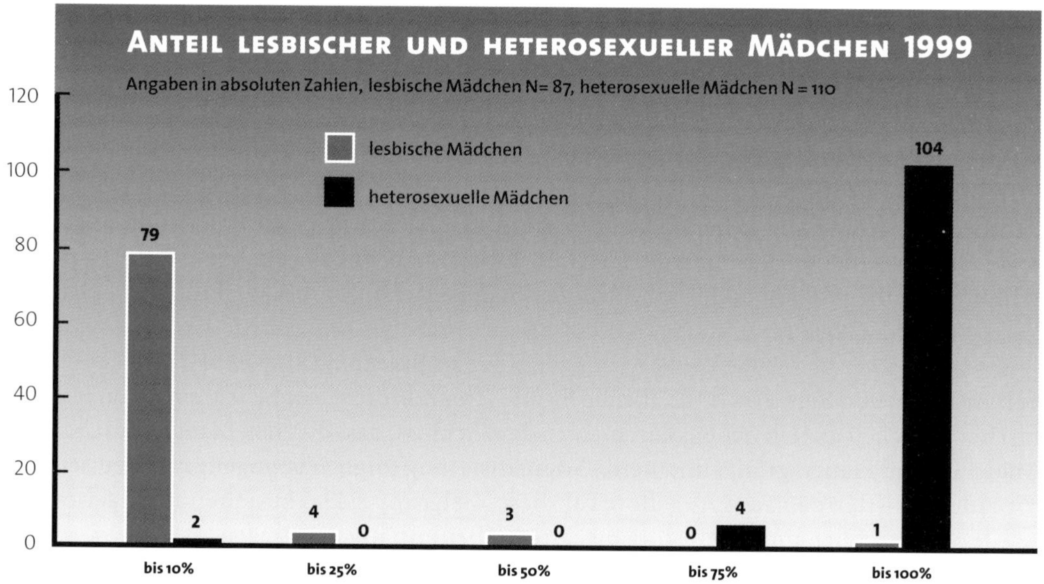

Die Tatsache, dass weniger Mitarbeiterinnen die Frage nach der sexuellen Orientierung ihrer Klientel beantwortet haben, mag oberflächlich betrachtet beunruhigend sein. Es fällt jedoch auf, dass sehr viele Befragte – und zwar sowohl diejenigen, die Schätzungen vorgenommen haben, als auch die, die keine Angaben machten – auf dem Fragebogen die Frage mit Aussagen kommentierten wie „Bei uns müssen sich die Mädchen nicht outen"; „Das wird bei uns nicht abgefragt"; „Schwer zu sagen, schließlich outen sich die Mädchen nicht"; „Bei uns spielt das keine Rolle"; „Die Mädchen äußern sich nicht dazu" etc. Oftmals wurden auch einfach Fragezeichen eingesetzt oder mit „Keine Ahnung" kommentiert.

In der ersten Studie 1996 wurden die Angaben meiner Ansicht nach sehr viel unreflektierter vorgenommen. Die Befragten hatten lesbische Mädchen zumindest augenscheinlich gar nicht im Blickfeld. 1999 ist diese Form der Ignoranz tendenziell schwächer geworden. Lesbische Mädchen und Frauen werden zumindest „mitgedacht", wenn auch nicht bewusst und offen integriert. Aufgrund der Analyse lässt sich die These aufstellen, dass der erste Schritt in Richtung Integration und Gleichberechtigung von Menschen anderer sexueller Orientierungen mehr oder weniger getan ist: die grundsätzliche Wahrnehmung und Tolerierung gleichgeschlechtlich lebender Menschen. Der zweite Schritt müsste folglich die reflektierte Beschäftigung und Auseinandersetzung mit dem Thema „sexuelle Orientierung" und die offene Begegnung mit Menschen anderer Orientierungen sein. Das zögerliche Antwortverhalten der Befragten ist aus dieser Perspektive betrachtet durchaus ein Zeichen für eine positive Entwicklung.

Die Arbeit mit lesbischen Mädchen sowie die Aufklärung über homosexuelle Lebensweisen haben sich seit 1995 weiter etabliert. Das Thema, aber auch die Zielgruppe finden heute deutlich mehr Beachtung in Einrichtungen, die nicht speziell für Lesben und Schwule konzipiert sind. Expertinnen geben an, dass die Aufklärungsarbeit in Schulen zumindest in den Großstädten verbreitet ist. In anderen Regionen, z.B. im kleinstädtischen und ländlichen Raum, ist dieses Thema jedoch immer noch weitgehend ein Tabu. Dennoch, die Stigmatisierung von lesbischen Mädchen scheint in den letzten Jahren deutlich nachgelassen zu haben. Jugendverbände, die noch 1995 große Berührungsängste im Umgang mit dem Thema und der Zielgruppe hatten, entwickeln heute erste Empfehlungen, Arbeitshilfen und Konzeptionen für diese Arbeit, so z.B. die PFADFINDERINNENSCHAFT ST. GEORG.

Sabine KLEIN und Sigrid SCHÜTZ, die die Studie „freundinnen“ zur Lebenssituation lesbischer Mädchen erstellt haben, kommen zu dem Schluss, dass die Akzeptanz lesbischer Mädchen und Frauen größer und deren Stigmatisierung folglich geringer geworden sei. Trotzdem existierten kaum Angebote für diese Zielgruppe. Das bestehende Angebot werde hauptsächlich durch selbstorganisierte Lesbeninitiativen getragen.

Auf der Basis der Auswertung von 31 biographischen Interviews formulieren KLEIN und SCHÜTZ Aussagen über die Themenbereiche Coming out, Beziehungen und Sexualität, Aggression und Gewalt, Lebensqualität, Lebensentwürfe, unterstützende Angebote. In diesem Zusammenhang von besonderem Interesse ist die mangelhafte Integration lesbischer Mädchen in Jugendverbände. Auf die Frage, ob sie sich als Lesben in die Angebote der verschiedenen Jugendverbände integrieren konnten, berichteten nur drei Mädchen von positiven Reaktionen der PädagogInnen und Jugendlichen. Die meisten Mädchen hielten es für besser, sich nicht zu outen. Als konkrete Wünsche an den schwul-lesbischen Jugendverband formulierten die Mädchen: Unterstützung beim Coming out, allgemeine Beratungsangebote, Vernetzung, Integration als lesbisches Mädchen, Freizeitangebote etc. Unterstützende Angebote auch z.B. in Form von Medien fehlen einerseits für die betroffenen Mädchen selbst, aber auch besonders für die Förderung und Entwicklung einer aktiven Elternarbeit, der ein hoher Stellenwert beigemessen wird.[21]

Im Dezember 1998 wurde der LesBiSchwule Jugendtreff ANYWAY in Köln eröffnet. Seitdem etablieren sich dort eine Gruppe für junge Schwule, der Boytrek, und eine Gruppe für junge Lesben, die Bad girls. Sie gehen dort gemeinsam ihren Freizeitaktivitäten nach, besuchen Workshops und Seminare oder nehmen auch Beratungen in Anspruch. Das Konzept des ANYWAY hat jedoch eine Besonderheit: es beruht auf dem integrativen Charakter der offenen Jugendarbeit, das bedeutet, dass auch heterosexuelle Jungen und Mädchen in das LesBiSchwule Jugendzentrum integriert werden sollen.

21 JUGENDNETZWERK LAMBDA NRW E.V. (Hg.) (1996): freundinnen. eine studie zur lebenssituation lesbischer mädchen, Köln

„Obwohl es sich bei dem konzipierten Projekt um die Arbeit mit lesbischen und schwulen Jugendlichen handelt, basiert der Ansatz auf dem Hintergrund der Integration von heterosexuellen Jugendlichen. Nicht separierend soll es sein, sondern integrativ-verbindend. Die Integration soll durch die allgemeine Aufklärungsarbeit in Schulen und Freizeiteinrichtungen erfolgen. Sie soll aber auch im täglichen offenen Betrieb des Hauses zu finden sein, in dem auch die heterosexuellen FreundInnen der Jugendlichen zu Besuch kommen können." [22]

Ziel des integrativen Ansatzes ist vor allem, durch die Begegnung homo- und heterosexueller Menschen, durch gemeinsame Erlebnisse und Erfahrungen, einen wesentlichen Beitrag zum Abbau von Diskriminierung homosexueller Menschen zu leisten.

„Für sie (die heterosexuellen Jugendlichen, d. A.) bedeutet das, dass sie in ihrer Lebensrealität die Umkehrung erleben. Sie betreten ein Haus, in dem die lesbisch-schwule Lebensweise selbstverständlich ist. (...) Dadurch kann die lesbisch-schwule L(i)ebensweise jungen Menschen als eine mögliche Lebensform vermittelt werden, die ansonsten in den Inhalten der Lehrpläne keine Berücksichtigung findet." [23]

Das Bildungsprojekt im Kommunikations- und Beratungszentrum homosexueller Frauen und Männer e.V., das KOMBI – KOMMUNIKATION UND BILDUNG VOM ANDEREN UFER, Berlin, bietet Aufklärungsarbeit für Schulklassen an, wobei man grundsätzlich die Klassen geschlechtsspezifisch trennt. Von den Mädchen wird die Gruppentrennung positiv wahrgenommen. Sie beurteilen die Trennung von den Jungen als förderlich für offene Gespräche zum Thema.

„Aufgrund der Bereitschaft vieler Mädchen, sich untereinander auszutauschen und sich mit unterschiedlichen Formen des Lebens und Liebens offen auseinander zu setzen, ist es häufig möglich, ein intensives Gespräch über lesbisches Leben weiterzuführen. In manchen Mädchengruppen taucht sehr schnell die Frage nach lesbischer Sexualität auf, in anderen wiederum wird auffällig versucht, das Thema zu vermeiden. Häufig wählen Mädchen den Zugang über das Thema ‚Lesben und HIV/Aids' und ‚Safer Sex'. (...) In erster Linie dominieren Klischees das Bild über lesbische Sexualität: Frauen können miteinander gar keinen ‚richtigen' Sex haben, weil das eigentliche, der zur Penetration notwendige Penis, fehlt. Oder wenn sie Sex machen, liegt immer eine Lesbe oben und übernimmt den ‚männlichen' Part, während die unten liegende Frau komplementär den ‚weiblichen' Part übernimmt. Das dritte Stereotyp ist wohl das gängigste und das von diversen Medien am weitesten verbreitete: Lesbische Frauen haben immer nur ‚Kuschelsex', sind zärtlich und sanftmütig. Durch die Beschreibung verschiedener Facetten lesbischer Sexualität wird versucht, dieses Informationsdefizit zu beheben." [24]

5

Obwohl in der vorliegenden Studie im Vergleich zu 1996 zu erkennen ist, dass die Sensibilität für und die Akzeptanz von Homosexualität bei den Mitarbeiterinnen – und dies trifft auch für die Gesellschaft insgesamt zu – gewachsen ist, bedarf es intensiver Infor-

22 PAULUS, I. (1999): Junge Lesben im „anyway", dem LesBiSchwulen Jugendtreff in Köln, unveröffentlichter Praxisbericht, S. 6
23 PAULUS, I., a. a. O.
24 KOMBI – KOMMUNIKATION UND BILDUNG VOM ANDEREN UFER (Hg.) (1997): Was ist schlimmer lesbisch oder schwul zu sein? Broschüre zur Aufklärungs- und Bildungsarbeit mit Jugendlichen zum Thema gleichgeschlechtliche Lebensweisen, Berlin, 2. Aufl.

mation und Aufklärung über homosexuelle Lebensweisen. Hier sind besonders Angebote für lesbische Mädchen nötig, die sie darin unterstützen, ihre sexuelle Orientierung annehmen und leben zu können. Eine im November 1999 veröffentlichte Studie zur psychosozialen Situation junger Lesben, Schwuler und Bisexueller in Berlin kommt zu dem Ergebnis, dass Mädchen (und Jungen) während ihres Coming outs, einer Phase, die mit großen Problemen belastet sein kann, nur wenig Unterstützung und Hilfsangebote in der nächsten Umgebung zur Verfügung haben. Daneben fehlen ihnen aber auch lesbische (und schwule) Vorbilder, die ihnen ihre sexuelle Orientierung als „Normalität" vorleben.

„Wenn die Mädchen/Frauen Informationen hatten, bewerten sie sie in der Rückschau eher positiv: drei Viertel der Mädchen/Frauen, die Informationen über Homo- bzw. Bisexualität hatten, bewerten sie als positiv (d. h. akzeptierend oder sehr positiv). Zwei Drittel von ihnen bewerten ihre Informationen über Schwulsein positiv. Dagegen hatte je ein Viertel nur (sehr) abwertende Informationen über Homo- bzw. Bisexualität und/oder Lesbischsein, ein Drittel hat über Schwulsein nur Negatives gehört. (...) Bezogen auf die Grundgesamtheit aller befragten Mädchen/Frauen hatten 56% von ihnen keine oder nur negative (d.h. abwertende oder sehr abwertende) Informationen über Lesbischsein – und nur 38% hatten positive (d.h. akzeptierende oder sehr positive) Informationen." [25]

42% der befragten Mädchen hatten bereits vor ihrem 18. Geburtstag ihr Coming out. 50% der Befragten hatten im Alter zwischen 14 und 17 Jahren das Gefühl, „anders zu sein", 20% der Mädchen spürten dies bereits vor ihrem 14. Lebensjahr. Dass die Aufklärung über gleichgeschlechtliche Lebensweisen folglich unbedingt in die sexualpädagogischen Maßnahmen für junge Mädchen (und Jungen) integriert werden muss, und nicht „für später einmal" aufgehoben werden darf, belegen die Ergebnisse der o.g. Studie.

„Für einen selbstbewussten, positiven und fördernden Umgang mit und unter jungen Lesben gibt es eine ganze Reihe von Vorbildern und Beispielen. Darüber hinaus scheint es, dass eine Übernahme lesbischer Identität bei jungen Frauen in rasch wachsendem Maße stattfindet. Wer die homosexuellen Subkulturen in den Großstädten beobachtet, wer viele Frauenfeste besucht und an den jährlichen Lesben-Frühlingsfesten teilnimmt, kommt nicht umhin festzustellen, dass Lesbischsein ungemein ‚in' unter jungen Frauen ist und in der Lesbenszene ein enormer Zuwachs von jungen Frauen zu verzeichnen ist. Hier wird auch deutlich, dass immer mehr junge Lesben einen heterosexuellen ‚Umweg' überhaupt nicht mehr ins Auge fassen, sondern mit großer Selbstverständlichkeit und großem Selbstbewusstsein die Tradition ihrer Mädchenfreundschaften fortsetzen, Frauenbeziehungen leben und sie ganz offensichtlich sehr genießen." [26]

25 Senatsverwaltung für Schule, Jugend und Sport Berlin (Hg.) (1999): Sie liebt sie, Er liebt ihn. Eine Studie zur psychosozialen Situation junger Lesben, Schwuler und Bisexueller in Berlin, Berlin, S. 24ff.

26 Heiliger, A. (1998): Feministische Mädchenarbeit und lesbische Identität, in: Hartmann, J. u.a. (Hg.): Lebensformen und Sexualität, Bielefeld, S. 168

Um homosexuelle Mädchen und junge Frauen in ihrem Selbstfindungsprozess zu unterstützen und ein demokratisches und gleichberechtigtes Miteinander in unserer Gesellschaft zu schaffen, ist Aufklärungsarbeit über gleichgeschlechtliche Lebensweisen unbedingte Voraussetzung. Nicht in jeder Einrichtung sind Coming-out-Gruppen sinnvoll. Viele betroffene Mädchen brauchen einen gewissen Schutzraum, vielleicht sogar die Anonymität einer Beratungsstelle, um ihr Coming out selbst zu gestalten. Sinnvoll und erstrebenswert ist jedoch, dass die notwendigen Informationen in allen Einrichtungen zugänglich sind, dass lesbische Lebensweisen (wie auch schwule, bisexuelle u.a.) thematisiert und in die Jugend- und Mädchenarbeit einbezogen werden.

5.4 Mädchen mit Beeinträchtigungen

„Obwohl behinderte Mädchen aus dem Angebot der Mädchenarbeit nicht explizit ausgeschlossen werden, gibt es bisher nur wenige Versuche, ihre Situation wahrzunehmen und sie bewusst in die außerschulische Mädchenarbeit einzubeziehen." [27]

Eine 1996 noch nicht berücksichtigte Zielgruppe von Mädchen gerät heute stärker in das Blickfeld parteilicher (sexualpädagogischer) Mädchenarbeit: Mädchen und junge Frauen mit unterschiedlichen Beeinträchtigungen und Behinderungen. Aus diesem Grund wurde der Fragebogen 1999 um eine entsprechende Frage erweitert. Ziel war es festzustellen, ob überhaupt sexualpädagogische Arbeit für Mädchen mit Behinderungen durchgeführt wird. Die Analyse der verschiedenen Praxisberichte und Dokumentationen sowie Interviews mit Expertinnen der befragten Einrichtungen lassen Rückschlüsse auf die Qualität und die genaue Zielgruppe zu. 86% der befragten Einrichtungen, d.h. 66 Ost- und 266 Westeinrichtungen beantworteten die Frage nach den Angeboten für Mädchen mit Behinderungen. Von diesen insgesamt 332 Institutionen bejahten 78 diese Frage und 254 verneinten sie.

Wie die Differenzierung nach Ost- und Westdeutschland zeigt, werden in den neuen Bundesländern tendenziell mehr Angebote für behinderte oder beeinträchtigte Mädchen durchgeführt als in den alten Bundesländern. Die Auswertung dieser Daten bezogen auf die Einrichtungskategorien gibt im Folgenden Aufschluss darüber, in welchen Einrichtungstypen Angebote für diese Klientel gemacht werden: Da die Gesamtzahl der Nennungen in den neuen Bundesländern zahlenmäßig gering ist, wurde auf die Ost-West-Differenzierung in den Einrichtungskategorien verzichtet. Die Abbildung 65 bezieht sich somit auf das gesamte Bundesgebiet.

27 Klees-Möller, R. (1997): Behinderte Mädchen ..., in: Zentralstelle zur Förderung der Mädchenarbeit (Hg.): Betrifft Mädchen 1 - 1997, Münster

Abb. 64

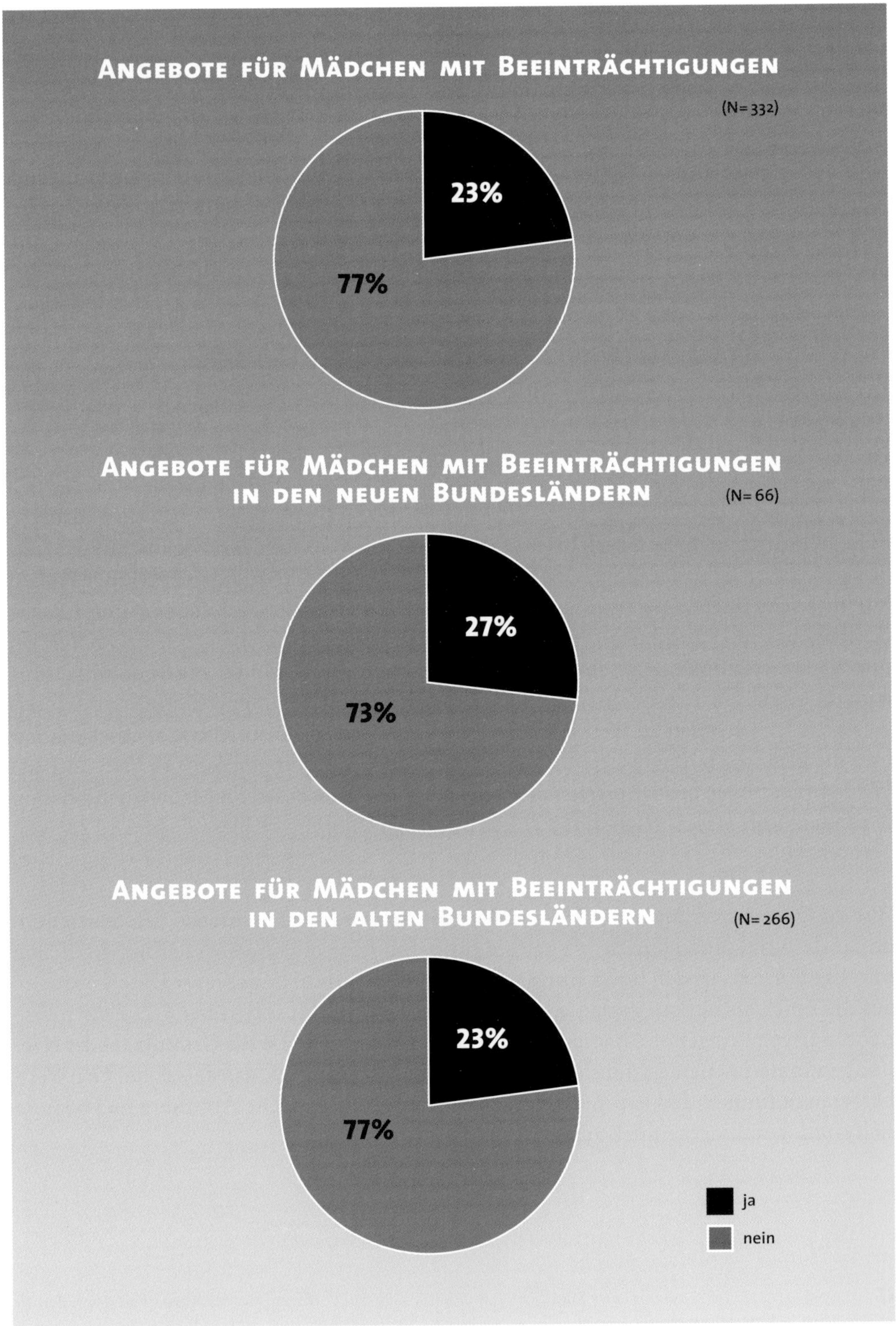
ANGEBOTE FÜR MÄDCHEN MIT BEEINTRÄCHTIGUNGEN
(N=332)
23%
77%
ANGEBOTE FÜR MÄDCHEN MIT BEEINTRÄCHTIGUNGEN IN DEN NEUEN BUNDESLÄNDERN
(N=66)
27%
73%
ANGEBOTE FÜR MÄDCHEN MIT BEEINTRÄCHTIGUNGEN IN DEN ALTEN BUNDESLÄNDERN
(N=266)
23%
77%
ja
nein

Abb. 65

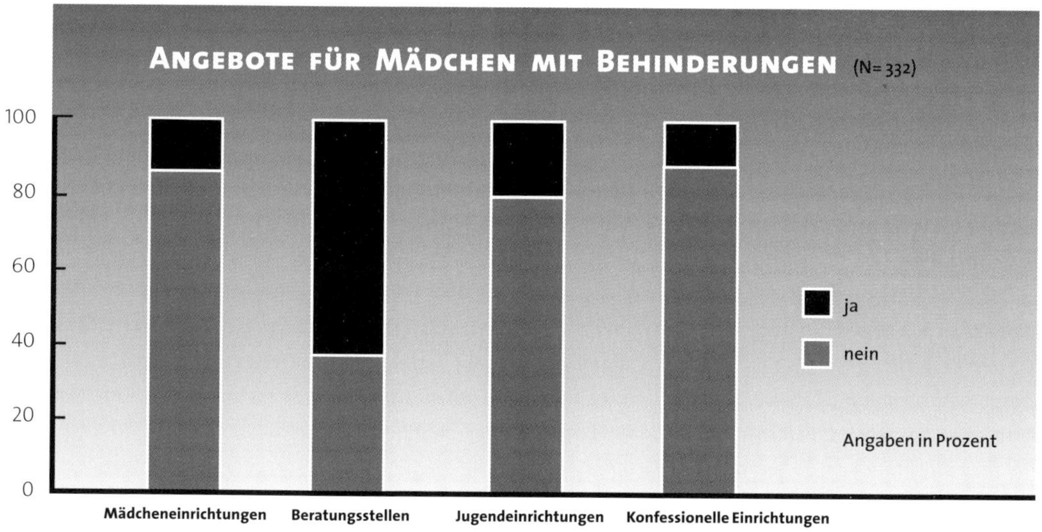

Zusammenfassend lässt sich feststellen, dass besonders Beratungsstellen sexualpädagogische Arbeit mit behinderten Mädchen anbieten. In allen anderen Einrichtungstypen ist diese Zielgruppe nur gering integriert bzw. nur selten im Blickfeld. Die weiterführende Analyse der Kategorie Beratungsstellen, d.h. die Auszählung der Nennungen nach Trägertypen, zeigt, dass sexualpädagogische Arbeit mit behinderten Mädchen nicht in allen Beratungsstellen angeboten wird: 19 PRO FAMILIA-Beratungsstellen von 24 sind in diesem Bereich tätig, davon fünf von sechs befragten Beratungsstellen in den neuen und 14 von 18 befragten Beratungsstellen in den alten Bundesländern. Zwei von vier befragten Beratungsstellen für Homosexuelle bieten ebenfalls entsprechende Maßnahmen an.

Die autonomen Beratungsstellen in Ost- und Westdeutschland sind tendenziell weniger stark in diesem Bereich engagiert: Vier von neun Einrichtungen in den neuen Bundesländern und 10 von 33 in den alten Bundesländern gaben an, behinderte Mädchen zu beraten. Zwei von fünf Beratungsstellen großer Wohlfahrtsverbände, davon eine in Ost- und eine in Westdeutschland, bejahten ebenfalls die gestellte Frage.

Die Auswertung der überlassenen Berichte und Dokumente ergab, dass die Gruppe der „behinderten Mädchen“ sehr unterschiedlich und vielfältig verstanden wird: Geistig behinderte Mädchen, Mädchen mit Lernbehinderungen, gehörlose oder auch blinde Mädchen werden als Zielgruppen genannt.

Besonderheiten der Arbeit mit behinderten Mädchen

Behinderte Mädchen erleben ihre Adoleszenz besonders verunsichernd und beängstigend. „Konfrontiert mit den gängigen Schönheitsidealen und den Reaktionen ihrer Umwelt auf ihre Schädigung sprechen sie von Gefühlen der tiefen Negierung und Entwertung ihrer Körperlichkeit. (...) So werden sie einerseits als geschlechtliche Neutren behandelt, andererseits unterliegen sie jedoch im verschärften Maße allen Formen sexistischer Gewalt und Diskriminierung, von denen auch andere Mädchen und Frauen betroffen sind."[28]

„Mädchen mit Beeinträchtigungen sind in der Regel Rollenfindungsprozessen ausgesetzt, deren Basis die immer wieder gemachte Erfahrung ist, von ihrer Umwelt erst in zweiter Linie als geschlechtliches Wesen wahrgenommen zu werden. Behinderte Mädchen sind im Laufe ihrer Sozialisation vielfältigen Problemen ausgesetzt. Gelten eingeschränkte Entwicklungs- und Handlungsmöglichkeiten in der Regel für fast alle Mädchen, so werden den Zuschreibungen entlang von Rollenstereotypen für Mädchen mit dem Etikett ‚behindert' zum eigentlichen Handicap."[29]

Seit etwa zwei oder drei Jahren entwickeln Fachfrauen aus der Mädchenarbeit und der Arbeit mit Behinderten Konzepte und Modelle für die (sexualpädagogische) Arbeit mit behinderten Mädchen sowie für die integrative Arbeit mit nicht-behinderten Mädchen. Es scheint sich jedoch herauszustellen, dass sich der integrative Ansatz für die sexualpädagogische Arbeit nicht generell empfiehlt. Integrative Arbeit ist immer dann schwierig, besonders für die behinderten Mädchen, wenn diese das Gefühl haben, nur geduldet zu sein. Die Einrichtung MIXED PICKELS E.V. in Lübeck ist (lt. Auskunft der Mitarbeiterinnen) bundesweit bis heute das erste Projekt, das die Regelförderung für die Arbeit mit behinderten und nicht-behinderten Mädchen erhalten hat. Die Mitarbeiterinnen von MIXED PICKELS E.V sind dazu übergegangen, sexualpädagogische Veranstaltungen nur für behinderte Mädchen anzubieten.

Neben der Körper- und Verhütungsaufklärung sind für diese Mädchen gerade die Themen rund um die Beziehung zu einem Jungen von zentraler Bedeutung. Einen Freund zu haben, scheint für die Mädchen deshalb so relevant zu sein, weil sie so ein Stück Normalität leben und der Öffentlichkeit präsentieren können. MIXED PICKELS E.V. entwickelt für die sexualpädagogische Arbeit mit behinderten Mädchen spezielle Methoden und Übungen. Die Themen-Hitliste der 13- bis 18-jährigen Mädchen beinhaltet Fragen wie: „Sex – was ist das eigentlich? Darf ich, darf man das überhaupt?" Aber auch die Themen Kinderwunsch und Aufklärung darüber, wie Kinder gezeugt und geboren werden, interessieren die Mädchen besonders. Wenig nachgefragt werden Verhütungsfragen oder Fragen zur sexuellen Orientierung.

28 Klees-Möller, R. (1997): Behinderte Mädchen. Von der Ausblendung einer „unsichtbaren Minderheit" zur parteilichen Konzeption in der Mädchenarbeit, in: Betrifft Mädchen, 1/1997

29 Stille, S. (1997): „... am Rande dabei ... . Mädchen mit Behinderungen", in: Betrifft Mädchen, 1/1997

Das Team bemüht sich verstärkt um eine intensive Mütterarbeit. Ohne die Beteiligung der Mütter scheint die Arbeit schon wegen der fehlenden Mobilität der Mädchen zu scheitern. Die Erfahrung zeigt auch, dass die Mütter nach anfänglicher Zurückhaltung und Scheu die Arbeit der Pädagoginnen einerseits unterstützen und andererseits als persönliche Entlastung empfinden.

„Über mich bestimme ich“ ist der Titel einer Kunst-Aktion zum Recht auf (sexuelle) Selbstbestimmung von Mädchen und Frauen, die MIXED PICKELS E.V. im Januar 1999 in Zusammenarbeit mit dem Notruf für vergewaltigte Frauen und vielen anderen Einrichtungen durchführte. Präsentiert wurden Werke behinderter und nicht-behinderter Mädchen.

Die Erfahrung der Pädagoginnen zeigt, dass die Integration von geistig behinderten und leistungsschwächeren nicht-behinderten Mädchen sehr gut möglich ist. Mädchen mit Lernbehinderungen z.B. leiden häufig ebenfalls unter Ausgrenzung und Vorurteilen. Sie haben oft schulische Probleme, zu wenig Freunde und Freundinnen und können sich aufgrund dieser Gemeinsamkeit mit geistig behinderten Mädchen gut austauschen und mit ihnen lernen.

Beispiele für die Arbeit mit behinderten Mädchen

Die Beratungsstelle BALANCE in Berlin bietet seit drei Jahren sexualpädagogische Arbeit für behinderte Jugendliche, auch für Mädchengruppen, an. Angefragt werden die Mitarbeiterinnen von Werkstätten für geistig Behinderte oder auch von Sonderschulen und Wohnheimen. Der Bedarf ist sehr groß, und zwar sowohl an Einzelberatung für Eltern oder auch Multiplikatorinnen und Betreuerinnen als auch für die behinderten Menschen selbst. Die Themen, die für die Mädchen im Vordergrund stehen, sind:

- Wie finde ich einen Freund oder eine Freundin?
- Der Kinderwunsch und damit verbunden die Frage nach den eigenen „Wurzeln“, nach der eigenen Herkunft.

Sexualpädagogische Veranstaltungen mit Sonderschülerinnen führt der LANDKREIS CELLE in Kooperation mit den Sonderschulen vor Ort durch. „Mädchen zwischen Flirt und Anmache“ heißt ein Projekt, das die lustvollen und positiven Seiten der Sexualität in den Mittelpunkt stellen will. Die Sonderschülerinnen, die vielfach von sexueller Gewalt oder Missbrauch betroffen sind, finden nur schwer einen positiven Zugang zur Sexualität. Für die Pädagoginnen steht fest, dass es neuer Materialien bedarf, da die vorliegenden sexualpädagogischen Mädchenarbeitskonzepte bei dieser Zielgruppe nicht greifen. Die Angebote müssten sehr niedrigschwellig angelegt sein und großen Raum für Diskussionen miteinander, aber auch mit Jungen, schaffen.

Seit drei Jahren bietet PRO FAMILIA Nürnberg eine Fortbildung für Multiplikatorinnen zum Thema „Sexualpädagogik mit geistig behinderten Mädchen“ an. Die Fortbildung umfasst insgesamt sechs Tage in drei Seminar-Blöcken und gibt zum einen eine Einführung in die Sexualität von geistig behinderten Menschen. Andererseits werden Übungen und Methoden für die sexualpädagogische Praxis vorgestellt und erprobt. Daran anschließend wird Praxisbegleitung und Supervision angeboten. Die Erfahrungen der PRO FAMILIA-Mitarbeiterinnen sind ausgesprochen positiv, die Fortbildung wird sehr stark nachgefragt. PRO FAMILIA bietet neben dieser Ausbildung auch sexualpädagogische Gruppenarbeit für behinderte Mädchen an. Dabei handelt es sich in der Regel um Kooperationsveranstaltungen mit Behinderteneinrichtungen, wie z.B. Werkstätten, Wohnheime und Sonderschulen.

Seit 1998 wird aus Bundesmitteln das Modell „Mittendrin. Lebenswelten behinderter Mädchen“ des BUNDESVERBANDES FÜR KÖRPER- UND MEHRFACHBEHINDERTE gefördert. Das Modellprojekt will Mädchen mit Behinderung stärker ins Blickfeld geschlechtsspezifischer Jugendarbeit rücken. Zehn lokale Projekte entwickelten Konzepte zur Arbeit mit behinderten Mädchen und setzten diese um. Während der Zusammenarbeit mit den lokalen Gruppen stellte die Projektleitung fest, dass in der Behindertenhilfe häufig Angebote für Mädchen existieren, für die Jugendhilfe trifft dies jedoch nicht zu. Seit Beginn des Projektes sind viele Ansätze für die Mädchenarbeit entstanden und in der Praxis erprobt worden. So wurde im Herbst 1998 die erste Mädchenkonferenz in Würzburg mit ca. 200 beeinträchtigten Mädchen aus ganz Deutschland durchgeführt. Der angebotene Workshop zum Thema „Freundschaft und Liebe“ wurde besonders stark nachgefragt.

„Dieser Workshop war für viele der behinderten Mädchen und jungen Frauen sehr interessant. Als Mitglied des ‚Presse-Teams‘ der Mädchenkonferenz habe ich eine Teilnehmerin nach Beendigung des Workshops befragt, welche Themen genau angesprochen wurden und welche Ergebnisse dabei herauskamen. Folgende Themenbereiche wurden diskutiert:

- *Schwierigkeiten der behinderten jungen Frauen, Kontakte mit Nichtbehinderten zu schließen*
- *Probleme in der Partnerschaft*
- *Sperren von Nichtbehinderten gegenüber Behinderten*

Wichtig ist es, gemeinsame Interessen von Behinderten und Nichtbehinderten zu finden. Dies kann ich nur aus eigener Erfahrung bestätigen. Der Wille spielt hierbei eine wichtige Rolle. Es gibt sicherlich mehr Gemeinsamkeiten, als die eine oder andere zu hoffen wagt. Aus eigener Erfahrung weiß ich, dass es sehr wichtig ist, als Behinderte ganz ungeniert auf nichtbehinderte Menschen zuzugehen. Sicherlich kann es sein, dass Vorurteile, Ängste und Hemmungen Sperren verursachen und man nicht akzeptiert wird. Doch es gibt ohne Zweifel auch positive Reaktionen. Es ist nicht die Aufgabe der Nichtbehinderten, Sperren abzubauen, sondern wir müssen vielmehr darauf hinarbeiten, diese Sperren zu differenzieren oder sogar zu beseitigen. Nur wenn wir damit anfangen, dürfen wir auch mit Recht eine positive Antwort erwarten. Bei einer guten Freundschaft spielt dann die Art und Schwere der Behinderung keine Rolle mehr.“[30]

30 KÖRNER, A. (1999): Freundschaft und Liebe, in: MÄDCHENPROJEKT DES BUNDESVERBANDES FÜR KÖRPER- UND MEHRFACHBEHINDERTE E.V. (Hg.) : Mimmi-Mitmach - Mädchenmagazin - Mittendrin 1/1999, S. 8

Die zentralen Fragen der Mädchen in diesem Workshop waren, analog den Erfahrungen der anderen Einrichtungen, „Was ist überhaupt Sex?“ und „Wo kommen die Kinder her?“ „Mittendrin“ konzipiert zur Zeit eine Ausstellung mit dem Titel „Jung – weiblich – behindert“, die aus künstlerischen Arbeiten und Werken behinderter Mädchen besteht. Die Arbeiten wurden im Rahmen eines Gestaltungswettbewerbes des BUNDESVERBANDES FÜR KÖRPER- UND MEHRFACHBEHINDERTE E.V. akquiriert. Die Ausstellung, die ab Juni 2000 in verschiedenen Städten Deutschlands präsentiert werden soll, hat das Ziel, die Wünsche und Interessen behinderter Mädchen und junger Frauen stärker in das Blickfeld der Öffentlichkeit zu rücken.

Ein Verband, der seit Beginn der 90er Jahre parteiliche Mädchenarbeit für behinderte Mädchen konzipiert, durchführt und diesbezüglich auch Fachtagungen anbietet, ist die KONTAKT- UND INFORMATIONSSTELLE FÜR MÄDCHENARBEIT I.M.M.A. E.V., München. „Mit Power voran“ hieß eine bundesweite Fachtagung, die im November 1999 in München stattgefunden hat. Thematisiert wurde die Situation behinderter Mädchen und Frauen in unserer Gesellschaft sowie die Rolle der Pädagoginnen in dieser Zielgruppenarbeit. Weitere Themen waren der sexuelle Missbrauch an behinderten Mädchen, therapeutische Möglichkeiten sowie Unterstützungs- und Fördermaßnahmen für Mädchen.

Alle in diesem Kapitel aufgeführten Einrichtungen bieten auch Fortbildungen für Multiplikatorinnen unterschiedlichster Einrichtungen an.

Die BUNDESVEREINIGUNG LEBENSHILFE FÜR MENSCHEN MIT GEISTIGER BEHINDERUNG E.V. veröffentlichte 1999 die Dokumentation des Projektes „So seh' ich meine Welt. Frauen mit geistiger Behinderung tauschen sich aus“. Die sexualpädagogischen Lernziele konkretisieren die Autorinnen wie folgt:

„Mit dem sexualpädagogischen Angebot wollen wir vor allem die Auseinandersetzung mit Sexualität enttabuisieren, um Angst und Heimlichkeiten abzubauen. In der zweiten Seminarwoche erhalten die Teilnehmerinnen deshalb zunächst Sachkenntnisse über die inneren und äußeren Geschlechtsorgane von Frau und Mann, sie lernen ferner ihre Funktionen kennen und bezeichnen. Sexuelle Themenbereiche wie Geschlechtsverkehr, Selbstbefriedigung, Verhütung, Aids-Prävention, Schwangerschaft und Geburt sollen in ihren Zusammenhängen klar werden.“ [31]

5

Die angeführten Beispiele sexualpädagogischer Arbeit für Mädchen mit Beeinträchtigungen zeigen die Notwendigkeit, spezifische Materialien, Medien und auch Methoden für diese sehr verschiedenen Zielgruppen zu entwickeln. Wichtig ist vor allem, in einem ersten Schritt die Multiplikatorinnen zu sensibilisieren und sie dann in einem zweiten Schritt zu qualifizieren.

31 aus: BUNDESVEREINIGUNG LEBENSHILFE E.V. (1999): So seh' ich meine Welt. Frauen mit geistiger Behinderung tauschen sich aus..., S. 70

Girls Rolli Rap

Wir sind Girls von Felsenstein
Wir könn' auch so, wie andre sein,
Wir können tanzen, knutschen, lachen
und auch noch andere Sachen machen.
Wenn wir mit'm Rollstuhl an der Kasse stehn
und viele Leute vorüber gehn
ernten wir oft mitleidige Blicke
und das stinkt uns richtig dicke.
Wir sind Girls ...

Uns stört es, wenn die Leute gaffen,
wir machen uns ja immer dann zum Affen,
doch in uns'ren Augen, sind sie die Affen,
und lassen sie deshalb gerne gaffen.
Wir sind Girls ...

Wir können auch moderne Kleider tragen
wir müssen da nicht erst die andern fragen
denn wir Mädchen können es selbst wagen
uns ist egal, was die andren sagen
Wir sind Girls ...

Im Zuhören sind wir klasse
besser, als die, als die breite Masse,
wir haben immer für andre Zeit,
doch meistens sind die, sind die nicht bereit.
Wir sind Girls ...

Denn ich weiß, ich weiß, wer ich bin,
das sollte auch in den andern Sinn,
dieser Menschen, die das nicht denken,
wir möchten mit dem Lied ihre Meinung lenken!!!!
Wir sind Girls ..."

aus : *Ton-Dia-Show „Was können die Mädchen im Fritz-Felsenstein-Haus", geschrieben von Mädchen und jungen Frauen mit unterschiedlichen Behinderungen im Fritz-Felsenstein-Haus, pädagogische Leitung: Swars, F., Wagner, M.*

6 Behandelte Themen innerhalb der Mädchenarbeit der befragten Einrichtungen

Gewichtung verschiedener sexualpädagogischer Themen

Im Fragebogen der vorliegenden Studie erfolgte die Bewertung der Themen in Anlehnung an das Schulnotensystem: von sehr wichtig (1) bis völlig unwichtig (6). Für die Interpretation und Darstellung der Ergebnisse wurden die Kategorien 1 und 2, 3 und 4, 5 und 6 jeweils zusammengefasst: „sehr wichtig/wichtig", „einigermaßen wichtig/eher unwichtig" und „unwichtig/völlig unwichtig". Zur Vereinfachung der Darstellung werden die Bewertungskategorien in der Auswertung folgendermaßen benannt: „wichtig"; „einigermaßen wichtig"; „unwichtig".

Ergänzend zur Befragung von 1996 wurden zusätzlich **neue Themen** abgefragt, die im Zeitraum zwischen den Befragungen möglicherweise an Relevanz in der Mädchenarbeit gewonnen haben bzw. die in Wissenschaft und Forschung diskutiert werden und/oder bislang zu wenig in der Mädchenarbeit Berücksichtigung finden: **Selbstbefriedigung, Ess-Störungen, Selbstbehauptung/Selbstverteidigung, Körperbild/Körperkult**.

Alle anderen Themen entsprechen denen der ersten Untersuchung. Die Reihenfolge ihrer Nennung orientiert sich an der Expertise von 1996, damit ein direkter Vergleich zwischen beiden Untersuchungen leichter ist. Zuerst werden die Themen vorgestellt, die im engeren Sinne zur klassischen Sexualaufklärung (Sexualinformation) gehören, dann die, die einem weiteren Verständnis von Sexualität entsprechen. Am Schluss stehen die Themen, die nicht zu den elementaren Bestandteilen von Sexualpädagogik gehören. In den Diagrammen sind die Themen absteigend nach Wichtigkeit sortiert, um so auf den ersten Blick eine Einschätzung des „Relevanz"-Gefälles zu erhalten. Im Folgenden werden die Ergebnisse der Befragung bezogen auf die einzelnen Themen vorgestellt. Im Anschluss findet sich die Gesamtauswertung aller Themen nach Einrichtungskategorien.

Aufgrund einer grafischen Ungenauigkeit im Fragebogen konnten für die Auswertung dieser Frage nur 76 Fragebogen verwertet werden, in denen die Fragen nach den Themen vollständig und korrekt beantwortet wurden. Eine große Anzahl der befragten Einrichtungen beantwortete diese Frage gar nicht oder bewertete nicht alle Themen, sondern nur einzelne. Wieder andere kommentierten die Themenauflistung und Bewertungsskalen mit dem Hinweis: „Dies entspricht der Bewertung der Mädchen bzw. dem Wunsch der Mädchen, aber nicht unserer Konzeption." Diese Differenzierung in Mädchen- und Pädagoginnen-Perspektive taucht 1999 recht häufig auf. Im Vergleich dazu beantworteten Pädagoginnen 1996 nahezu alle diese Fragen aus ihrer Sicht als Mädchenarbeiterinnen. Diese Besonderheiten für die Auswertung der Daten 1999 wirken sich insofern auf die Analyse und Interpretation der Ergebnisse aus, als diese damit eher als Trendaussagen zu werten sind und nicht als repräsentativ eingestuft werden können.

Abb. 66

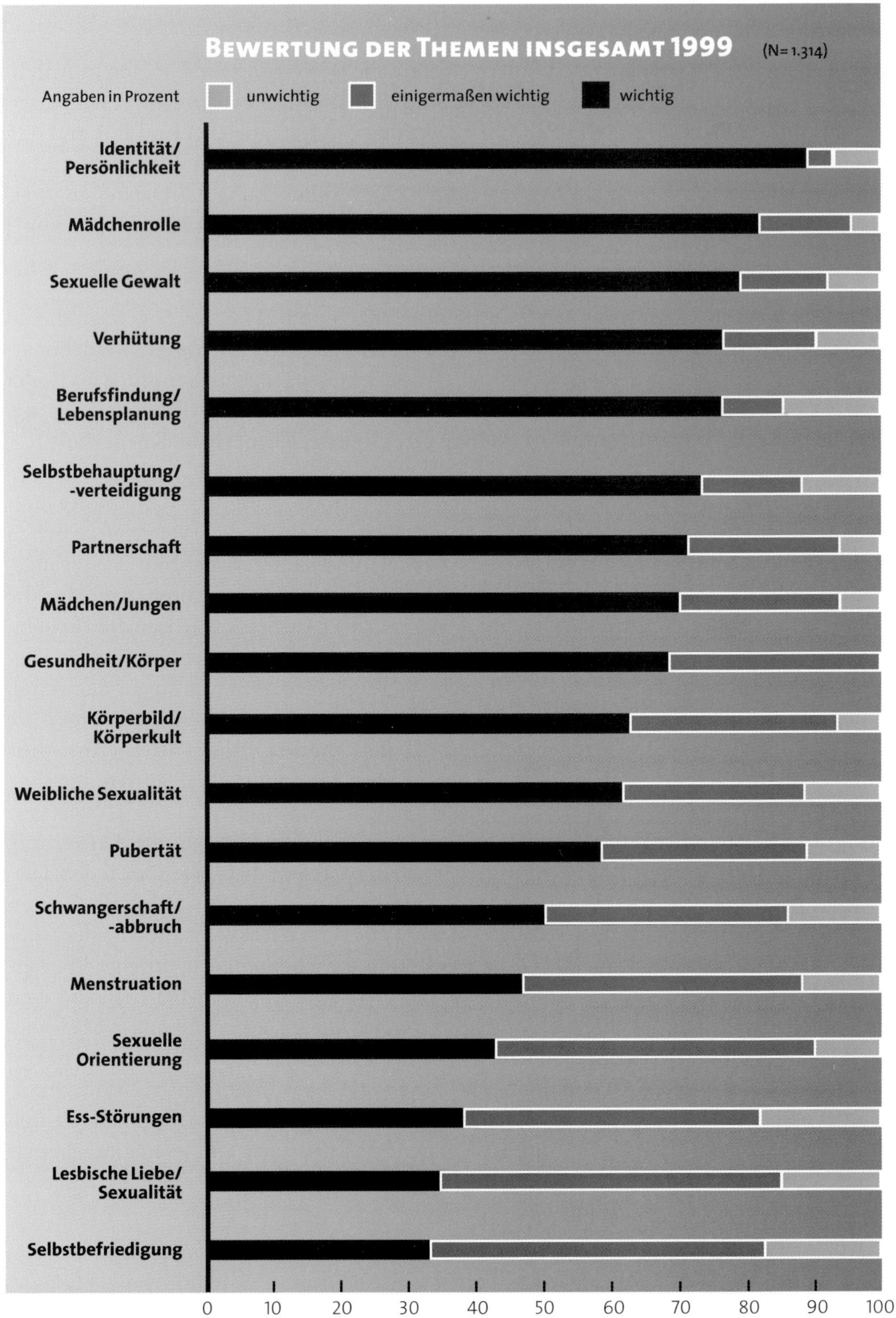
Bewertung der Themen insgesamt 1999
(N=1.314)
Angaben in Prozent
unwichtig
einigermaßen wichtig
wichtig
Identität/ Persönlichkeit
Mädchenrolle
Sexuelle Gewalt
Verhütung
Berufsfindung/ Lebensplanung
Selbstbehauptung/ -verteidigung
Partnerschaft
Mädchen/Jungen
Gesundheit/Körper
Körperbild/ Körperkult
Weibliche Sexualität
Pubertät
Schwangerschaft/ -abbruch
Menstruation
Sexuelle Orientierung
Ess-Störungen
Lesbische Liebe/ Sexualität
Selbstbefriedigung
0
10
20
30
40
50
60
70
80
90
100

6.1 Verhütung

Das Thema „Verhütung“ wird von 75% der Einrichtungen mit „wichtig“ bewertet. Jedoch zeigt die Differenzierung nach Einrichtungskategorien, dass dieses Thema für Jugendeinrichtungen eine geringfügig höhere Relevanz (81%) hat als für Mädcheneinrichtungen, Beratungsstellen und konfessionelle Einrichtungen; die letztgenannten Einrichtungstypen bewerten zwischen 70% und 73% „Verhütung“ mit „wichtig“. „Unwichtig“ stufen 6,5% aller Einrichtungen dieses Thema ein und die Einstufung „einigermaßen wichtig“ nehmen 17% der Befragten vor. Vergleicht man die Ergebnisse mit den Daten von 1996, so zeigt sich tendenziell, dass Jugendeinrichtungen und Mädcheneinrichtungen dieser Thematik in der aktuellen Erhebung mehr Gewicht zubilligen.

In der Replikationsstudie zur Jugendsexualität 1998 der Bundeszentrale für gesundheitliche Aufklärung[32] wurden 14- bis 17-jährige Mädchen und Jungen sowie ihre Eltern hinsichtlich Sexualität und Verhütungsverhalten befragt. Die Studie von 1998 ist die dritte Studie, die in den 90er Jahren durchgeführt wurde. 1998 gaben 89% der Mädchen an, ein Verhütungsmittel bei ihrem ersten Geschlechtsverkehr benutzt zu haben. 68% der Mädchen bevorzugten Kondome, 31% nahmen (teilweise zusätzlich) die Pille. 11% der befragten Mädchen benutzten bei ihrem ersten Koitus kein Verhütungsmittel. Westdeutsche Mädchen erleben den ersten Geschlechtsverkehr doppelt so häufig ungeschützt wie ostdeutsche Mädchen (12% zu 6%).

Im Vergleich zu den ersten drei Studien (s.o.) der 90er Jahre zeigt sich, dass das Kondom beim ersten Koitus als Verhütungsmittel bei den Mädchen seit 1994 (63%) (68% 1998) an Bedeutung gewonnen hat. Aber auch die Anzahl der Mädchen, die die Pille einnehmen, ist von 27% 1994 auf 31% 1998 gestiegen. Bedenklich ist, dass trotz der hohen Akzeptanz gegenüber sicheren Verhütungsmitteln gleichzeitig auch die Zahl der Mädchen, die ungeschützten Geschlechtsverkehr praktizieren, – wenn auch geringfügig – gestiegen ist: von 1994 bis 1998 steigt der Anteil von 9% auf 11% an.

Positive Auswirkungen auf das Verhütungsverhalten der Mädchen und Jungen beim ersten Koitus hat einerseits eine offene Kommunikation über Sexualität mit den Eltern. „Der Anteil der gar nicht Verhütenden sinkt dann auf die Hälfte (Mädchen von 19% auf 11%, Jungen von 29% auf 12%).“[33] Andererseits hat die Vertrautheit mit dem Partner bzw. der Partnerin Auswirkungen auf das Verhütungsverhalten beim ersten Mal. „Die Zahlen für ungeschützten Geschlechtsverkehr schnellen in die Höhe, je weniger die Jungen und Mädchen ihren Partner kennen.“[34] Darüber hinaus spielt auch das Alter der Mädchen eine wichtige Rolle. Die BZgA-Studie kommt zu dem Schluss, dass sehr junge Mädchen (bis 14 Jahre) weniger Verantwortungsbewusstsein zeigen als ältere Mädchen.

32 BZgA (Hg.) (1998): Jugendsexualität 1998, Köln, Bestellnummer 13 313 000
33 a. a. o., S. 48
34 a. a. o., S. 48

Vergleicht man die Ergebnisse der BZgA-Studie mit denen dieser Untersuchung zur sexualpädagogischen Mädchenarbeit, so ist erkennbar, dass die stärkere Bewertung des Themas „Verhütung" in der Mädchenarbeit (z.B. bei Jugendeinrichtungen) mit dem verantwortungsvollen Umgang mit Verhütungsmitteln korreliert. In der Praxis gehört die Aufklärung über die verschiedenen Verhütungsmittel zum Alltag in den meisten Jugend- und Mädcheneinrichtungen sowie in Schulen. Für diese Veranstaltungen werden häufig Mitarbeiterinnen aus Beratungsstellen (wie PRO FAMILIA-Beratungsstellen) eingeladen. Aber auch die Zahl der Mitarbeiterinnen, die sich für diese Arbeit qualifiziert haben, steigt. Der „Verhütungsmittelkoffer", früher noch als „PRO FAMILIA-Utensil" bekannt, findet sich heute in vielen anderen Einrichtungen.

6.2 Menstruation

46% der Befragten bewerten das Thema „Menstruation" als „wichtig" für die sexualpädagogische Mädchenarbeit; 38% finden es einigermaßen „wichtig" und 9% schätzen es als „unwichtig" ein. Spezifiziert nach Einrichtungskategorien zeigt sich, dass Beratungsstellen mit 73% diesem Thema eine höhere Priorität geben als Mädcheneinrichtungen mit 52%. Bei den Jugendeinrichtungen nimmt dieses Thema weniger Raum ein: 25% finden es „wichtig", aber 48% bewerten es mit „einigermaßen wichtig", und 10% messen diesem Thema keine besondere Bedeutung zu.

Im Vergleich zu 1996 lässt sich erkennen, dass bei den Jugendeinrichtungen die Bedeutung des Themas gesunken ist: 1996 bewerteten noch 58% das Thema mit „wichtig". Dieser Rückgang ist möglicherweise auf die Verschiebung der Altersstufen in den Jugendeinrichtungen zurückzuführen. Tendenziell erreichen diese Einrichtungen 1999 weniger Mädchen in den Altersgruppen 11 bis 13 Jahre und 14 bis 16 Jahre als noch 1996, so dass das Thema dadurch möglicherweise weniger nachgefragt wird.

Menstruation und Menarche auf ein rein „hygienisches Problem" zu reduzieren – und dies ist allzu häufig der Fall – verkennt die kulturelle und individuelle Bedeutung der Menstruation für Mädchen und Frauen. Die Menarche ist der Zeitpunkt, an dem ein Mädchen in die Welt der erwachsenen Frauen eintritt, ein Symbol also für Weiblichkeit und für weibliche Sexualität. In der Sexualwissenschaft und in der Jugendforschung taucht das Thema „Menstruation" nur selten auf, die Bedeutung für Mädchen und Frauen wird nicht erkannt. Sicher ist heute die Menstruation längst nicht mehr so schambesetzt wie in den 50er und 60er Jahren. Mädchen erleben heute ihre Menstruation zwar als „normal", aber nicht gleichzeitig als angenehm oder positiv. Anne Schwarz kommt in ihrer Studie „Mädchen auf ihrem Weg zu einer selbstbestimmten Sexualität"[35] zu dem Ergebnis:

35 Schwarz, A. (1998), S. 239

„(...) dass mit zunehmenden Menstruationserfahrungen die Haltungen aller Mädchen sich mehr oder weniger angleichen und insgesamt als negativ zu bezeichnen sind, verweisen auf dominierende und prägende Außeneinflüsse: Alle Mädchen erfahren mehr oder weniger stark ein Bagatellisieren ihrer Menarche und Menstruation, sie lernen sehr schnell, dass das besondere Ereignis versteckt bleiben muss und in der Jugendarbeit nicht öffentlich sichtbar gemacht werden darf. Die Menstruation ist auf ihre lästigen und unbequemen Seiten heruntergezähmt worden."

Dass sexualpädagogische Veranstaltungen für Mädchen zum Thema „Menarche und Menstruation" möglich sind, zeigen die Erfahrungen der Mädchen- und Frauengesundheitszentren sowie vieler autonomer Mädcheneinrichtungen.

„Bei Menstruationsveranstaltungen, die der MGL (der MädchenGesundheitsLaden, d. A.) regelmäßig für unterschiedliche Mädchengruppen veranstaltet, sind Mädchen immer wieder aufs höchste erstaunt und erfreut, dass es in anderen Kulturen und Epochen durchaus positive Menstruationsriten gab und die Blutung als positive Kraft und Potenz der Frau anerkannt und gefeiert wurde. Diese Reaktionen zeigen zum einen, wie negativ in unserer Kultur die Menstruation in Wahrheit besetzt ist und wie rasch Mädchen dies internalisieren, bzw. ihre eventuell vorhandene anfängliche Freude über die Menarche schon ‚vergessen' haben."[36]

6.3 Pubertät

58% der befragten Einrichtungen stufen die Pubertät als einen „wichtigen" Aspekt in ihrer sexualpädagogischen Mädchenarbeit ein. Nur 8% messen diesem Thema keine Bedeutung bei. Betrachtet man das Antwortverhalten der einzelnen Einrichtungskategorien, wird deutlich, dass besonders Beratungsstellen diesem Thema mehr Bedeutung beimessen als Jugendeinrichtungen und Mädcheneinrichtungen: 66% der Beratungsstellen, aber nur 56% der Mädcheneinrichtungen und 58% der Jugendeinrichtungen bewerten hier mit „wichtig". Ein Grund für die größere Relevanz in den Beratungsstellen ist sicher die stärkere Präsenz junger Mädchen in diesen Einrichtungen als z.B. in den Mädcheneinrichtungen.

Die Pubertät ist für Mädchen ein Lebensabschnitt, der einerseits gekennzeichnet ist durch körperliche Veränderungen, insbesondere durch das Einsetzen der Menstruation, und andererseits durch starke emotionale Schwankungen. Darüber hinaus werden Mädchen häufiger – z.B. aus Sorge vor sexuellen Übergriffen oder auch aus Angst vor ungewollter Schwangerschaft – von ihren Eltern in ihrer Mobilität und ihren Ablösungswünschen eingeschränkt. Wie Studien von Petra KOLIP belegen, werden Mädchen gerade in dieser Lebensphase häufiger krank als Jungen, ihr Medikamentenkonsum steigt und so genannte mädchenspezifische Gesundheitsstörungen wie Ess-Störungen, Menstruationsbeschwerden

6

36 SCHWARZ, A., ebenda, S. 239

etc. setzen ein. Dass diese Zunahme gesundheitlicher Probleme mit dem Erleben der Pubertät zusammenhängt, ist nachvollziehbar.[37] So betrachtet beinhaltet das Thema „Pubertät“ mehr als die körperlichen Veränderungsprozesse in diesem Lebensabschnitt:

„Die Pubertät bedeutet natürlich auch einen positiven Aufbruch. Sie birgt das Versprechen in sich, erwachsen zu werden, was mit großer Erregung, auch körperlicher Art, einhergehen kann. Sie ermöglicht zunehmend selbständige Erfahrungen jenseits des Familienverbundes und lässt Gleichaltrigenbeziehungen in ihrer Bedeutung anwachsen. Mit der besten Freundin die Welt zu entdecken, die alle Lust und Last mitträgt, mit ihr Geheimnisse zu teilen, mit ihr Hand in Hand durch die Straßen zu ziehen oder mit ihr zu tanzen, ist die pure Lust. Die ersten ‚Schmetterlinge im Bauch' in aufregenden und erregenden Begegnungen, sei es mit Mädchen oder Jungen, sind zweifellos ebenso ein erhebendes Lust-Gefühl – auch wenn die eventuelle Enttäuschung auf den Fuß folgt, und die himmelhochjauchzenden Gefühle ins Bodenlose stürzen lässt.“ [38]

Mädchen müssen in dieser Phase darin unterstützt werden, ein positives Gefühl zu ihrem eigenen Körper und mehr Selbstwertgefühl zu entwickeln, um die ersehnte und erwünschte Autonomie auch tatsächlich (er)leben zu können.

6.4 Gesundheit und Körper

66% der befragten Einrichtungen geben an, dass dieses Thema einen wichtigen Raum in ihrer Arbeit mit Mädchen einnimmt. Da die Beratungsstellen in der Regel weniger im Bereich der Gesundheitsprävention arbeiten, liegt deren Prozentanteil bei nur 60%. In Jugendeinrichtungen wird ebenfalls eher selten Gesundheitsprävention angeboten und dementsprechend liegt der Anteil der Einrichtungen, die dieses Thema mit „wichtig“ bewerten, bei 65%. Bei den Mädcheneinrichtungen liegt dieser Anteil jedoch bei 74%.

Dass Mädchen im Alter ab 12 Jahren ihren eigenen Gesundheitszustand schlechter einschätzen als gleichaltrige Jungen, wurde bereits im Kapitel „Pubertät“ angeführt. Dass dieser Erkenntnis ein geschlechtsspezifischer Ansatz in der Gesundheitsförderung bzw. -prävention folgen muss, ist naheliegend. In der Gesundheitsforschung werden zwei unterschiedliche Wege zu gesünderem Leben beschritten: Die klassische Prävention zielt ab auf Vermeidung von Krankheit bzw. auch von Risiken, wie z.B. Rauchen etc. Gesundheitsförderung „nimmt hingegen ihren Ausgangspunkt bei den Ressourcen. Sie fragt nicht danach, was Menschen krank macht, sondern was sie gesund erhält.“ Nach Petra Kolip besteht zwischen der Gesundheitsförderung und der Mädchenarbeit deshalb eine so große Nähe, weil auch in der Mädchenarbeit sich der ressourcen- oder stärkenorientierte Ansatz durchgesetzt habe. In beiden Konzepten gehe es darum, „Selbstbewusstsein und Selbstwertgefühl zu stärken und das eigene Leben in die Hand zu nehmen“.[39]

37 vgl. Kolip, P. (1999): Mädchengesundheitsförderung – warum? In: Institut für soziale Arbeit e.V. (Hg.): Betrifft Mädchen 1/99, S. 4ff.)

38 Preiss, D. u.a. (1996): „Mädchen – Lust und Last der Pubertät“, Frankfurt am Main, S. 17

39 Kolip, P., a.a.O., S. 6

Annette BOEGER von der UNIVERSITÄT ESSEN kommt in ihrer Literaturübersicht „Das Körperbild von Jugendlichen" zu dem Schluss:

„(...) dass sich Adoleszente beiderlei Geschlechts intensiv mit dem sich verändernden Körper befassen und für sie die Repräsentation ihrer Person durch ihren Körper von großer Bedeutung ist. Während Jungen jedoch die Entwicklungsaufgabe der Akzeptanz der eigenen Körperlichkeit (HAVIGHURST 1972) in der Weise lösen, dass sie in eher globaler Weise Körper und Erscheinungsbild bejahen und mit Stolz auf frühzeitige Veränderungen reagieren, zeigen Mädchen in erschreckender Weise ein äußerst kritisches, differenziertes und negatives Körperselbstbild, welches auch – im Gegensatz zu den Jungen – eng verbunden mit Selbstwertgefühl und Stimmungslage ist."[40]

Verschiedene von Annette BOEGER angeführte Studien zeigen aber auch, dass die körperliche Betätigung bzw. das sportliche Engagement sich auf das Körperbild der Mädchen positiv auswirken. Je stärker sie in ihrer Peergruppe mit sportlicher Betätigung engagiert sind, desto zufriedener sind sie mit ihrem Körper und desto selbstbewusster können sie mit ihm umgehen.

Für die sexualpädagogische Arbeit mit Mädchen, die einerseits zum Ziel hat, ein positives Körperbild als wichtige Voraussetzung für lustvolle Sexualität zu entwickeln und andererseits körperliches Selbstbewusstsein als präventive Kraft gegen sexuelle Gewalt zu fördern, können körper- und bewegungsorientierte Konzepte wie z.B. Wendo eine sinnvolle Bereicherung darstellen. BELL Z. E.V., Bielefeld, eine Einrichtung, die Wendo-Kurse auch für Mädchen anbietet, und PRO FAMILIA Bielefeld bieten z.B. gemeinsam sexualpädagogische Veranstaltungen für Mädchen in Kooperation mit Schulen oder Jugendeinrichtungen an.

„Mädchen und junge Frauen im Sport" ist der Titel der Grundlagenkonzeption der SPORTJUGEND NRW, die einerseits das Ziel hat, Mädchen stärker an die Vereinsarbeit vor Ort zu binden. Andererseits soll durch geschlechtsspezifische Angebote die Stärkung der Mädchen erreicht werden. Die Arbeitsgruppe „Mädchen und junge Frauen im Sport" entwickelte Konzepte für die sportliche Arbeit mit Mädchen und Fortbildungen für Übungsleiterinnen.

„Mädchen werden nur dann auf Sportvereine zugehen bzw. konstant deren Angebote nutzen, wenn sie mit ihrem je individuellen Sportverständnis und Sporttreiben anerkannt werden. Positive Rückmeldungen über sportliches Handeln auch im Verein können einen Beitrag zur Verbesserung des weiblichen Körper- und damit Selbstbildes sein. Je mehr sich Mädchen auf körperlicher Ebene zutrauen, desto intensiver werden sie am Sport teilhaben und sich in Sportvereinen engagieren können. Die Verbesserung der sportlichen Einstellung zu sich selbst und der daraus resultierende positive Einfluss auf die Gesamtpersönlichkeit der Mädchen wären ein wünschenswerter und notwendiger Beitrag der Sportvereine für die Mädchenarbeit."[41]

6

40 BOEGER, A. (1995): Das Körperbild von Jugendlichen. Eine Literaturübersicht. In: Psychomed 7, S. 111
41 SPORTJUGEND NW (1998): Abschlußbericht des Projektes zur Förderung mädchenorientierter Vereinsjugendarbeit, Oktober 1998, S. 50

6.5 Körperbild und Körperkult

„Mädchen erleben ihren Körper als integralen Bestandteil des eigenen Selbst. Sie drücken sich über ihn aus und bewältigen Gefühle und Konflikte damit nicht auf extrovertierte Weise, sondern indem sie sie mit, am und im Körper aushandeln." so Anja Wilser[42] vom Mädchengesundheitsladen Stuttgart. Über ihren Körper lernen Mädchen die Darstellung von Weiblichkeit und sie wollen ihren Körper er-leben, er-spüren, mit ihm experimentieren, ihre eigenen und die Grenzen anderer erproben und über sich selbst hinauswachsen. Die Bedeutung des Körpers als Experimentierfeld und „Konfrontationsmedium" zeigt sich besonders deutlich in der Piercing- und Tattoo-Mode sowie in der Techno-Szene. Die Auseinandersetzung mit den Normen und Werten der erwachsenen Gesellschaft und der Traum von ewiger Jugend scheinen im Bauchnabel-Piercing und in Extasy-Partys ihre Erfüllung zu finden.

Dass das Thema „Körperbild und Körperkult" für die Mädchenarbeit „wichtig" ist, bejahen 55% der befragten Einrichtungen, wobei besonders die Beratungsstellen mit 77% und die Mädcheneinrichtungen mit 65% dem zustimmen. Aber auch in den koedukativen Einrichtungen, d.h. in den Jugendeinrichtungen, geben 55% der Befragten an, dieses Thema sei „wichtig" für die Arbeit mit der eigenen Zielgruppe.

6.6 Ess-Störungen

Laut Jahrbuch des Deutschen Caritasverbandes war 1997 jede 5. bis 20. Frau in der Bundesrepublik von Ess-Störungen betroffen. Obwohl in der jüngsten Vergangenheit auch zunehmend Jungen und Männer essgestörtes Verhalten zeigen, kann man sagen, dass diese Form der Sucht eine frauenspezifische ist. Trotz der großen Verbreitung der Erkrankungsformen werden die gesundheitlichen Folgen und die hohe Mortalitätsrate immer noch unterschätzt. Der rigide Schlankheitswahn und die radikalen Schönheitsnormen in unserer Gesellschaft führen dazu, dass Mädchen und Frauen ihren Körper eher aus männlicher Perspektive betrachten und sich den gängigen Schönheitsidealen unterwerfen. Schlankheit wird zum Attribut von Attraktivität und Schönheit und ist Voraussetzung dafür, leistungsstark, begehrt und geliebt zu werden.

Die Beratungsstelle Anna Conda e.V. des Vereins Frauen helfen Frauen in Aachen führte von 1993 bis 1995 das Modellprojekt „Mädchen und Ess-Störungen – Erprobung von prophylaktischer Arbeit mit Mädchen und jungen Frauen, die Ess-Probleme/Ess-Störungen haben" im Auftrag der Landesregierung NRW durch. Ziel des Modellprojektes war die Entwicklung eines Präventionskonzeptes, das in Schulseminaren mit 13- bis 19-jährigen Schülerinnen umgesetzt wurde. Darüber hinaus wurden Möglichkeiten der

42 Wilser, A. (1999): Gesundheit ist, wenn ich mich wohlfühle, in: Betrifft Mädchen 1/1999, S. 11

therapeutischen Behandlung sowie erlebnisorientierte Methoden entwickelt und erprobt. Im Rahmen des Modellprojektes führten die Mitarbeiterinnen von ANNA CONDA eine Befragung von 406 Schülerinnen durch. Mit Hilfe eines Fragebogens wurden Daten zu Körper, Gewicht und Essverhalten erhoben. Darüber hinaus enthielt der Fragebogen auch Fragen hinsichtlich der familiären Situation, z.B. Rollenverteilung der Eltern etc. Alarmierendes Ergebnis dieser Untersuchung ist, dass 50% der Schülerinnen mit ihrem Gewicht nicht zufrieden sind, sich zu dick finden und das, obwohl 50% von ihnen im Bereich des Idealgewichtes liegen. Die meisten Mädchen finden ihre Oberschenkel, Po und Bauch zu dick, also Körperteile, die mit Weiblichkeit assoziiert werden.

Da die Auseinandersetzung mit dem Essverhalten immer auch eine kritische Beschäftigung mit gesellschaftlichen Normen und Rollenzuschreibungen bedeutet, sind es am ehesten die Mädcheneinrichtungen, die zu 52% das Thema für ihre Mädchenarbeit als „wichtig" beurteilen. Die Mitarbeiterinnen von Jugendeinrichtungen bewerten das Thema als „einigermaßen wichtig" (58%). Nur knapp ein Drittel der Befragten (32%) gibt in die Bewertung „wichtig" ab.

In der Kategorie der Beratungsstellen ist die Einschätzung nicht einheitlich. In Beratungsstellen, die vorwiegend Schwangerschaftskonfliktberatung oder auch Sexualberatung anbieten, nimmt das Thema eher eine untergeordnete Rolle ein. In Mädchen- und Frauengesundheitsläden oder Beratungsstellen für Opfer sexueller Gewalt hat das Thema eine größere Relevanz. Wie die Erfahrungen ähnlicher Beratungsstellen zeigen, ist die Prävention von gestörtem Essverhalten ein wichtiges Thema im Rahmen der (sexualpädagogischen) Mädchenarbeit. Sinnvoll ist die Zusammenarbeit mit den Facheinrichtungen und Fachfrauen, die neben der praktischen Arbeit mit Mädchen auch Multiplikatorinnenarbeit anbieten.

6.7 Identität und Persönlichkeit

93% der Mitarbeiterinnen bewerten dieses Thema als „wichtig". Auch differenziert nach den einzelnen Einrichtungskategorien ist dieses Themenfeld von zentraler Bedeutung. Das Ergebnis entspricht dem Resultat der Erhebung von 1996.

Cornelia HELFFERICH vertritt die Auffassung, dass zwar Mädchen (und Jungen) bereits im Kleinkindalter erkennen, dass sie Mädchen (oder Jungen) sind und mit ihrer Geschlechtszugehörigkeit auch bestimmte Vorstellungen verknüpfen, jedoch entwickeln sie erst im Alter von 10 bis 12 Jahren das, was als sexuelle Identität bezeichnet wird. Mädchen (und Jungen) übernehmen ihre Geschlechtsrolle nicht einfach, sondern gestalten diese in Auseinandersetzung mit anderen (Gleichaltrigen) und in Abgrenzung zu den Normen und Werten der Eltern selbständig.

„Um dem Bild eines modernen Mädchens zu entsprechen, sollen sie sexuell aktiv sein, aber keinesfalls zu früh oder zu häufig. Sexualität ist etwas, zu dem sich Mädchen ‚richtig' verhalten sollen, vor dem sie aber gleichzeitig gewarnt werden. Indikator für ‚richtige' Sexualität ist die erfolgreiche Verhütung. Selbstverantwortete Handlungsfähigkeit ist unter solchen Bedingungen nur schwer möglich." [43]

Sexualpädagogische Mädchenarbeit kann Mädchen darin unterstützen, die gesellschaftlichen Erwartungen und Normen, die an weibliche Sexualität gerichtet werden, zu hinterfragen. Sie kann sie darin bestärken, eine autonome sexuelle Identität, die auch das Diktat der Zwangsheterosexualität überwindet, tatsächlich in ihre Persönlichkeit zu integrieren.

6.8 Mädchenrolle

Die kritische Auseinandersetzung mit Geschlechtsrollenzuschreibungen und die Analyse patriarchaler Herrschaftsverhältnisse bilden die Basis für die emanzipatorische Mädchenarbeit, wie sie Anfang der 80er Jahre entwickelt wurde. Folglich bewertet der überwiegende Teil (80%) der Befragten das Thema als „wichtig". Besonders in den Mädcheneinrichtungen, die einem parteilichen, emanzipatorischen oder feministischen Konzept folgen, steht die Beschäftigung mit der Frauenrolle im Mittelpunkt (91%).

Wie bereits 1996 in der ersten Mädchenarbeitsexpertise festgestellt, hat sich in der Betrachtung der weiblichen Rollenzuschreibungen ein Paradigmenwechsel vollzogen: Mädchen werden nicht mehr als defizitäre Wesen gesehen, die sich dem männlichen Standard angleichen sollen, sondern ihre individuellen Stärken und die ihrer Geschlechtsrolle immanenten Ressourcen werden wahr- und angenommen. Mädchen können heute Friseurin oder auch Energieanlagenelektronikerin werden. Sie tanzen nicht nur vor den DJs, sondern versetzen selbst als DJs Hunderte von Mädchen und Jungen in Ekstase. Die Wahlmöglichkeiten für Mädchen sind zweifelsohne liberaler und vielfältiger geworden. Dennoch: Sich stylen, Klamotten, Musik, boy-groups, Diddles-Sammeln, Liebe und Sex sind auch heute typische Themen für Mädchen und weniger die Programmiersprachen von PCs, Mofa-Tuning oder half-pipes.

25 Jahre nach der neuen deutschen Frauenbewegung stellen die Mädchen die Erkenntnisse und Schlussfolgerungen ihrer Mütter und Pädagoginnen in Frage, d. h. in Anerkennung ihrer Leistungen und Errungenschaften glauben sie daran, dass heute, am Beginn des dritten Jahrtausends, die Offenheit der Geschlechtsrollenzuschreibungen für alle gilt.

Mädchenarbeiterinnen in der Praxis tun sich häufig schwer damit, trotz nach außen deklarierter Offenheit, diese Mädchen mit ihren eigenen Vorstellungen anzunehmen, sie

43 Helfferich, C. nach Schwarz, A. (1998): Mädchen auf ihrem Weg zu einer selbstbestimmten Sexualität, Frankfurt am Main, S. 100

also da abzuholen, wo sie stehen. Die Auseinandersetzung mit der Mädchen- und Frauenrolle impliziert doch noch zu einem gewissen Teil die Unterstellung patriarchaler Rollenzwänge. Mädchenarbeit heute, die ihre Zielgruppe erreichen möchte, darf vor allem nichts ausklammern: weder die traditionell-weiblichen Bedürfnisse der Mädchen noch die neuen Rollenbilder und Verhaltensmöglichkeiten. Von zentraler Bedeutung für Pädagoginnen ist hierbei die kritische Reflexion ihres pädagogischen und persönlichen Standpunktes zu dieser Diskussion. Sind Mädchen nur dann wirklich befreit, wenn sie alle Variationen typisch weiblichen Rollenverhaltens erfolgreich abgelegt und die männlichen Domänen erobert haben oder heißt emanzipatorische Mädchenarbeit vielmehr die tatsächliche Befreiung von Fremdbestimmung, auch von emanzipatorischer?

Es ist unbenommen, dass die Debatte um Geschlechtsrollenidentität und -zuschreibung politische und pädagogische Relevanz hat und noch längst nicht ausdiskutiert ist. Die Frage, der sich die Mädchenarbeit m.A. heute stellen muss, ist, wie sich vor dem Hintergrund der offenen Rollenzuschreibungen die pädagogische Arbeit zum Thema „Mädchenrolle" verändern muss oder soll, um Mädchen auf der Suche nach ihrer Rolle oder besser: Identität zu unterstützen und zu begleiten.

6.9 Weibliche Sexualität

Im Vergleich zu der ersten Mädchenarbeitsexpertise 1996 scheint das Thema „weibliche Sexualität" in allen Einrichtungen tendenziell an Bedeutung verloren zu haben. Bezeichneten 1996 noch im Durchschnitt 82% der befragten Einrichtungen dieses Thema als „wichtig" für die sexualpädagogische Mädchenarbeit, sind es 1999 nur noch 60%. Bei den Mädcheneinrichtungen hat das Thema allerdings nicht an Bedeutung verloren (78%). Mitarbeiterinnen von Jugendeinrichtungen messen dem Themenbereich in der aktuellen Befragung weniger Bedeutung bei. 52% der Befragten bewerten mit „wichtig" und 39% mit „einigermaßen wichtig".

„Manchmal wäre ich gern ein bisschen geiler – Sexuell befreit und doch nicht glücklich?" lautet der Titel eines Aufsatzes von Sonja DÜRING über die Ergebnisse der Studie „Jugendsexualität. Sozialer Wandel, Gruppenunterschiede, Konfliktfelder" von Gunter SCHMIDT et al.[44] Ein Ergebnis dieser Studie ist, dass vor allem westdeutsche Mädchen Sexualität weniger befriedigend und glücklich erleben als die Mädchengeneration davor.

„Das Ergebnis besagt doch erstmal nicht mehr, als dass sexuelle Befriedigung und die Möglichkeit und Fähigkeit, den heterosexuellen Akt zu vollziehen, nicht automatisch mit starken Gefühlen einhergeht. Man kann die Frage also andersherum stellen: Warum fühlten Jungen und Mädchen, die zum Befragungszeitpunkt in der DDR lebten, sich nach dem heterosexuellen Geschlechtsakt glücklich und wollen dieses Erlebnis so schnell wie

44 SCHMIDT, G. et al. (1993): Jugendsexualität. Sozialer Wandel, Gruppenunterschiede, Konfliktfelder, Hamburg

6

möglich wiederholen? (...) Ich möchte die Behauptung wagen, dass dies mit dem Stolz zusammenhängt, symbolisch zur Frau bzw. zum Mann geworden zu sein und dieses kulturelle Initiationsritual bestanden zu haben."[45]

Folgt man der Interpretation von Sonja DÜRING, so ist das scheinbar negative Ergebnis der „SCHMIDT-Studie" unter anderen Vorzeichen durchaus positiv zu deuten: Mädchen sind zum einen kritischer gegenüber der Sexualität mit Jungen geworden und fordern selbstbewusster die Befriedigung ihrer Bedürfnisse. Darüber hinaus gelten für die Mädchen der 90er Jahre nicht mehr die Normen der Zwangsheterosexualität und der genital-orientierten Sexualität, wie noch in der Generation davor. Sie sind offener geworden für andere sexuelle Orientierungen und Lebensweisen; Körperlichkeit und Erotik haben heute einen größeren Stellenwert, z.B. in der Techno-Szene.

Die PRO FAMILIA-Beratungsstelle Münster beobachtet eine Veränderung beim Wissen der Mädchen über Sexualität, die offensichtlich im Zusammenhang steht mit der Veröffentlichung und Zurschaustellung der Sexualität in den öffentlichen Medien. Mädchen wissen zwar heute bereits in der Pubertät, was SM ist, aber das grundlegende Wissen über weibliche Sexualorgane, sexuelle Erregbarkeit u.a. fehlt. Offensichtlich verändert hat sich der Erwartungsdruck in Hinblick auf sexuelle Praktiken. Hatten die Mädchen (und Jungen) früher eher Zeit und Raum eigene Erfahrungen zu sammeln, ihre sexuellen Bedürfnisse zu entdecken und ihre sexuelle Aktivität nach eigenen Wünschen und Grenzen zu gestalten, sehen sie sich heute Anforderungen bezüglich sexueller Praktiken gegenüber, denen sie nicht gewachsen sind. Wichtig ist daher, den Mädchen einerseits grundlegende Informationen über (weibliche) Sexualität zu geben und andererseits eine vertrauensvolle Atmosphäre zu schaffen, die es den Mädchen ermöglicht – ohne Druck durch zu hohe Erwartungen – eigenen Fragen zu stellen, ihr eigenes Tempo zu bestimmen und eigene Erfahrungen zu sammeln.

6.10 Selbstbefriedigung

„Beim Masturbieren (Onanieren) können wir unseren eigenen Körper erkennen und mit ihm experimentieren. Wir können lernen, welche sexuellen Phantasien uns erregen, welche Art von Berührung uns wo besondere Lust bereitet und wie viel Zeit wir brauchen. Wir sind nicht durch Rücksichtnahme auf die Bedürfnisse eines Partners oder einer Partnerin abgelenkt. Später können wir dann unsere Erkenntnisse unserem Partner (und unserer Partnerin, d.A.) mitteilen und zeigen."

So geschrieben 1980 in einem Grundlagenwerk der Frauenbewegung.[46] In den 70er und 80er Jahren enttarnten die Feministinnen den Mythos des vaginalen Orgasmus im FREUD'schen Sinne und entdeckten die Klitoris als eine wichtige Quelle sexueller Lust für Frauen und Mädchen. Die Selbstbefriedigung wurde von ihrem Tabu befreit und gewann

45 DÜRING, S. (1996): Manchmal wäre ich gern ein bisschen geiler, in PRO FAMILIA Magazin 5/96, S. 9
46 WOMEN'S HEALTH BOOK COLLECTIVE (1980): Unser Körper unser Leben, Boston, S. 297f.

an Bedeutung. Heute – 20 Jahre nach dem Erscheinen dieses Klassikers der deutschen Frauenbewegung – scheint sich die Masturbationserfahrung bei Mädchen und jungen Frauen wieder zu verändern.

In den „SCHMIDT-Studien“ von 1970 und 1980 beurteilen Mädchen ihre Onanieerfahrungen als lustvoll und befriedigend. In der Replikationsstudie von 1993 zeigt sich, dass nicht einmal jedes dritte westdeutsche Mädchen (29%) seinen ersten Orgasmus durch Selbstbefriedigung erlebt, dagegen ist dies bei 41% der Mädchen beim Petting und bei 25% der Mädchen beim Koitus der Fall. Bei den ostdeutschen Mädchen führt gar nur in 17% der ‚Fälle‘ die Selbstbefriedigung zum Orgasmus, gefolgt von Petting (26%), und mehr als die Hälfte aller Mädchen (55%) erleben ihren ersten Orgasmus beim Geschlechtsverkehr. „Die meisten Mädchen erleben ihren ersten Orgasmus also in einer Situation mit einem Partner (oder einer Partnerin). Andererseits ist die Zahl ‚Orgasmusunfähiger‘ Mädchen (und Frauen) ungleich höher als bei den Jungen und Männern. Die große Scheu vor der Selbstbefriedigung bei den Mädchen verschließt ihnen leider oft diesen dringend benötigten Freiraum für ungestörtes, experimentelles, lustvolles Kennenlernen und Erleben der Lustquellen ihres Körpers.“[47]

Im Rahmen ihrer Studie „Mädchen auf ihrem Weg zu einer selbstbestimmten Sexualität“ interviewte Anne SCHWARZ Hauptschülerinnen und Gymnasiastinnen über ihre Erfahrungen mit und Einstellungen zur Selbstbefriedigung. Sie stellte fest, dass für Gymnasiastinnen die Selbstbefriedigung weniger Relevanz hat als für Hauptschülerinnen, die diese eher bejahen und auch praktizieren. Sie stimmt in ihrer Beobachtung mit den Ergebnissen der „SCHMIDT-Studie“ von 1993 insofern überein, dass sie einen Rückgang an Onanieerfahrung bei den befragten Mädchen beobachtet.

Nun stellt sich die Frage, ob der Rückzug aus dieser Form der sexuellen Betätigung tatsächlich existent ist, oder ob die Mädchen – aus welchen Gründen auch immer – die Befragung zu diesem intimen Thema durch Negation der eigenen Erfahrungen boykottieren? Denkbar ist auch, wie Anne SCHWARZ erklärt, dass sich Mädchen dadurch, dass sie Selbstbefriedigung ablehnen und nicht praktizieren, gegen die Forderungen und Anforderungen an sexuelle Aktivität generell behaupten und so eine Einmischung in ihre Intimsphäre verhindern. Vielleicht definieren sie ihre autoerotischen Erfahrungen und Vorlieben auch einfach nur anders als die Erwachsenen (ForscherInnen).

Die vorliegende Befragung deutet darauf hin, dass das Thema „Selbstbefriedigung“ tendenziell das unwichtigste sexualpädagogische Thema in den befragten Einrichtungen ist. Das Thema „Selbstbefriedigung“ scheint also zumindest bei den Pädagoginnen in der sexualpädagogischen Mädchenarbeit tabuisiert zu sein. Nur 33% der befragten Mitarbeiterinnen stufen das Thema als „wichtig“ für ihre sexualpädagogische Mädchenarbeit ein. 50% halten es für „einigermaßen wichtig“.

6

47 BÜLTMANN, G. (1996), S. 90, vgl. SCHMIDT (Hg.) (1993)

Differenziert nach Einrichtungskategorien wird deutlich, dass das Thema am ehesten noch in den Beratungsstellen platziert ist. 80% der befragten Beratungsstellen halten es für ein „wichtiges" Thema. Nur 13% der Mitarbeiterinnen in Jugendeinrichtungen teilen diese Meinung. In den Mädcheneinrichtungen sind es immerhin noch 35% der Mitarbeiterinnen. 27% der Befragten in Jugendeinrichtungen halten „Selbstbefriedigung" sogar für ein „unwichtiges Thema".

Für die sexuelle Entwicklung von Mädchen und Frauen ist das Kennenlernen des eigenen Körpers, das Erkennen eigener Bedürfnisse und Wünsche und das Wissen darum, wie sie sich diese erfüllen können, wichtig für ein erfülltes und befriedigendes Sexualleben mit Partner oder Partnerin oder auch mit sich allein.

Die Ermutigung der Mädchen zur Selbstbefriedigung ist angesichts der Therapiehäufigkeit von Orgasmusstörungen bei Frauen für die sexualpädagogische Arbeit mit Mädchen durchaus erwägenswert. Gerade die Nähe des Themas zum Erleben von Sexualität oder deren Beeinträchtigung macht es für Beratungsstellen bedeutsam.

6.11 Sexuelle Orientierungen

In der Tendenz ist das Thema „sexuelle Orientierung" im Vergleich zu der ersten Erhebung 1996 in der Bedeutung eher gesunken. Von den befragten Einrichtungen gaben 1999 42% an, das Thema sei „wichtig" für die Arbeit mit den Mädchen; als „einigermaßen wichtig" bezeichneten es 50% und gänzlich „unwichtig" ist es für 8% der Befragten.

Auch hier zeigt sich, ähnlich dem Thema „Selbstbefriedigung", dass die Relevanz dieser Thematik in Beratungsstellen deutlich höher liegt als in Mädcheneinrichtungen und Jugendeinrichtungen. Für Jugendeinrichtungen ist anzumerken, dass jeweils 45% der Mitarbeiterinnen das Thema mit „wichtig" und „einigermaßen wichtig" benoten. Dieses Ergebnis unterscheidet sich nur geringfügig von dem aus 1996.

Bei den Mädcheneinrichtungen ist jedoch festzustellen, dass dieses Thema seit 1996 an Bedeutung verloren hat. Beurteilten 1996 noch 57% der Befragten in Mädcheneinrichtungen dieses Thema mit „wichtig", so stimmen 1999 dieser Benotung nur noch 23% zu. Für 65% der Mitarbeiterinnen ist das Thema 1999 nur „einigermaßen wichtig". Wie schon im Fragebogen 1996 ist auch im Fragebogen der vorliegenden Untersuchung nicht näher definiert, was unter „sexueller Orientierung" verstanden wird. Harald BETTENBROCK definiert den Begriff der sexuellen Orientierung folgendermaßen:

„Die sexuelle Orientierung bzw. Präferenz, also die sexuelle Anziehung durch das eigene (Homosexualität) oder andere Geschlecht (Heterosexualität) ist unabhängig von körperlichen Variablen. (...) Bei der sexuellen Orientierung müssen weitere Differenzierungen vorgenommen werden, um z.B. Phänomene wie die verschiedenen Formen bisexuellen Erlebens und Verhaltens erklären zu können." [48]

Normalität wird in unserer Gesellschaft immer noch mit Heterosexualität gleichgesetzt – auch wenn die bunten und schillernden Paraden der Lesben- und Schwulenbewegung anlässlich des Christopher Street Day in den Großstädten anderes vermuten lassen. Die öffentliche Präsentation und Zurschaustellung sexueller Vorlieben und Lebensweisen von Hetero-, Homo- und Bisexuellen ist eben kein Maßstab für deren gleichberechtigte Integration in eine heterosexuelle Gesellschaft.

„Zur eigenen Standortbestimmung gehört unabdingbar auch das Kennenlernen anderer Orientierungen. Erst wenn ein angemessenes Spektrum verschiedener Verwirklichungsebenen und Lebenskonzepte bekannt und zumindest in einigen Elementen auch einmal gelebt d. h. ausprobiert worden ist, kann eine Entscheidung getroffen werden. Etwas, mit dem man sich nie auseinander gesetzt hat, kann man hinsichtlich der Dignität für sich selbst auch nicht beurteilen.“[49]

Das visuelle Kennenlernen oder besser gesagt das voyeuristische Betrachten anderer sexueller Orientierungen wird in unserer Mediengesellschaft durch die große Palette der Fernsehsender ermöglicht, die hier vor allem eine exzellente Einnahmequelle entdeckt haben und oft nur vordergründig zur Liberalisierung und Anti-Diskriminierung beitragen.

Die Gründe für den Bedeutungsverlust des Themas „Sexuelle Orientierung“ für die Mädchenarbeit lassen sich im Rahmen der durchgeführten Untersuchung nicht klären, nur soviel ist sicher: Erschöpfend informiert sind Mädchen (und Pädagoginnen) über dieses Thema sicher nicht. Mädchen, die sich ihrer sexuellen Orientierung nicht sicher sind, brauchen Unterstützung und vor allem ein liberales Umfeld, das sie nicht als schillernde Besonderheiten stigmatisiert, sondern wahrhaftig annimmt.

6.12 Lesbische Liebe und Sexualität

In ihrer Studie „Sexualität und Kontrazeption aus der Sicht der Jugendlichen und ihrer Eltern“ aus dem Jahr 1983 stellen Schmid-Tannwald und Urdze fest, dass 5% der 14-jährigen, 6% der 15-jährigen, 10% der 16-jährigen und 13% der 17-jährigen Mädchen homosexuelle Erfahrungen haben, diese jedoch häufig einen Übergangscharakter haben, d.h. die Mädchen experimentieren mit und suchen nach ihrer sexuellen Orientierung. Von manifester homosexueller Orientierung sprechen die Forscher in diesem Zusammenhang noch nicht.[50]

6

48 Bettenbrock, H. (1992) in: Dunde, S. R. (Hg.): Handbuch Sexualität, Weinheim, S. 76

49 Bast, C. (1988): Weibliche Autonomie und Identität. Untersuchungen über Probleme von Mädchenerziehung heute, S. 159, nach Friedrich, M. (1993): Mädchen und AIDS, in: Schriftenreihe des BMG, Band 2, Baden-Baden, S. 45

50 vgl. Schmid-Tannwald, I., Urdze, A. (1983): Sexualität und Kontrazeption aus der Sicht der Jugendlichen und ihrer Eltern. Schriftenreihe des Bundesministeriums für Jugend, Familie und Gesundheit, Band 132, Stuttgart, S. 124 ff.

Anne SCHWARZ geht in ihrer bereits zitierten Studie davon aus, dass mindestens 5% der Mädchen im Alter von 12 bis 20 Jahren sexuelle Erfahrungen mit dem gleichen Geschlecht haben. Gleichzeitig stellt sie bei den Mädchen eine zunehmende Liberalisierung gegenüber Homosexualität fest.[51] Vor dem Hintergrund dieser Forschungsergebnisse wird deutlich, wie wichtig die Behandlung des Themas „Lesbische Liebe und Sexualität" für Mädchen im Alter zwischen 12 und 20 Jahren ist. Nach SCHMID-TANNWALD und URDZE ist immerhin davon auszugehen, dass jedes zehnte 16-jährige Mädchen homosexuelle Erfahrungen macht – und mit den sich daraus ergebenden Gefühlen, Verunsicherungen und Fragen weitgehend allein bleibt.

Die Mädchenarbeitsexpertise von 1996 zeigte, dass das Thema in der sexulapädagogischen Mädchenarbeit so gut wie gar nicht vorkam, außer in den Mädchen- und Fraueneinrichtungen und in den Beratungsstellen, in denen explizit Lesben arbeiten. Ebenso lag 1996 die Zielgruppe der lesbischen Mädchen nicht im Blickfeld der Pädagoginnen und wurde folglich in der Arbeit kaum berücksichtigt. Die aktuellen Befragungsergebnisse lassen den Schluss zu, dass das Thema „Lesbische Liebe und Sexualität" 1999 vermehrt und selbstverständlicher in der Mädchenarbeit vorkommt als noch 1996. 1999 beurteilen 34% der Befragten das Thema als „wichtig" für die Arbeit mit den Mädchen, 51% geben immerhin an, dass es „einigermaßen wichtig" ist und nur 15% halten das Thema für „unwichtig". Differenziert man dieses Gesamtergebnis nach Einrichtungskategorien, so fallen im Vergleich zu 1996 folgende Veränderungen auf:

48% der Mädcheneinrichtungen 1999 (1996: 52%) halten es für „wichtig", aber 52% bewerten es 1999 (1996: 33%) mit „einigermaßen wichtig". Keine Mädcheneinrichtung 1999, aber 15% der Mädcheneinrichtungen 1996 finden das Thema gänzlich „unwichtig".

Ein ähnlicher Trend ist in den Beratungsstellen zu verzeichnen: 20% 1999 gegenüber 55% 1996 halten das Thema für „wichtig", 67% 1999 und nur 35% 1996 erachten es als „einigermaßen wichtig" und 13% 1999 und nur 10% 1996 beurteilen es mit „unwichtig".

Auch in den Jugendeinrichtungen ist eine Trendwende zu beobachten: 26% 1999 gegenüber 34% 1996 geben dem Thema die Note „wichtig", aber 48% 1999 und nur 30% 1996 halten es für „einigermaßen wichtig". Nur noch 26% der Befragten 1999 erachten es gegenüber 36% 1996 als „unwichtig".

In den konfessionellen Einrichtungen zeigt sich, dass sehr viel mehr Einrichtungen dem Thema eine wichtige Bedeutung beimessen: 1999: 57% und 1996: 38%. „Einigermaßen wichtig" beurteilen es 1999 29% gegenüber 34% 1996 und „unwichtig" finden es 1999 nur noch 14% der Befragten im Vergleich zu 28% 1996.

Die Ergebnisse weisen darauf hin, dass das Thema „Lesbische Liebe und Sexualität" zwar einerseits seltener als „wichtig" bewertet wird, dass es aber gleichzeitig auch seltener als

51 SCHWARZ, A. s.a.a.O., S. 243 ff.

unwichtig erachtet wird, stattdessen aber zumeist als „einigermaßen wichtig" eingestuft wird. Dieser Trend kann darauf hinweisen, dass das Thema selbstverständlicher in die sexualpädagogische Arbeit mit Mädchen integriert wird als noch 1996. Interviews mit Expertinnen bestätigen diesen Trend: Die Beratungsstellen für homosexuelle Menschen werden tendenziell mehr kontaktiert und um Unterstützung und Aufklärung in Jugendzentren, Schulen und anderen Einrichtungen gebeten.

Die Sichtung und Auswertung der schriftlichen Dokumente und Konzepte zeigt, dass das Thema häufiger explizit in die Themenliste der sexualpädagogischen Mädchenarbeit aufgenommen wird als 1996 – und dies nicht nur in Beratungsstellen und Mädchenprojekten. Ein Beispiel hierfür ist die Dokumentation Mädchenwelten in Jugendverbänden des Landesjugendrings NRW. „Mädchen lieben Mädchen" lautet der Titel eines Kapitels, das einerseits die Situation lesbischer Mädchen in Jugendverbänden vorstellt, aber auch über lesbische Lebensweisen aufklärt:

„Schule und außerschulische Jugendverbandsarbeit sind in der Verantwortung, ihren Beitrag zu einer Sexualerziehung zu leisten, die es lesbischen Mädchen und auch schwulen Jungen leichter macht, im Rahmen ihres gewohnten Umfeldes ihr Coming-Out zu erleben. Lehrerinnen und PädagogInnen können positiven Einfluss nehmen, wenn sie für die Jugendlichen als Bezugspersonen zur Verfügung stehen und Vorbildfunktionen übernehmen, Orientierung und Information bieten. Das setzt voraus, dass diese MultiplikatorInnen sich selbst mit diesem wichtigen Thema – Liebe, Sexualität und Partnerschaft – beschäftigt und sich entsprechend weitergebildet haben." [52]

Lesbische Liebe und Sexualität ist im Vergleich zu 1996 heute weniger mit Tabus besetzt. Die repräsentative Bevölkerungsumfrage des Ministeriums für Frauen, Jugend, Familie und Gesundheit des Landes NRW[53] „Gleichgeschlechtliche Lebensweisen in NRW" kommt zu dem Ergebnis, dass 76% der befragten heterosexuellen Menschen in NRW Aufklärungsarbeit über homosexuelle Menschen durch die Landesregierung erwarten, 53% begrüßen dies sogar außerordentlich. Gleichzeitig wurde deutlich, dass die Probleme von Schwulen und Lesben in weiten Bevölkerungskreisen kaum wahrgenommen werden bzw. nicht bekannt sind. Gefragt nach Maßnahmen zur Aufklärung und Information wurden in der Mehrzahl Schulen und Betriebe genannt. Insgesamt ist laut Studie in der Gesellschaft im Allgemeinen eine große Aufgeschlossenheit gegenüber Lesben und Schwulen zu verzeichnen:

„Man kann also davon ausgehen, dass Lesben und Schwule im Großen und Ganzen, wenn sie in Erscheinung treten, bei Heterosexuellen Sympathie auslösen und positiv zu beeindrucken vermögen." [54]

52 Landesjugendring NRW (1999): Mädchen lieben Mädchen, Dokumentation Mädchenwelten in Jugendverbänden, S. 50
53 Ministerium für Frauen, Jugend, Familie und Gesundheit NRW (1999): Gleichgeschlechtliche Lebensweisen in NRW. Wahrnehmungen, Erfahrungen, Werthaltungen
54 ebenda, S. 2

Die schon im Kapitel 5.3 festgestellte größere Sensibilität für lesbische Lebensweisen entspricht der selbstverständlicheren Einbeziehung des Themas lesbische Liebe in die sexualpädagogische Mädchenarbeit. Es scheint, dass Pädagoginnen und Mädchen sich leichter und offener dem Thema zuwenden können, zumal auch in den Einrichtungen selbst eine stärkere Akzeptanz homosexueller Lebensweisen zu beobachten ist. Nötig und sinnvoll ist daher die Unterstützung und Qualifizierung von Pädagoginnen, die einerseits über lesbische Lebensweisen aufklären können und anderseits auch Ansprechpartnerinnen für betroffene Mädchen sind. Die vorhandenen Medien und Materialien für die sexualpädagogische Arbeit sollten daraufhin überprüft werden, ob sie lesbische und schwule Lebensweisen gleichberechtigt integrieren. Möglicherweise ist es auch sinnvoll, neue Materialien und Medien für die praktische Arbeit mit unterschiedlichen Zielgruppen in den diversen Einrichtungstypen zu entwickeln.

(Sexualpädagogische) Arbeit mit Mädchen – und natürlich mit Jungen – hat nach wie vor die unbedingte Pflicht, über Homosexualität zu informieren, für lesbische und schwule Gefühle zu sensibilisieren, Vorurteile und Ängste abzubauen, der Diskriminierung homosexueller Menschen entgegenzutreten und so Raum für lesbische und schwule Lebensweisen und -welten zu schaffen. Die festgestellte liberale Haltung sowohl in der Bevölkerung als auch bei den Pädagoginnen kann zwar als „Entwarnung" gewertet werden, jedoch sollte sie als Start und Chance für offensive Aufklärungs- und Informationsarbeit genutzt werden. Die Stimmung in unserer Gesellschaft ist einmalig positiv und offen gegenüber Homosexualität. Die Pädagogik sollte diese Chance unbedingt nutzen, um ihren wichtigen Beitrag auf dem Weg in eine gleichberechtigte Gesellschaft zu leisten.

6.13 Mädchen und Jungen

Die Bewertung dieses Themas in der vorliegenden Untersuchung ist im Vergleich zu 1996 nahezu identisch, zumindest in den Jugendeinrichtungen und in Einrichtungen konfessioneller Träger. In der Tendenz beurteilen Mädcheneinrichtungen und Beratungsstellen das Thema „Mädchen – Jungen" eher „wichtiger" als noch 1996. In jüngster Zeit ist in der Mädchenarbeit ein neuer Ansatz zu beobachten, den man mit dem Begriff der „reflexiven Koedukation", wie ihn Maria Anna Kreienbaum für die Schulpädagogik eingeführt hat, definieren könnte.[55] War (und ist) die Anwesenheit und Integration von Jungen in Mädchengruppen oder auch Mädcheneinrichtungen generell nicht erwünscht, ist doch bei einigen Mädchenarbeiterinnen eine Öffnung in Richtung „integrativer Koedukation" zu beobachten.

Für Mädchen in einer bestimmten Lebensphase (in der Regel ab 13 oder 14 Jahren) ist das andere Geschlecht von äußerst großem Interesse. Die Erfahrungen in der pädagogischen Praxis zeigen, dass Mädchen in diesem Alter häufig schlechter zu erreichen sind

55 vgl. Kreienbaum, A. M. (Hg.) (1999): Schule lebendig gestalten. Reflexive Koedukation in Theorie und Praxis, Bielefeld

oder auch die Einrichtungen, verlassen. In jüngster Zeit werden zunehmend Modelle erprobt, die versuchen die Mädchen durch die Integration der Jungen zu binden. Dass dieser Ansatz an Bedeutung gewinnt, zeigen auch die Ergebnisse dieser Studie für die geschlechtsspezifische Gruppenarbeit. Mitarbeiterinnen in Beratungsstellen und in Jugendeinrichtungen sind in der Regel tagtäglich mit der Präsenz der Jungen konfrontiert, sehen und erleben die Bedeutung, die die Auseinandersetzung mit Jungen für Mädchen hat. Mitarbeiterinnen in Mädcheneinrichtungen wissen zwar um die zentrale Bedeutung für die Mädchen, erlebten bisher aber eher selten auch die tatsächliche Begegnung und Auseinandersetzung beider Geschlechter in ihrem unmittelbaren Arbeitsfeld. Die Beschäftigung mit dem Verhältnis von Mädchen und Jungen ist in diesen Einrichtungen eher „theoretisch", wird aber nur selten praktisch erlebt.

Der MÄDCHENTREFF MADONNA in Berlin begann 1997 mit der bewussten Integration von Jungen. Ziel war und ist es, die Mädchen an die Einrichtung zu binden und sie in der direkten Auseinandersetzung mit den Jungen zu unterstützen, indem die kommunikative und soziale Kompetenz gefördert wird.

„Entwicklungsbegleitende beziehungsorientierte koedukative Arbeitsansätze lassen die Mädchen Schritt für Schritt lernen, was Freundschaft und Partnerschaft positiv bedeuten. Sie sind Teil geschlechtsspezifischer Gewaltprävention für die Bereiche sexuelle und familiäre Gewalt. (...) Der Besuch der Jungen ist begleitet von permanenten Trainings live vor Ort in Selbstbehauptung und Konfliktmanagement." [56]

„Lernen in Beziehungen" und „Lernen für Beziehungen" könnte als pädagogisches Motto über diesem Konzept stehen. Mädchen lernen Selbstbestimmung und Autonomie durch die Beziehungsbegleitung einerseits und durch ihre Beteiligung an den Entscheidungen für das Programmangebot andererseits. Dass Mädchen Unterstützung in den Aushandlungsprozessen mit Jungen brauchen, zeigt die Studie von Anne SCHWARZ: Die von ihr befragten Mädchen

„stehen also alle mehr oder weniger vor der Aufgabe, aktiv den Jungen vermitteln zu müssen, was sie wollen und noch mehr, was sie nicht wollen, denn viele Jungen scheinen ihre eigenen Unsicherheiten durch stillschweigende Grenzüberschreitungen zu kompensieren. Alle befragten Mädchen geben an, dass es das Beste sei, mit dem Betreffenden ‚darüber' zu reden, halten dies aber teilweise für zu schwierig und verlassen sich darauf, dass sie durch Körpersprache ihr Anliegen vermitteln können." [57]

Das Thema könnte vor diesem Hintergrund für die sexualpädagogische Praxis einen anderen Stellenwert bekommen: weniger Reden über Jungen und deren (typische) Verhaltensweisen und Rollenzuschreibungen, dafür mehr direkte Auseinandersetzung und gemeinsame Erfahrungen. So können positive Signale gesetzt werden auf dem Weg zu lebendigen und gleichberechtigten Beziehungen zwischen Mädchen und Jungen.

56 HEINEMANN, G. (1997): MaDonna Mädchenkultur e.V., Berlin, unveröffentlichter Jahresbericht, S. 9
57 a. a. O., S. 199

6.14 Partnerschaft

78% der Mädchen wünschen sich eine verbindliche, absolut treue, partnerschaftliche Beziehung, 5% stellen sich eher eine offene Beziehung vor, wo beide PartnerInnen das tun können, was sie wollen, und 11% der Mädchen bevorzugen eine unverbindliche Beziehung zu Jungen. Dies sind Ergebnisse der Wiederholungsbefragung „Jugendsexualität 1998“ der BZGA[58]. 63% der Mädchen, die mit einem festen Partner ihren ersten Geschlechtsverkehr erlebten, beschreiben diesen als ein schönes Erlebnis. Das positive Erleben des ersten Geschlechtsverkehrs sinkt mit dem Grad der Unverbindlichkeit der Beziehung.

Anne Schwarz kommt in ihrer bereits zitierten Studie zu dem Ergebnis, dass Mädchen die körperlich-sexuellen Anteile einer Beziehung zu Jungen vor allem dann genießen können, wenn ihre Grenzen von dem Jungen toleriert und respektiert werden. Respekt und Toleranz als grundlegende Voraussetzungen schaffen Vertrauen und Nähe und ermöglichen so positive sexuelle Erfahrungen für Mädchen und Jungen in hetero- wie in homosexuellen Partnerschaften.

Die Ergebnisse der vorliegenden Untersuchung im Vergleich zu 1996 zeigen, dass das Thema „Partnerschaft“ an Bedeutung gewinnt. Außer in den Jugendeinrichtungen wurde das Thema deutlich stärker als „wichtig“ bewertet. Besonders für die Mitarbeiterinnen in Beratungsstellen hat dieses Thema mit 86% sehr hohe Priorität. Ob diese stärkere Gewichtung auf eine Zunahme partnerschaftlicher Probleme zurückzuführen ist oder ob die Sensibilität für Beziehungsprobleme generell gestiegen ist – und damit meine ich auch die Sensibilität der Mädchen und jungen Frauen dafür, ob ihre Integrität in einer Beziehung gewahrt bleibt –, kann im Rahmen dieser Untersuchung nicht ermittelt werden.

Festzustellen bleibt aber wie schon 1996, dass Mädchen heute höhere Ansprüche an Beziehungen stellen und sensibler für Grenzüberschreitungen geworden sind, auch wenn sie diese häufig nicht zu verhindern wissen.

6.15 Schwangerschaft und Schwangerschaftsabbruch

Wie schon 1996 ist das Thema „Schwangerschaft und Schwangerschaftsabbruch“ auch 1999 eher nicht so wichtig für die befragten Einrichtungen. Dennoch: An Bedeutung gewonnen hat das Thema in den Jugendeinrichtungen. Statt 39% in 1996 beurteilten 55% 1999 das Thema mit „wichtig“.

58 BZGA (Hg.) (1998): Jugendsexualität 1998, Endergebnisse, Bestellnummer 13 313 000

Auch die Mitarbeiterinnen von Mädcheneinrichtungen sehen tendenziell die größere Wichtigkeit dieses Themas für die sexualpädagogische Mädchenarbeit: 39% bewerteten es 1996 mit „wichtig"; 1999 sind es 43%. 1996 waren es die Beratungsstellen, die dem Thema die höchste Priorität gaben: 58% der damals befragten Einrichtungen bewerteten es mit „sehr wichtig/wichtig"; 1999 sind es 60%.

11% der Mädchen trafen beim ersten Koitus keine Vorsorge zur Schwangerschaftsverhütung.[59] Die Zahlen für ungeschützten Geschlechtsverkehr liegen umso höher, je weniger die Mädchen ihren Partner kennen. „29% der Mädchen und 38% der Jungen treffen keine Vorkehrungen, wenn der erste Sexualpartner nur eine flüchtige Bekanntschaft ist."[60] Da diese Studie allgemein einen Anstieg ungeplanter, spontaner „erster Male" aufzeigt, ist möglicherweise auch mit einem Anstieg ungeplanter Schwangerschaften zu rechnen. Die Gruppe der 14- bis 16-jährigen Mädchen ist die stärkste Altersgruppe in allen Einrichtungskategorien: Sie machen in diesem Lebensalter häufig ihre ersten sexuellen Erfahrungen und erleben ihren ersten Geschlechtsverkehr. Im Hinblick auf die Vermeidung von Teenager-Schwangerschaften ist die Aufklärung über Menstruationszyklus und die Unverzichtbarkeit von Verhütungsmethoden sowie die Körperaufklärung von zentraler Bedeutung.

Arbeit mit minderjährigen Müttern

Mädchen, die tatsächlich in diesem Alter – gewollt oder ungewollt – schwanger werden und ihr Kind bekommen, brauchen eine weitaus speziellere Begleitung und Unterstützung. Für sie haben die Themen und Fragestellungen zur Familienplanung und Schwangerschaftsverhütung einen anderen Stellenwert als für Mädchen, die gerade erst beginnen, ihre Sexualität zu entdecken. Dass junge Mütter einen spezifischen Bedarf an sexualpädagogischer Begleitung und Beratung haben, ist naheliegend. Für sie stellen sich Fragen, wie sie künftig mit Verhütungsfragen umgehen wollen, welche Auswirkungen die erlebte Schwangerschaft auf ihre Sexualität und auf ihre Beziehung zu Jungen und Männern hat. Und nicht zuletzt sind die Orientierung in der neuen Mutterrolle und das gleichzeitige Bedürfnis, ganz „ungebunden" neue Erfahrungen machen zu können, Fragen, die sich diesen Mädchen tagtäglich stellen.

Die jungen Mütter, die nicht in speziellen Wohnheimen untergebracht sind, sondern bei ihren Eltern leben, fühlen sich u.U. von der Mädchengruppenarbeit nicht angesprochen, eben weil sie „anders" sind als die anderen Mädchen. Erreicht werden sie möglicherweise eher durch Beratungsstellen und Selbsthilfegruppen. Die Mädchen, die in Wohnheimen oder Wohngruppen leben, sind für die sexualpädagogische Arbeit eher erreichbar. Erfahrungen zeigen, dass die sexualpädagogische Arbeit mit dieser Zielgruppe im Kontext eines

59 s.a.a.O.
60 ebenda, S. 8

Wohnheimes eher „beiläufig und spontan" geschieht, eben so, wie die Mädchen dies benötigen.

Die Einrichtung CASA LUNA E.V. in Bremen betreut junge Mütter im Alter von durchschnittlich 17 Jahren. Laut Auskunft der hauptamtlichen Mitarbeiterinnen haben sich 70 bis 80% der Mädchen ganz bewusst für die Schwangerschaft entschieden, z.B. um sich aus schwierigen Familiensituationen zu lösen oder durch das Kind eine neue Aufgabe und eine neue Identität zu erhalten. Den Wunsch nach höherer Wertschätzung halten sie über die gesellschaftliche Anerkennung, die Mütter allgemein erfahren, für realisierbar.

Die sexualpädagogische Arbeit mit jungen Müttern beinhaltet neben der allgemeinen Aufklärung über Körper, Verhütung, Zyklus etc. auch Themen, die in der Arbeit mit kinderlosen Mädchen eher nicht vorkommen: sexuelle Lustlosigkeit nach der Geburt, Probleme mit dem Partner/Vater des Kindes, Veränderungen in der Beziehung durch die Elternschaft u.a. Wichtig ist, die Bemühungen und die Erfahrungen der jungen Mütter zu berücksichtigen und zu würdigen. Auch wenn diese Mädchen große Informationsdefizite haben – wie andere Mädchen auch – so ist es für sie als „erfahrene" Mütter umso schwieriger, diese Informationsdefizite zuzugeben. Bei den Pädagoginnen erfordert diese widersprüchliche Situation ein hohes Maß an Sensibilität.

Sehnsucht nach einem Kind

Schwangerschaft bzw. die Sehnsucht nach Schwangerschaft sind bislang eher vernachlässigte Themen in der sexualpädagogischen Mädchenarbeit. Dass sich junge Mädchen ganz bewusst – aus welcher Motivation auch immer – für ein Kind entscheiden und es auch bekommen, gilt (nicht nur in Fachkreisen) als schwer akzeptabel und in der Regel als unverantwortlich. Über die Motive der Mädchen gibt es häufig nur Vermutungen und wenig gesicherte Erkenntnisse. Welche Auswirkungen die frühe Mutterschaft auf die Lebens- und Beziehungsgestaltung sowie auf die Sexualität junger Mädchen und Frauen haben, findet sowohl in der sexualpädagogischen als auch in der feministischen Diskussion zu wenig Beachtung. Nach 25 Jahren Frauenbewegung ist die Sehnsucht nach Schwangerschaft möglicherweise verdeckt von den Errungenschaften dieser Bewegung: dem Recht auf Abtreibung und auf gleichberechtigte Erwerbstätigkeit.

Wichtig ist, dass Pädagoginnen diese Sehnsucht, die ihnen selbst als Frau häufig vertraut ist, nicht ausblenden oder tabuisieren, sondern anerkennen, dafür sensibel sind und die Mädchen, die sich für diesen Weg entscheiden, respektieren. Schwangerschaft und Schwangerschaftsabbruch sind zwei Seiten einer möglichen Konfliktsituation. Beide sind wichtig und sollten in der sexualpädagogischen Mädchenarbeit gleichberechtigt aufgegriffen werden – auch oder gerade mit jungen Mädchen.

6.16 Sexuelle Gewalt

Gewaltprävention ist nach wie vor ein zentrales Thema in der Mädchenarbeit, und dies nicht nur in Facheinrichtungen, wie z.B. Beratungsstellen für Opfer sexueller Gewalt. Die Bedeutung dieser Thematik in Beratungsstellen ist in der Tendenz im Vergleich zu 1996 eher gesunken. 60% der Befragten bewerteten 1999 mit „wichtig", 1996 waren es noch 79%. Die Mitarbeiterinnen aller anderen Einrichtungskategorien beurteilen das Thema relevanter als noch 1996:

1999:	**87% der Mädcheneinrichtungen**	**1996:**	**71%**
1999:	**77% der Jugendeinrichtungen**	**1996:**	**72%**
1999:	**86% der konfessionellen Einrichtungen**	**1996:**	**65%**

Dieser Bedeutungszuwachs kann sicher auf die öffentlich geführte Diskussion um sexu elle Gewalt gegen Kinder und Frauen zurückgeführt werden. Im Rahmen dieser Diskussion wird von Fachfrauen deutlich auf die Notwendigkeit präventiver Arbeit hingewiesen. Jugendeinrichtungen und Jugendverbände wie z.B. das Landesjugendwerk der bayerischen Arbeiterwohlfahrt beziehen im Positionspapier eindeutig Stellung zum Thema „Missbrauch und Gewalt":

„Das Jugendwerk als Vertreter der Interessen von Kindern und Jugendlichen wird daher:

- *Kinder und Jugendliche stärken in ihrer Identität und in ihrer Möglichkeit, sich zum einen zu schützen und zum anderen Hilfe zu verlangen, wenn dies nötig ist. (...)*
- *GruppenleiterInnen über dieses Thema informieren und professionelle Hilfs- und Unterstützungsmöglichkeiten aufzeigen. Sie sollen zum einen befähigt werden, sexuellem Missbrauch vorzubeugen und zum andern, wenn sie davon erfahren, angemessen darauf reagieren können, die Grenzen eigener Verantwortlichkeiten kennen und professionelle Hilfe im Bedarfsfall anfordern können.*
- *Dieses Thema als „Standard" für GruppenleiterInnenausbildungen aufnehmen. Arbeitseinheiten sollen modellhaft erstellt werden. (...)*
- *Die Sensibilität innerhalb des Jugendwerkes für dieses Thema erhöhen. (...)*
- *Ein für alle Jugendwerke gültiges Verfahren entwickeln, wie im Falle eines Missbrauchs innerhalb des Jugendwerks mit dem Täter/der Täterin umzugehen ist."* [61]

Das Forschungsprojekt „Sexuelle Aggressivität zwischen Jugendlichen" des Instituts für Psychologie der Universität Potsdam unter Leitung von Prof. Dr. Barbara Krahé kommt zu folgenden Ergebnissen:

6

61 Auszug aus dem Positionspapier „Sexueller Missbrauch" des Landesjugendwerkes der bayerischen Arbeiterwohlfahrt

„Fast ein Viertel der jungen Frauen gab an, schon einmal durch verbale Druckausübung gegen ihren Willen zum Petting gedrängt worden zu sein, fast jede fünfte Frau hat den Versuch erlebt, sie durch Androhung oder Einsatz körperlicher Gewalt zum Petting zu zwingen. Mehr als ein Viertel gab an, ein Mann habe versucht, sie durch die Verabreichung von Drogen oder Alkohol zu unfreiwilligem Geschlechtsverkehr zu bringen. Der Anteil derjenigen Frauen, die durch Androhung oder Einsatz körperlicher Gewalt zum Geschlechtsverkehr gezwungen wurden, lag bei 6,3 %." [62]

Untersucht wurden hier die Bedeutung negativer Kindheitserfahrungen und zwei Formen uneindeutiger Kommunikationsmuster „token resistance" (nein sagen, aber ja meinen) und „compliance" (ja sagen, aber nein meinen). Die Forschungsergebnisse lassen den Schluss zu, dass beide Kommunikationsmuster das Risiko, Opfer sexueller Gewalt zu werden, erhöhen. Deshalb ist eine intensivere Auseinandersetzung mit der Problematik sowohl in Hinblick auf die Identifizierung von Risikovariablen als auch in Hinblick auf die Entwicklung von Präventionsstrategien und -maßnahmen dringend erforderlich.

Gingen die Pädagoginnen besonders in Mädcheneinrichtungen 1996 noch stark von einem Defizitmodell aus, finden sich heute in der Praxis zunehmend Konzepte, die eher stärkenorientiert ausgerichtet sind. Sie beziehen die lustvolle Seite von Sexualität ein und vermitteln den Mädchen Stärke und Selbstbewusstsein, um sie dadurch als mögliche Opfer sexueller Aggression quasi „untauglich" zu machen.

Beispiele gelungener Präventionsprojekte

Ein gutes Beispiel ist in diesem Zusammenhang das Projekt „Powerchild" von KOBRA, der Beratungsstelle gegen sexuelle Gewalt in Stuttgart. „Powerchild" ist ein Präventionsprogramm, das von KOBRA entwickelt wurde und für Schulklassen ab der Grundschule angeboten wird. Neben der Fortbildung der LehrerInnen und der intensiven Schulung der Eltern arbeiten die PädagogInnen von KOBRA mit den Schulklassen geschlechtsspezifisch bzw. auch in gemischten Gruppen. Je nach Alter der TeilnehmerInnen ändern sich die Themenschwerpunkte, die als eine Art Baukastensystem konzipiert wurden. „Powerchild" beinhaltet auch für die GrundschülerInnen explizit das Thema „Sexualität und Lust". Strategien zur Stärkung des Selbstbewusstseins stehen in diesem Programm deutlich im Vordergrund. Christa Wanzeck-Sielert weist in diesem Zusammenhang darauf hin, dass die Zugänge zur Sexualität in der Auseinandersetzung mit Kindern derzeit häufig über negative Aspekte, über Gefahrenvermeidungs- und Präventionsabsichten erfolgen (Nein sagen). Das Ansprechen der bejahenden und lustvollen Seite von Sexualität (Ja sagen/Wollen) dagegen wird oft vermieden und kommt zu kurz.[63]

62 Krahé, B. (1999): Sexuelle Aggression zwischen Jugendlichen: Prävalenz und Prädiktoren, in: BZgA (Hg.): Forschung und Praxis der Sexualaufklärung und Familienplanung. Wissenschaftliche Grundlagen Teil 2 – Jugendliche, Band 13.2, Köln, S. 105

63 Wanzeck-Sielert, C. (1997): Der Missbrauchsdiskurs und seine Auswirkungen auf Sexualität und Sexualerziehung, in: BZgA (Hg.): FORUM Sexualaufklärung und Familienplanung, Heft 1/2 - 1997

Das Mädchenprojekt „Selma“ in Rostock stützt seine Präventionsarbeit nach sieben Jahren Praxis auf drei tragende Säulen:

1. Fort- und Weiterbildung von professionellen HelferInnen,
2. Entwicklung präventiver Angebote für Mädchen und
3. Kooperation und Vernetzung mit anderen Institutionen, z.B. auch mit der Kriminalpolizei.

Zusammen mit der Regisseurin Christina PERINCIOLI entwickelte „Selma“ das interaktive Computerspiel „Selma – Ein Computer-Adventure aus dem richtigen Leben“, das den Mädchen in zeitgemäßer Form vermittelt, wie die verschiedenen Institutionen ihnen weiterhelfen können.

Speziell an Haupt- und Sonderschülerinnen ab 15 Jahren wendet sich das Projekt „Mädchen zwischen Flirt und Anmache“, das der LANDKREIS CELLE durchführt. Betont werden in diesem Konzept die positiven und negativen Seiten von Sexualität:

- *„Ausprobieren von lustvollem Begreifen*
- *Sich Freiräume zum selbstbewussten Körpererleben und Draufgängertum nehmen*
- *Sich als aktives Subjekt in der Begegnung mit Jungen erleben*
- *Verantwortung für den eigenen Körper übernehmen*
- *Mädchen stärken und fördern*
- *Negative Gefühle wahrnehmen und zulassen*
- *Grenzen spüren, wahrnehmen, erkennen und setzen*
- *Grenzverletzungen und Übergriffe abwehren*
- *Auf die innere Stimme hören und sie stärken“* [64]

Die Erfahrungen der Pädagoginnen zeigen, dass besonders Hauptschülerinnen ein großes Interesse am Austausch mit anderen Mädchen (und Jungen) haben.

„Für mehr Mut für Mädchen
Und warum? Weil Mädchen-Sein Mut braucht.
... weil Mädchen oft zu wenig Menschen haben, die ihnen Mut machen.
... weil Mädchen kaum Platz für ihre Träume haben.
... weil Mädchen nicht mehr auf Kinderschuhe stehen, es sich aber barfuss manchmal schlecht geht.
... und weil Mädchen oft auf den Prinzen warten, statt sich selbst auf die Suche zu machen.“ [65]

Die 1996 festgestellte Polarisierung zwischen sexualpädagogischer Mädchenarbeit einerseits und gewaltpräventiver Arbeit andererseits scheint sich tendenziell zugunsten eines integrativen Konzepts aufzulösen.

64 aus: Landkreis Celle: Mädchen zwischen Flirt und Anmache. Unveröffentlichtes Manuskript
65 aus der Broschüre „Ein Tiger sein, wenn mich einer haut. Für Mädchen ... für mehr Mut“ von den Frauenbeauftragten des Landkreises Ammerland, Oldenburg, Wesermarsch und der Städte Delmenhorst und Oldenburg

Aggressionspotenziale bei Mädchen

Wenig Beachtung findet im pädagogischen und wissenschaftlichen Kontext die (sexuelle) Aggressivität der Mädchen selbst. Die Gewaltbereitschaft von Mädchen scheint in jüngster Zeit dramatisch zuzunehmen. Betroffen sind vor allem Mädchen aus Wohngebieten mit großen sozialen Problemen. Die Motive der Mädchen, deren gewalttätige Angriffe sich in erster Linie gegen andere Mädchen richten, sind häufig Verlustängste und Eifersucht. Dass Mädchen auch zu Täterinnen sexueller Gewalt gegen Mädchen und Jungen werden können, ist zwar bekannt, aber bis heute kaum erforscht.

Mädchen sind nicht immer nur Opfer, sie können sowohl Täterinnen als auch Mittäterinnen sein. Notwendig und sinnvoll ist es, alle Aspekte der Gewalt-Debatte in die Auseinandersetzung um sexuelle Gewalt und deren Prävention einzubeziehen.

6.17 Selbstverteidigung und Selbstbehauptung

Aufgrund der Beobachtung, dass sehr viele Einrichtungen Selbstbehauptungs- und Selbstverteidigungskurse für Mädchen und Frauen anbieten, wurde in der vorliegenden Erhebung dieses Thema separat aufgeführt. Die Bedeutung dieses Themas für die befragten Einrichtungen entspricht in etwa der Bewertung des Themas „Sexuelle Gewalt". Eine Ausnahme bilden hier die Beratungsstellen, die aufgrund ihrer Beratungs- und Therapiearbeit eher zum Thema „Sexuelle Gewalt" (z.B. mit Opfern) arbeiten als dass sie Selbstverteidigungskurse durchführen. Präventive Arbeit heißt in der Regel auch, den Mädchen nicht nur Theorie, sondern vor allem praktische Erfahrungen und positive Erlebnisse zu vermitteln.

Seit 1996 ist die Zahl der Einrichtungen, die Selbstbehauptungs- und Selbstverteidigungskurse für Mädchen und junge Frauen anbieten, gestiegen. Stark verbreitet ist Wendo (Weg der Frau), ein Selbstverteidigungskonzept von Frauen für Frauen und Mädchen.

„Wendo vermittelt wirksame, schnell erlernbare Techniken aus ostasiatischen Methoden der Selbstverteidigung und des Kampfsportes. Ausgewählte Schläge und Tritte, Abwehrtechniken und Befreiungsgriffe, die von Mädchen wirksam angewendet werden können." [66]

Wendo richtet sich an Mädchen und Frauen jeden Alters, jeder Nationalität und mit oder ohne Beeinträchtigungen. Mädchen stehen dabei im Zentrum. Ihre bereits vorhandenen Stärken und Möglichkeiten zur Gegenwehr sollen gestärkt und ihre Schwächen und Unsicherheiten ausgeglichen werden. Wendo ist ganz und gar parteilich gegenüber den Mädchen, und darin liegt auch m.E. die Stärke und Effizienz dieses Programms. Ohne die geringste Ambivalenz und Doppeldeutigkeit vermittelt es den Mädchen, dass ihnen das Recht zu einem „Nein" zusteht und „Nein" auch „Nein" bedeuten muss.

66 aus dem Veranstaltungsprogramm 1998 von Tritta e.V., Verein für feministische Mädchenarbeit e.V., Freiburg

Die öffentliche Diskussion über die Gewalt an Mädchen und Frauen sowie der Erfolg präventiver Maßnahmen, wie z.B. der Wendo-Technik oder anderer Selbstbehauptungskonzepte, führten in der jüngsten Vergangenheit dazu, dass diese Maßnahmen durch öffentliche Träger gefördert werden. So bietet das SCHULMINISTERIUM DES LANDES NRW seit 1997 die Finanzierung von Selbstverteidigungs- und Selbstbehauptungskursen für Schülerinnen an. Diese werden im Fall der Bewilligung von den Schulen in Kooperation mit Trainerinnen oder entsprechenden Einrichtungen durchgeführt. 1999 wurde dieses präventive Projekt auf die Arbeit mit Jungen ausgedehnt.

Auch Polizeibehörden beschäftigen ihrerseits speziell geschulte Präventionsfachkräfte in eigens eingerichteten Abteilungen. Diese bieten verstärkt Selbstverteidigungskurse für Mädchen und Frauen in Schulen, Jugendzentren, Sportvereinen sowie eigene Veranstaltungen an.

6.18 Berufsfindung und Lebensplanung

Um eine Einschätzung zu erhalten, welche Bedeutung andere, nicht unmittelbar zu den sexualpädagogischen zählenden Themen für die praktische Mädchenarbeit haben, wurden exemplarisch die Aspekte „Lebensplanung und Berufsfindung“ in die Befragung aufgenommen.

Für 75% der befragten Einrichtungen ist die Auseinandersetzung mit der Berufs- und Lebensplanung „wichtig“. 11% bewerteten das Thema als „einigermaßen wichtig“ und 14% der befragten Mitarbeiterinnen findet es gänzlich „unwichtig“. In der letzten Gruppe befinden sich hauptsächlich die Beratungsstellen, denn die hier befragten Beratungsstellen arbeiten – ihrem Auftrag entsprechend – in erster Linie im Bereich der Sexualaufklärung, in der Prävention sexueller Gewalt, Gesundheitsberatung o.ä. Themen.

Die Unterstützung von Mädchen in Fragen der Berufsorientierung und Berufswahl ist besonders wichtig in Zeiten, in denen durch hohe Arbeitslosigkeit die Orientierungsunsicherheit bezüglich der Berufswahl steigt. Da die Perspektiven in Hinblick auf Ausbildung und Arbeitsplatz gerade für Mädchen in den neuen Bundesländern zur Zeit denkbar schlecht sind, hat das Thema „Berufsorientierung“ in den Einrichtungen der neuen Bundesländer eine hohe Priorität. Deutlich wird dies auch durch die stärkere Förderung seitens staatlicher Stellen, z.B. seit 1999 durch das Zukunftsprogramm der BUNDESREGIERUNG zur Bekämpfung der Jugendarbeitslosigkeit oder durch spezifische Förderungsprogramme im Europäischen Sozialfonds. Bestätigt wird diese Tendenz der verstärkten Inanspruchnahme solcher Mittel in der Auswertung zur Finanzierung der Mädchenarbeit im Kapitel 3. Für Mädchen in den neuen Bundesländern hat das Thema „Berufsorientierung“ eine andere Bedeutung als für Mädchen in den alten Bundesländern. Mit ihrer „ostdeutschen Sozialisation“, die geprägt war (und ist) durch die selbstverständliche Erwerbstätigkeit der Mütter, ist die Berufstätigkeit zusätzlich zur Familienarbeit für Frauen gesellschaftlicher Standard. Seit der Wiedervereinigung sind sehr viele Frauen zwischen 45 und 60 Jahren arbeitslos geworden, eine Situation, die sie als ehemals erwerbstätige Familienfrauen nicht verarbeiten können. Die Selbstverständlichkeit, mit der in der ehemaligen DDR die Vereinbarkeit von Erwerbs- und Familienarbeit für Frauen Realität war, ist in den alten (und neuen) Bundesländern noch lange nicht erreicht.

6.19 Zusammenfassung

Bei allen Einrichtungen, deren Angaben in die Auswertung der Themen eingegangen sind, sind unter den drei meistgenannten sexualpädagogischen Themenschwerpunkten „Mädchenrolle“, „Identität“ und „sexuelle Gewalt“. Die drei unwichtigsten Themen in der Gesamtauswertung dieser Fragestellung (Bezugsgröße: Anzahl der Bewertungen „sehr wichtig“ und „wichtig“) sind die Schwerpunkte „Ess-Störungen“, „lesbische Liebe und Sexualität“ und auf dem letzten Platz rangiert „Selbstbefriedigung“ (vgl. Abb. 66, S.132).

Wie auch 1996 festgestellt, ergibt sich die unterschiedliche Gewichtung einiger Themen in den einzelnen Einrichtungskategorien aus dem spezifischen Auftrag der Einrichtungen. So steht auch 1999 die Auseinandersetzung mit der Geschlechtsrolle und der sexuellen Identität sowie mit der gesellschaftlichen Rolle als Mädchen – auch im Verhältnis der Geschlechter zueinander – im Mittelpunkt der parteilichen, emanzipatorischen oder auch feministischen Mädchenarbeit. Der Beratungsauftrag, dem Beratungsstellen wie z.B. PRO FAMILIA, aber auch Mädchengesundheitszentren oder Beratungsstellen für Opfer sexueller Gewalt unterliegen, präferiert eher Sexualaufklärung mit ihrem jeweils spezifischen Blick auf die weibliche Sexualität. Koedukative Einrichtungen stellen die Identitätsbildung der Mädchen ebenso in den Vordergrund wie z.B. Mädcheneinrichtungen.

Ob das Fazit von 1996 – „Von wenigen Ausnahmen abgesehen werden die für die sexualpädagogische Arbeit mit Mädchen als wichtig erachteten Themen letztendlich von der beruflich-biographischen Herkunft der Mitarbeiterinnen der Mädchenarbeit bestimmt. Ihre Orientierung und ihr Selbstverständnis schlägt sich sowohl in den Einrichtungen als auch in den inhaltlichen Schwerpunkten ihrer Arbeit nieder.“[67] – auch für 1999 noch zutrifft, ist aufgrund der Themenbewertung nicht eindeutig festzustellen. Auch hier ist die tendenzielle Auflösung der Polarisierung in Mädchenarbeiterinnen und Sexualpädagoginnen in der größeren Streuung der Bewertungen der unterschiedlichen Einrichtungskategorien zu beobachten. Der These von 1996 „Mädchenarbeiterinnen sehen vor allem die sexuelle Gewalt und Sexualpädagoginnen betonen die Lust“ kann auf der Grundlage der neuen Erkenntnisse nicht mehr zugestimmt werden. Sicher ist diese Polarisierung in einzelnen Themenschwerpunkten oder auch in der Arbeit mit einer spezifischen Klientel noch präsent. Aber deutlich wird die Annäherung sowohl in der pädagogischen Haltung als auch in den sexualpädagogischen Inhalten.

67 Bültmann, G. (1996): Sexualpädagogische Mädchenarbeit, S. 109

Abb. 67

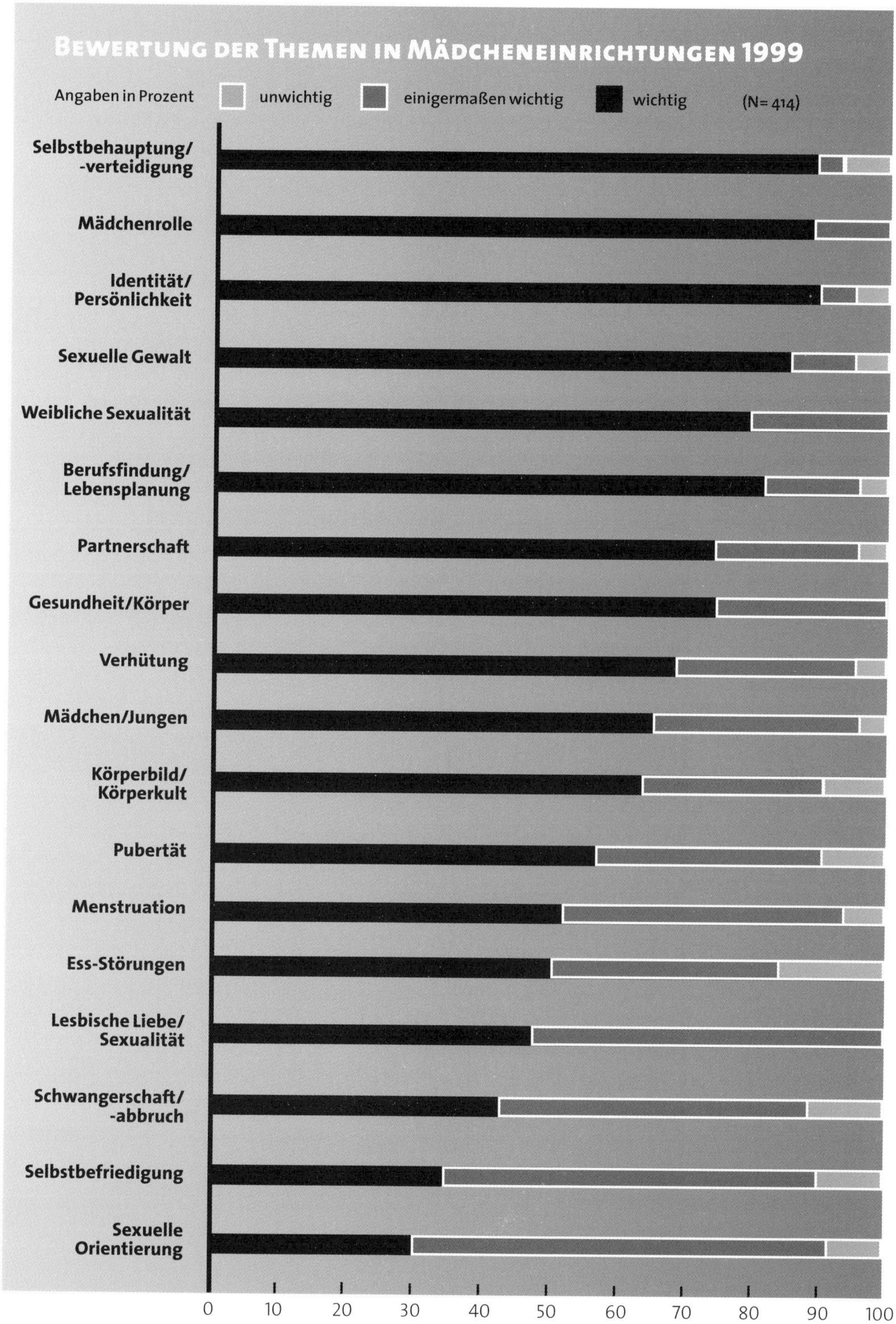
Bewertung der Themen in Mädcheneinrichtungen 1999
Angaben in Prozent
unwichtig
einigermaßen wichtig
wichtig
(N= 414)
Selbstbehauptung/ -verteidigung
Mädchenrolle
Identität/ Persönlichkeit
Sexuelle Gewalt
Weibliche Sexualität
Berufsfindung/ Lebensplanung
Partnerschaft
Gesundheit/Körper
Verhütung
Mädchen/Jungen
Körperbild/ Körperkult
Pubertät
Menstruation
Ess-Störungen
Lesbische Liebe/ Sexualität
Schwangerschaft/ -abbruch
Selbstbefriedigung
Sexuelle Orientierung
0
10
20
30
40
50
60
70
80
90
100

6

Abb. 68

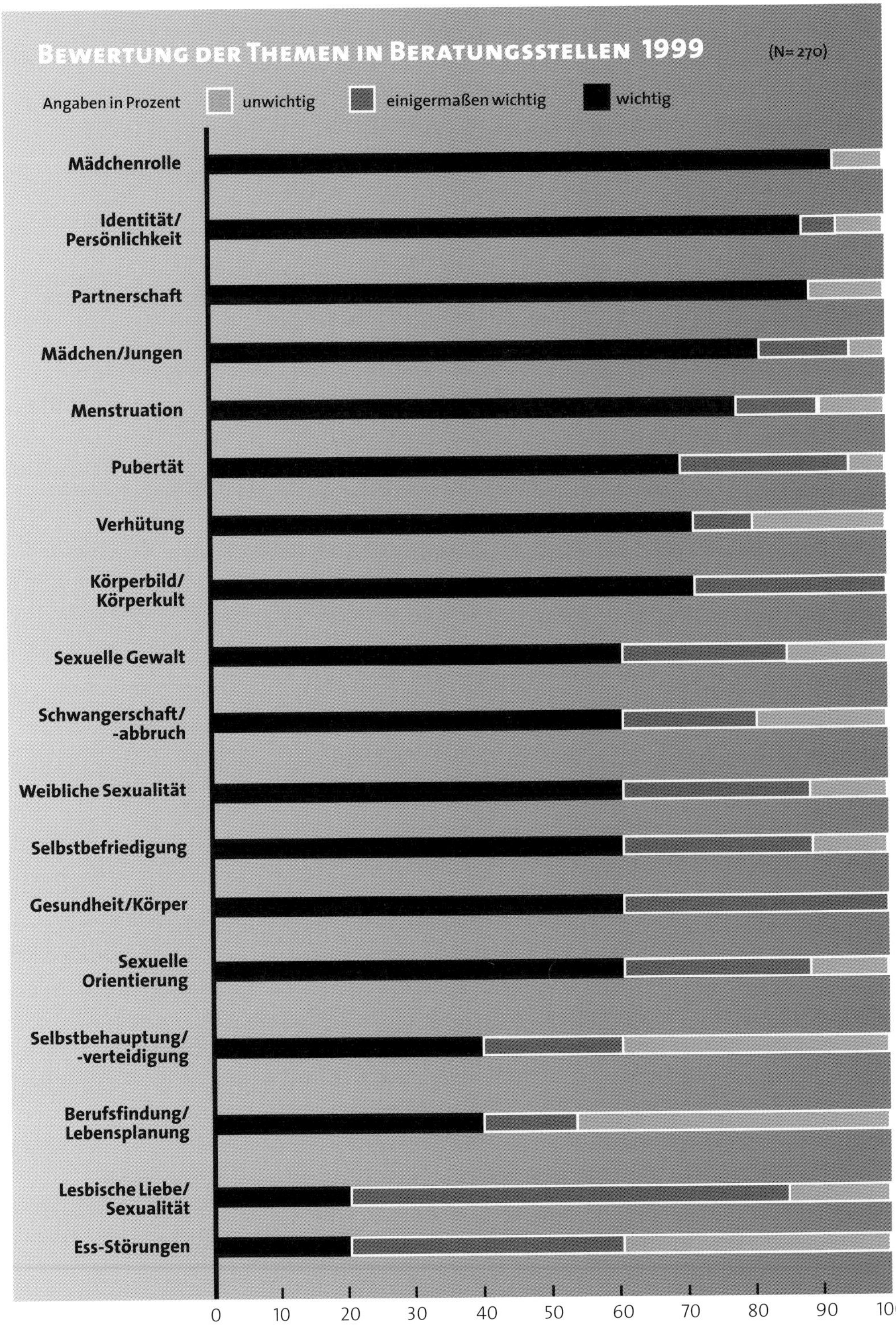
BEWERTUNG DER THEMEN IN BERATUNGSSTELLEN 1999
(N=270)
Angaben in Prozent
unwichtig
einigermaßen wichtig
wichtig
Mädchenrolle
Identität/ Persönlichkeit
Partnerschaft
Mädchen/Jungen
Menstruation
Pubertät
Verhütung
Körperbild/ Körperkult
Sexuelle Gewalt
Schwangerschaft/ -abbruch
Weibliche Sexualität
Selbstbefriedigung
Gesundheit/Körper
Sexuelle Orientierung
Selbstbehauptung/ -verteidigung
Berufsfindung/ Lebensplanung
Lesbische Liebe/ Sexualität
Ess-Störungen
0
10
20
30
40
50
60
70
80
90
100

Abb. 69

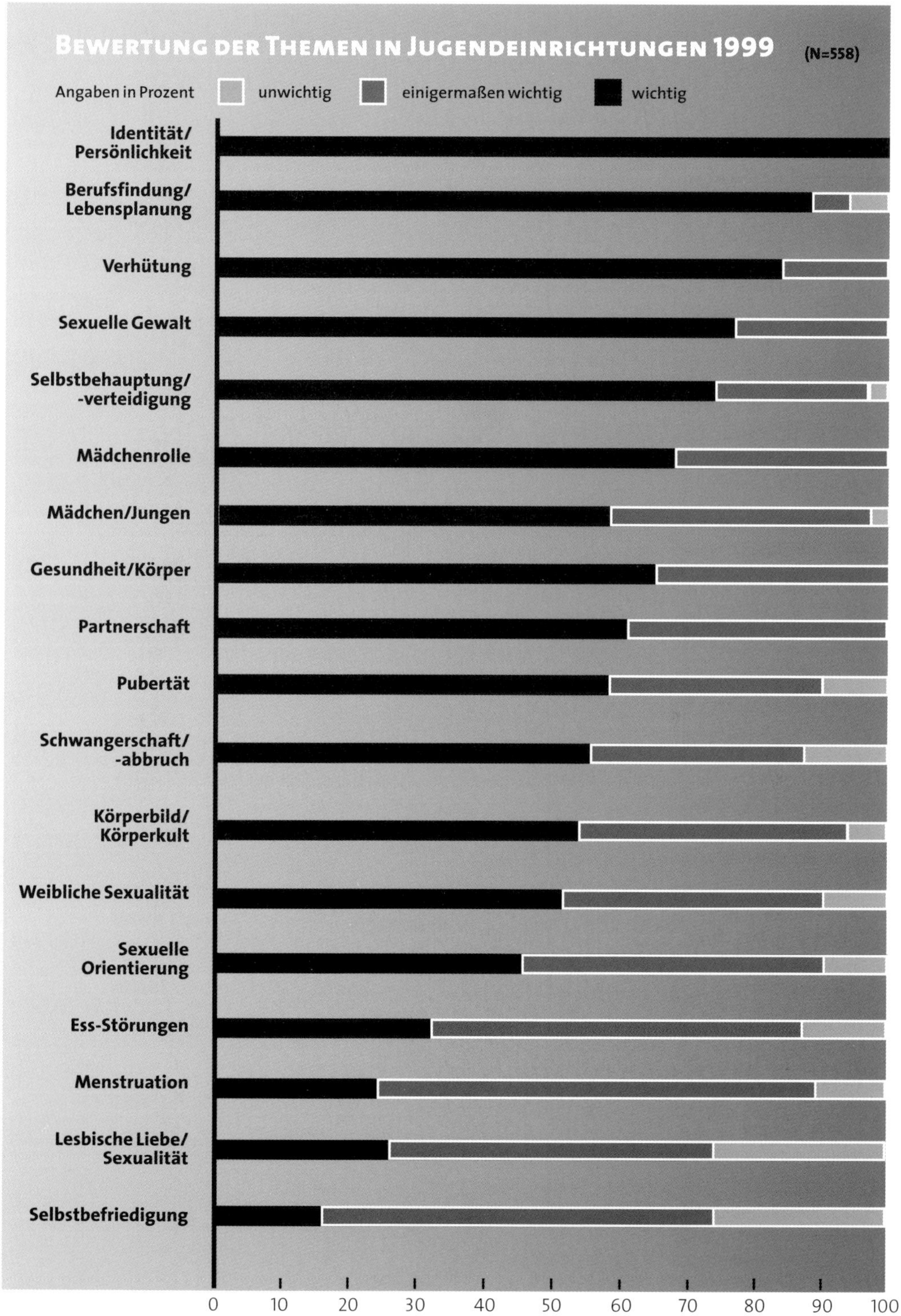
Bewertung der Themen in Jugendeinrichtungen 1999
(N=558)
Angaben in Prozent
unwichtig
einigermaßen wichtig
wichtig
Identität/ Persönlichkeit
Berufsfindung/ Lebensplanung
Verhütung
Sexuelle Gewalt
Selbstbehauptung/ -verteidigung
Mädchenrolle
Mädchen/Jungen
Gesundheit/Körper
Partnerschaft
Pubertät
Schwangerschaft/ -abbruch
Körperbild/ Körperkult
Weibliche Sexualität
Sexuelle Orientierung
Ess-Störungen
Menstruation
Lesbische Liebe/ Sexualität
Selbstbefriedigung
0
10
20
30
40
50
60
70
80
90
100

Abb. 70

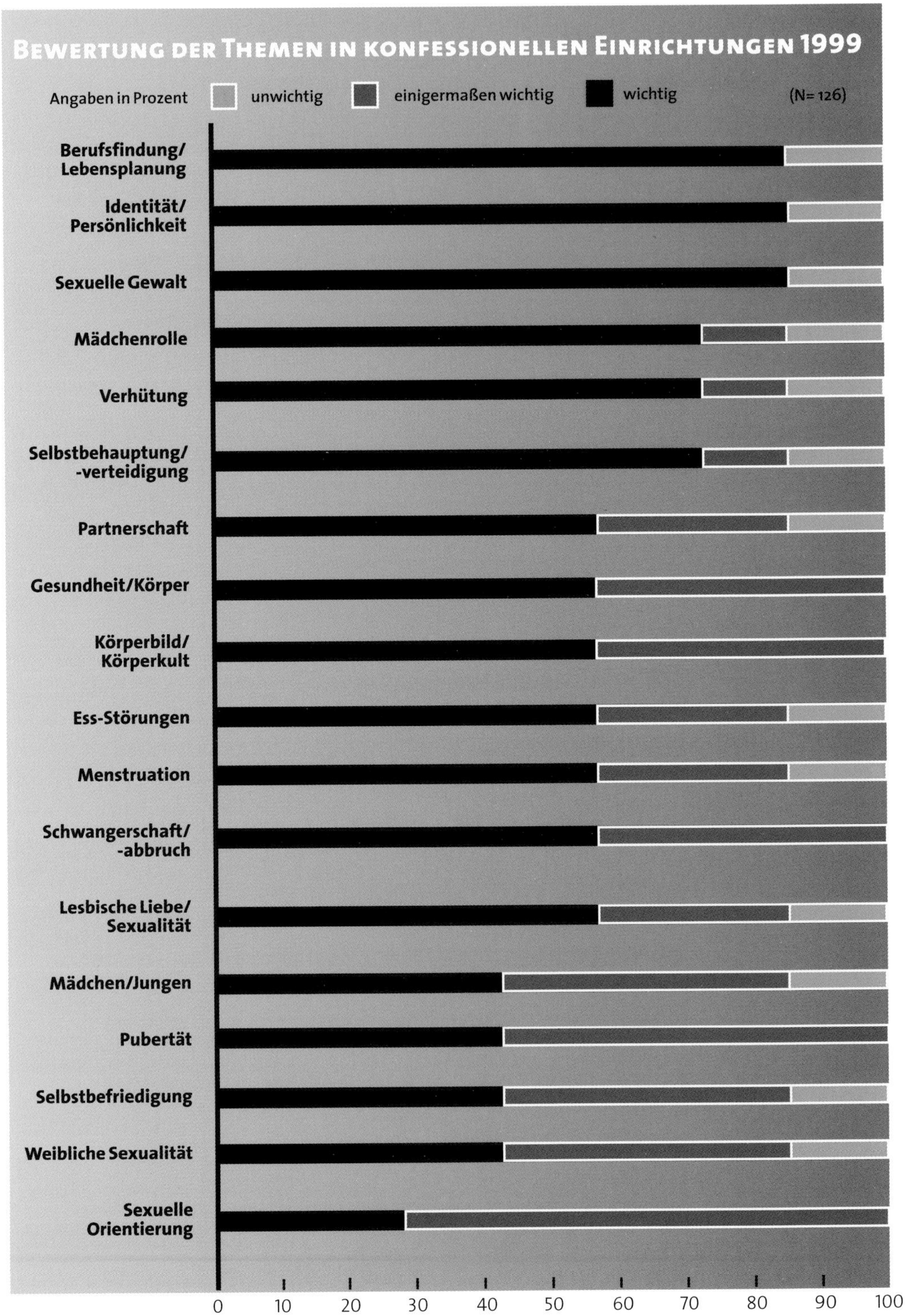

Bewertung der Themen in konfessionellen Einrichtungen 1999
Angaben in Prozent
unwichtig
einigermaßen wichtig
wichtig
(N= 126)
Berufsfindung/ Lebensplanung
Identität/ Persönlichkeit
Sexuelle Gewalt
Mädchenrolle
Verhütung
Selbstbehauptung/ -verteidigung
Partnerschaft
Gesundheit/Körper
Körperbild/ Körperkult
Ess-Störungen
Menstruation
Schwangerschaft/ -abbruch
Lesbische Liebe/ Sexualität
Mädchen/Jungen
Pubertät
Selbstbefriedigung
Weibliche Sexualität
Sexuelle Orientierung
0
10
20
30
40
50
60
70
80
90
100

7 Resümee

7.1 Zusammenfassung und Schlussfolgerungen

Seit Mitte der 90er Jahre hat sich die Mädchenarbeit insbesondere in den neuen Bundesländern weiter etabliert. Die Neufassung des Kinder- und Jugendhilfegesetzes von 1991, insbesondere der Paragraph 9 Artikel 3, der die Berücksichtigung der unterschiedlichen Lebenslagen von Mädchen und Jungen beinhaltet, zeigt in der pädagogischen Praxis Wirkung: In nahezu allen Verbänden, Organisationen und Einrichtungen der Jugendhilfe existieren Konzepte für die Mädchenarbeit. Darüber hinaus veröffentlichten einige Verbände auch explizite Positionspapiere z.B. zum Umgang mit sexueller Gewalt und zu den Zielen der Präventionsarbeit in der eigenen Organisation oder auch zur Anerkennung homosexueller Lebensweisen.

„Mädchenarbeit" ist Handlungsprinzip für Pädagoginnen

Sexualität ist in der Mädchenarbeit ein wichtiges Thema neben anderen, jedoch werden in den letzten 5 Jahren zunehmend Konzepte und Angebote in den Bereichen Berufsorientierung, Ökotechnik und neue Kommunikationstechnologien entwickelt. Nicht zuletzt deshalb, weil die öffentlichen Haushalte für diesen Bereich vermehrt Fördermittel zur Verfügung stellen. Sexualpädagogische Arbeit mit Mädchen ist, wie schon 1996 festgestellt, nicht an die klassische Gruppenarbeit gebunden. Sie hat ihren Platz ebenso im Alltag einer pädagogischen Einrichtung. Sie kann in Form von vertrauensvollen Einzelgesprächen, spontanen Diskussionsrunden oder in vorbereiteten Seminaren stattfinden. (Sexualpädagogische) Mädchenarbeit ist ein Handlungsprinzip für Pädagoginnen geworden, die sich ihrer Vorbildfunktion auch in den ungeplanten, alltäglichen Situationen bewusst sind.

Perspektivenwechsel: von den Defiziten der Mädchen zu ihren Ressourcen

Die zugrunde liegenden Konzepte parteilicher Mädchenarbeit fokussieren heute eher den Blick auf die Mädchen selbst. Beinhalteten die Mädchenarbeitskonzepte der vergangenen Jahre vor allem auch die differenzierte Auseinandersetzung mit gesellschaftspolitischen Fragen sowie die Kritik an einer patriarchalen Kultur und den daraus resultierenden Benachteiligungen für Mädchen und Frauen, richten Pädagoginnen heute den Blick stärker auf ihre Klientel. Die spezifische Lebenssituation von Mädchen, ihre speziellen Bedürfnisse, Wünsche, Stärken, Schwächen und Sehnsüchte sind handlungsleitend für die pädagogische Praxis. Augenscheinlich ist ebenfalls, dass sich die Perspektive auf die Situation der Mädchen in den Konzepten geändert hat. Statt der Defizite stehen heute die Stärken und Ressourcen der Mädchen im Vordergrund. Besonders in der Präventionsarbeit zum sexuellen Missbrauch ist dieser Perspektivenwechsel von Bedeutung. Die Konzentration auf die spezifische Situation der eigenen Zielgruppe spiegelt sich auch in der Entwicklung der Mädchenarbeit in den neuen Bundesländern wider. Wurden bis Mitte der 90er Jahre vorwiegend in Westdeutschland bewährte Konzepte übernommen, so entwickelt seit einigen Jahren die Mädchenarbeit in Ostdeutschland ihr eigenes Profil. Die besondere Lebenssituation und Sozialisation der Mädchen und Frauen findet hier Berücksichtigung.

Integration von Jungen

Was 1996 noch undenkbar erschien, ist 1999 bereits in einigen Mädcheneinrichtungen erprobte Realität: die Öffnung der Mädchenarbeit auch für Jungen. Die Diskussion über die so genannte „reflexive Koedukation", also die gezielte – und häufig auch zeitlich begrenzte – Integration von Jungen, hat gerade erst begonnen. Besonders für Mädcheneinrichtungen ist dieser Schritt eine große Herausforderung. Die Erfahrungen in der Praxis zeigen jedoch, dass die pädagogisch begleitete Integration der Jungen für die Mädchen ein wichtiger Lernschritt im Hinblick auf die Beziehungsgestaltung und Auseinandersetzung mit dem anderen Geschlecht bedeutet. Diese „Öffnung" ist in Fachkreisen nicht unumstritten. Besonders die Mädchenarbeiterinnen aus der feministischen Tradition haben Vorbehalte gegen diese Entwicklung. Sexualpädagoginnen dagegen, z.B. aus PRO FAMILIA-Beratungsstellen, arbeiten seit langem mit einem geschlechtsspezifischen Ansatz, der die teilweise Zusammenführung von Jungen- und Mädchengruppen beinhaltet.

Emanzipierte Bewusstseinshaltung bei Pädagoginnen

Der noch 1996 festgestellte unterschwellige Streit zwischen Sexualpädagoginnen und Mädchenarbeiterinnen scheint sich aufzulösen. Ein Hinweis hierfür ist z.B., dass sich heute prozentual weniger Mädcheneinrichtungen einem feministischen Mädchenarbeitskonzept verbunden fühlen als noch 1996. Andererseits geben 1999 prozentual mehr Mitarbeiterinnen aus Beratungsstellen dieses Konzept als grundlegend für die eigene Arbeit an. Hier mag sicher auch der Generationenwechsel in der Mädchenarbeit bedeutsam sein. Die jungen Pädagoginnen haben ihre Wurzeln nicht in der Frauenbewegung und in den Anfängen der Mädchenarbeitsbewegung, sondern sie leben heute mit einem anderen (emanzipierten) Bewusstsein in einer Gesellschaft, in der die Frauenbewegung vieles erreicht hat.

Fortschritte bei der Vernetzung

Die Erhebung von 1996 kam zu der Feststellung, dass die Vernetzung der Einrichtungen bzw. der Mitarbeiterinnen im Bereich der Mädchenarbeit nur unzureichend ist. Heute, nur vier Jahre später, existieren in vielen Bundesländern Landesarbeitsgemeinschaften „Mädchenarbeit" sowie überregionale und regionale Mädchenarbeitskreise, in denen die unterschiedlichsten Verbände und Institutionen Erfahrungsaustausch praktizieren, kooperieren und politische Arbeit leisten. Ein vorrangiges Thema in diesen Arbeitsgemeinschaften ist zur Zeit die Entwicklung von Qualitätsstandards und die Qualitätssicherung. Diese Debatte bezieht sich zum jetzigen Zeitpunkt auf Mädchenarbeit generell. Sinnvoll und fruchtbar wäre es sicher, die Qualitätsdiskussion bezogen auf die verschiedenen Felder der Mädchenarbeit, also auch fokussiert auf die sexualpädagogische Mädchenarbeit zu führen.

Das Internet eröffnet auch der Mädchenarbeit Möglichkeiten der Vernetzung, des Austauschs und der fachlichen Diskussion. Viele Einrichtungen und Projekte nutzen dieses Medium nicht nur, um ihre Arbeit bekannt zu machen, sondern suchen gezielt auf diesem Weg Kontakt zu anderen Einrichtungen. Pädagoginnen und Wissenschaftlerinnen könnten diese Form der Kommunikation für die Diskussion und Verbreitung ihrer Konzepte, Erkenntnisse, Ideen und Visionen nutzen.

Veränderungen bei der Zusammensetzung der Klientel

Die Vorannahme, dass die Zielgruppe der sexualpädagogischen Mädchenarbeit jünger geworden ist, kann durch die neue Erhebung nicht bestätigt werden. Zwar sind durchschnittlich 8% der Mädchen im Alter von bis zu 10 Jahren, aber die Hauptklientel (mit 55%) ist die Gruppe der 14- bis 19-jährigen Mädchen. Dabei ist festzustellen, dass im Vergleich zu 1996 der Kontakt zu den Mädchen tendenziell kontinuierlicher geworden ist, besonders in den PRO FAMILIA-Beratungsstellen und in den Beratungsstellen für homosexuelle Menschen.

Erstaunlich ist, dass der prozentuale Anteil nicht-deutscher Mädchen – außer in den konfessionellen Einrichtungen – im Vergleich zu 1996 gesunken ist. Sexualpädagogische Mädchenarbeit scheint sich vermehrt auf deutsche Mädchen zu konzentrieren. Ist diese Entwicklung, die völlig im Gegensatz steht zur gesellschaftlichen Realität und den Bemühungen für eine multikulturelle Gesellschaft, Ausdruck von Resignation aufgrund der Schwierigkeit der Integration nicht-deutscher Mädchen in die (sexualpädagogische) Mädchenarbeit? Oder ist die Entwicklung eine Folge mangelnder Informationen über kulturelle Hintergründe und das Fehlen geeigneter Konzepte und Materialien für die sexualpädagogische Praxis?

Das lückenhafte Wissen über die Herkunftskulturen der Mädchen, die Mythen und Vorurteile, die sowohl auf Seiten der deutschen Pädagoginnen und Mädchen als auch auf Seiten der nicht-deutschen Mädchen, Eltern und Pädagoginnen existieren, tragen sicher dazu bei, dass der Integrationsprozess erschwert wird. Die Erfahrung zeigt, dass es wichtig ist, Pädagoginnen mit Migrationserfahrung für diese Arbeit zu gewinnen, denn sie profitieren sowohl bei den Mädchen als auch bei den Eltern von einem großen Vertrauensbonus. Darüber hinaus fehlen Konzepte und Materialien sowie Medien für die sexualpädagogische Arbeit mit Migrantinnen.

Umgang mit Homosexualität

Seit Mitte der 90er Jahre ist der Umgang mit lesbischen Mädchen und Frauen offener geworden. Diese auch in der Öffentlichkeit festzustellende größere Toleranz gegenüber homosexuellen Menschen ist sicher auch auf offizielle Kampagnen, wie z.B. der aktuellen Kampagne des Ministeriums für Frauen, Jugend, Familie und Gesundheit des Landes Nordrhein-Westfalen „Andersrum ist nicht verkehrt. Lesben und Schwule in NRW" zurückzuführen. Es ist zu beobachten, dass es seit 1996 mehr Angebote für lesbische Mädchen z.B. in Form von Coming out-Gruppen oder Freizeitgruppen gibt. Die Sensibilität heterosexueller Pädagoginnen für die Präsenz lesbischer Mädchen ist gestiegen. Ebenso ist das Thematisieren lesbischer Lebensweisen und lesbischer Sexualität nicht mehr so tabuisiert wie noch zum Zeitpunkt der Befragung 1996. Dennoch, das Ziel, nämlich die Gleichbehandlung von Menschen unabhängig von ihrer sexuellen Orientierung in allen gesellschaftlichen Bereichen ist längst noch nicht erreicht. Dieses Ziel, für dessen Realisierung die Aufklärung und Information über sexuelle Orientierungen relevant ist, wird auch in Zukunft ein wichtiger Aspekt sexualpädagogischer (Mädchen-)Arbeit sein.

Mädchen mit Behinderungen

Eine Zielgruppe, die 1996 noch nicht im Blickfeld war, sind die Mädchen mit Beeinträchtigungen. Umso anerkennenswerter ist es, dass in relativ kurzer Zeit viele einzelne Maßnahmen, aber auch Projekte und Initiativen entstanden sind, die sich speziell an Mädchen mit den unterschiedlichsten Behinderungen richten. Die Unterschiedlichkeit der Behinderungen und die Vielfalt der Lebenssituationen der betroffenen Mädchen erfordert sehr differenzierte didaktische Ansätze und Methoden. Dringend notwendig ist die Qualifizierung von Multiplikatorinnen sowie die Erarbeitung geeigneter Praxismaterialien.

Sexualpädagogische Themen in den Einrichtungen

Die vorliegende Befragung hat ergeben, dass es in der Bewertung der sexualpädagogischen Themen seit 1996 keine oder nur geringe signifikante Unterschiede gibt. Sicher, das Thema „lesbische Liebe und Sexualität" ist, wie bereits erwähnt, in der Bedeutung tendenziell gestiegen, aber insgesamt betrachtet sind die Ergebnisse beider Befragungen relativ konstant.

Nicht bestätigt hat sich die Vorannahme, dass das Thema „Ess-Störungen" heute eine wichtige Rolle in der Mädchenarbeit einnimmt. Dies trifft nur auf die spezifischen Einrichtungen bzw. Beratungsstellen zu. Angesichts der steigenden Anzahl essgestörter Mädchen und den bekannten Auswirkungen auf ihre psychosexuelle Entwicklung ist die Integration der Prävention von Ess-Störungen und Ess-Süchten in die sexualpädagogische Mädchenarbeit sinnvoll. Das Thema Selbstverteidigung und Selbstbehauptung wurde in der aktuellen Befragung wie erwartet vom größten Teil der Befragten als wichtig eingestuft. Dies korrespondiert mit der vermehrten Entwicklung stärkenorientierter Konzepte in der Gewaltprävention.

Relativ unwichtig schätzten die Befragten das 1999 erstmals separat abgefragte Thema „Selbstbefriedigung“ ein. Die gleiche Bewertung erhält in etwa auch das Thema „weibliche Sexualität“. Warum gerade diese Themen mit ihrem stärkenorientierten und lustbetonten Ansatz für viele Pädagoginnen nicht im Vordergrund stehen, kann mit der vorliegenden Befragung nicht erklärt werden. Sicher ist nur, dass gerade in einer Zeit der Veröffentlichung und Zurschaustellung von Sexualität und Intimität durch die Medien eine fundierte Aufklärung über weibliche Sexualität und sexuelles Erleben von zentraler Bedeutung ist. Der hohe Erwartungsdruck, den heute schon junge Mädchen spüren, kann durch sexualpädagogische Begleitung und Aufklärung in vertrauensvoller Atmosphäre ausgeglichen werden.

Peer education – ein vielversprechender Ansatz

Die Vermutung, dass peer education ein besonders geeigneter Ansatz für die sexualpädagogische Mädchenarbeit ist, kann die vorliegende Studie bestätigen. Die Erfahrungen von Expertinnen zeigen, dass sich peer education-Ansätze auch für die Arbeit mit Migrantinnen bewährten. Wichtig ist, diese Konzepte in die breite Praxis zu transferieren. Die vorliegenden Berichte und Dokumentationen reichen hierfür m.E. nicht aus. Sinnvoll ist die Veröffentlichung umfangreicher Konzeptionen sowie die gezielte Schulung von Multiplikatorinnen, die die Verbreitung in den pädagogischen Praxisfeldern gewährleisten.

Internet für Mädchen

Internet-Projekte für Mädchen gibt es heute nur vereinzelt. Aber dass dieses Medium Mädchen interessiert, zeigen die bisherigen Erfahrungen in der Praxis, wie z.B. das Projekt SEXTRA (Sexualberatung per Internet) der PRO FAMILIA-Beratungsstelle Tübingen oder das Internet-Projekt „Zickenpost“ des Mädchenhauses Düsseldorf. Die Einrichtung und Betreuung von „chat-rooms“, in denen Mädchen online miteinander über sexuelle Themen diskutieren und sich informieren können, ist eine fruchtbare Weiterentwicklung der vorhandenen Ansätze.

Schlussfolgerungen

Ohne jeden Zweifel ist sexualpädagogische Arbeit für Mädchen wichtig. Sie kann Mädchen darin bestärken, ihren eigenen Weg zu finden, ihre eigenen Wünsche und Bedürfnisse zu erkennen und mit ihren Ängsten und Unsicherheiten umgehen zu lernen. Sexualpädagogische Mädchenarbeit ist die beste Prävention gegen sexuellen Missbrauch und ein lebendiger Ort der Begegnung und des Austausches mit anderen. Sexualpädagogische Mädchenarbeit hat somit nicht nur positive Auswirkungen auf die individuelle psychosexuelle Entwicklung eines Mädchens, sondern leistet auch einen wichtigen Beitrag zur Demokratisierung unserer Gesellschaft, zur Integration und Gleichbehandlung anders denkender und anders fühlender Menschen.

7.2 Perspektiven und Empfehlungen

Aus den Ergebnissen der vorliegenden Vergleichsstudie 1999 lassen sich folgende Empfehlungen für die sexualpädagogische Mädchenarbeit ableiten:

- Entwicklung spezifischer Konzepte, Materialien und Medien für die Arbeit mit spezifischen Zielgruppen:
  - Mädchen anderer Nationalitäten,
  - Mädchen mit Beeinträchtigungen,
  - lesbische Mädchen,
  - minderjährige Mütter.

- Durchführung von Fortbildungsseminaren zur Qualifizierung von Mädchenarbeiterinnen für die sexualpädagogische Arbeit mit o.g. Zielgruppen.

- Entwicklung und Erprobung von Konzepten und Materialien im Rahmen neuer Kommunikationstechnologien, wie z.B. sexualpädagogische Internet-Projekte für Mädchen, sowie Evaluation der Wirksamkeit.

- Entwicklung eines peer education-Projekts für die sexualpädagogische Arbeit mit spezifischen Mädchengruppen (z.B. Migrantinnen) mit dem Ziel, dieses Konzept in verschiedenen Praxisfeldern, z.B. in Einrichtungen der freien Jugendhilfe einzusetzen.

- Entwicklung und Erprobung eines sexualpädagogischen Konzeptes auf der Basis reflexiver bzw. integrativer Koedukation.

Wie die vorliegende Vergleichsstudie belegt, gibt es im Rahmen der sexualpädagogischen Mädchenarbeit bundesweit vielfältige Projekte unterschiedlichster Träger, die jedoch nicht unbedingt miteinander vernetzt sind. Ein Erfahrungsaustausch oder auch die Weiterentwicklung der zugrunde liegenden Konzeptionen ist daher nur bedingt möglich. Sinnvoll wäre m.E. die Initiierung eines „Wirksamkeitsdialogs", d.h. die diskursive Vernetzung der betreffenden Einrichtungen mit dem Ziel der kritischen Reflexion und der Weiterentwicklung der vorhandenen Konzeptionen. Auf diesem Weg kann eine effektive Verbreitung sinnvoller und erprobter sexualpädagogischer Ansätze gewährleistet werden.

8 Anhang

8.1 Fragebogen

Sexualpädagogische Mädchenarbeit

(Bitte ausfüllen und bis spätestens 15. April 1999 zurücksenden)

Einrichtung: ______________________________

Anschrift/Fon/Fax: ______________________________

Ansprechpartnerin: ______________________________

1. Wir machen Angebote zur Mädchenarbeit **seit** ____________ .

2. **Weitere Arbeitsbereiche** neben der Mädchenarbeit sind ______________________________ .

3. Wir arbeiten in der Regel im **Team** bzw. alleine aus
   - ☐ finanziellen
   - ☐ organisatorischen

   ____________________ Gründen.

Unsere Kooperationspartner: ______________________________

4. Für die Arbeit mit Mädchen / Multiplikatorinnen stehen uns ____ Frauen zur Verfügung.

Davon sind ____ Frauen in fester Anstellung,
____ Frauen auf Honorarbasis.

5. Wir **finanzieren** uns aus folgenden Quellen

a) ______________________________

b) ______________________________

c) ______________________________

6. Unsere **konzeptionellen Grundlagen** entnehmen wir: ______________________________

7. Die **Qualifikationen** unserer Mädchenarbeiterinnen sind: ______________________________

8. In der Regel arbeiten wir ☐ nachfrageorientiert ☐ programmorientiert

9. Unsere Angebote zur sexualpädagogischen Mädchenarbeit finden vor allem in Form von

- ☐ Praktischer Arbeit mit Mädchen
- ☐ Seminaren für Mädchen / Multiplikatorinnen
- ☐ Workshops f. Mädchen / Multiplikatorinnen
- ☐ Vorträgen
- ☐ Weiterbildung für Multiplikatorinnen
- ☐ Konzeptioneller Arbeit
- ☐ Veröffentlichungen
- ☐ Sonderveranstaltungen f. Mäd. / Mulipl.
- ☐ Beratungsarbeit

statt.

(Zutreffendes bitte ankreuzen!)

10. In der Regel sehen wir die Mädchen ☐ nur einmal; ☐ mehrmals;
für jeweils etwa ________ Stunden;________ Tage.

11. Dabei arbeiten wir

- ☐ ausschließlich in Mädchengruppen;
- ☐ nach Möglichkeit in geschlechtshomogenen Gruppen;
- ☐ ganz bewusst in gemischtgeschlechtlichen Gruppen;
- ☐ häufig unter Einbeziehung der Mütter bzw. der Eltern.

12.Unsere Zielgruppe sind Mädchen im folgenden **Alter:**

bis 10 Jahre;
11-13 Jahre;
14-16 Jahre;
17-19 Jahre;
älter als 19 Jahre.

Davon sind durchschnittlich___Prozent deutscher **Herkunft.**

Andere Nationalitäten:
a)______________________________
b)______________________________
c)______________________________
d)______________________________

Der Anteil an nichtchristlichen **Religionen** liegt bei etwa____Prozent.

Ca. ____% der Mädchen sind lesbisch; ______% der Mädchen sind heterosexuell.

Wir machen auch sexualpäd. Angebote für Mädchen mit (geistigen) Behinderungen
☐ ja; ☐ nein.

13. Folgende **Themen** sind uns dabei wichtig: **(Bitte Wichtigkeit bewerten)**

	1	2	3	4	5	6
Berufsfindung/Lebensplanung	☐	☐	☐	☐	☐	☐
Partnerschaft	☐	☐	☐	☐	☐	☐
Idendität und Persönlichkeit	☐	☐	☐	☐	☐	☐
Mädchenrolle	☐	☐	☐	☐	☐	☐
Mädchen/Jungen	☐	☐	☐	☐	☐	☐
sexuelle Orientierungen	☐	☐	☐	☐	☐	☐
Gesundheit/Körper	☐	☐	☐	☐	☐	☐
Körperbild und Körperkult	☐	☐	☐	☐	☐	☐
Ess-Störungen	☐	☐	☐	☐	☐	☐
Pubertät	☐	☐	☐	☐	☐	☐
Menstruation	☐	☐	☐	☐	☐	☐
Selbstbefriedigung	☐	☐	☐	☐	☐	☐
weibliche Sexualität	☐	☐	☐	☐	☐	☐
Verhütung	☐	☐	☐	☐	☐	☐
Schwangerschaft/-abbruch	☐	☐	☐	☐	☐	☐
lesbische Liebe, Sexualität	☐	☐	☐	☐	☐	☐
sexuelle Gewalt	☐	☐	☐	☐	☐	☐
Selbstbehauptung/-verteidigung	☐	☐	☐	☐	☐	☐

(1 = sehr wichtig, 2 = wichtig, 3 = einigermaßen wichtig, 4 = eher unwichtig, 5 = unwichtig, 6 = völlig unwichtig)

14. Unsere **Methoden** lassen sich am ehesten folgendermaßen beschreiben:

____

____

____

15. Wir betrachten uns eher als ☐ Sexualpädagoginnen; ☐ Mädchenarbeiterinnen.

16. Weitere Angaben, die uns wichtig sind:

____

____

____

17. Wir sind damit einverstanden, dass alle von uns nicht rot eingerahmten Angaben von der Autorin in der Expertise genannt werden dürfen.

Datum: ______________ **Unterschrift:** ______________________

Den Fragebogen bitte bis zum 15. April 1999 zurückschicken an:

Gabriele Bültmann

c/o **forum sexualpädagogik e.V.**

Buschstr. 101

45739 Oer-Erkenschwick

8.2 Adressenverzeichnis

00000

Landesarbeitsgemeinschaft Mädchen und junge Frauen in Sachsen e.V. Fach- und Koordinierungsstelle Frau Simone Kruschwitz	Altenzeller Str. 19 **01069 Dresden**	FON 0351-2522868 FAX 0351-2522868
Wilde Mathilde Mädchen- und junge Frauentreff des DGB Frau Margit Hübner	Mathildenstr. 17 **01069 Dresden**	FON 0351-4598209
MEDEA Frauen- und Mädchengesundheitszentrum Frau Angelika Römmermann	Prießnitzstr. 55 **01099 Dresden**	FON 0351-8495679 FAX 0351-8040506
Jugendzentrum und Stadtteilhaus „Plauener Bahnhof“ Frau Alexandra Starosta	Altplauen 20 **01187 Dresden**	FON 0351-4370905 FAX 0351-4370908
Frauenbildungszentrum Frau Kathrin Bein	Dornblüthstr. 18 **01277 Dresden**	FON 0351-337709 FAX 0351-3160433
Deutscher Kinderschutzbund Frau Gerstel	Vorbrücker Str. 32 **01662 Meißen**	FON 03521-730844
Deutscher Kinderschutzbund Ortsverband Nossen e.V. Frau Dachsel	Waldheimer Str. 40 **01683 Nossen**	FON 035242-68472
Familieninitiative Pirna e.V. Frau Annett Kobisch	Schillerstr. 35 **01796 Pirna**	FON 03501-446651
Verein Begegnung, Beratung, Bildung e.V. Frau Alies Kliemand	Maxim-Gorki-Str. 1A **01844 Neustadt/Sa.**	FON 03596-604710
Frauenhaus Frauenschutzwohnung Frau Döge	Postfach 310716 **04211 Leipzig**	FON 0341-4798179

Kolpingjugend LPZ e.V. **Offene Jugendarbeit** Frau Köppen	Seehausener Str. 27 **04448 Wiederitzsch**	FON 0341-5253-0
Verein Melisse e.V. **Mädchentreff Maid** Frau Ute Rochner	Barlachstr. 49 **04600 Altenburg**	FON 03447-836862 FAX 03447-836862
Deutscher Kinderschutzbund **Ortsverband Oschatz und Umgebung** Frau Henschel	Karl-Liebknecht-Str. 1 **04758 Oschatz**	FON 03435-929821
Ehe-, Familien- und Jugendberatungsstelle Frau Steffi Ferl	Torgauer Str. 48 **04808 Wurzen**	FON 03425-920187
Kinderschutzbund **Ortsverband Torgau e.V.** Frau Heike Tanneberger	Promenade 1 **04860 Torgau**	FON 03421-908409 FAX 03421-908409
IRIS - Regenbogenzentrum Frau Gerlinde Gailer	Schleiermacherstr. 39 **06114 Halle/Saale**	FON 0345-5211232 FAX 0345-5211233
Wildwasser Halle e.V. Frau Kramer	Schleiermacherstr. 39 **06114 Halle/Saale**	FON 0345-5230028
PRO FAMILIA Beratungsstelle Frau Karen Hessler	W.-v.-Klewiz-Str. 11 **06132 Halle/Saale**	FON 0345-77482442
PRO FAMILIA Landesverband Sachsen-Anhalt e.V. Frau Franz	Untere Bahnhofstr. 27 **06333 Hettstedt**	FON 03476-8666-2801 FAX 03476-8666-2806
Mädchentreff e.V. Frau Irena Schunke	Am Rosengarten 36 **06526 Sangerhausen**	FON 03464-579797
Deutsches Rotes Kreuz **Mutter-Kind-Familien-Zentrum** Frau Merschel	Parkstr. 1 **06628 Bad Kösen**	FON 034463-27012
PRO FAMILIA Beratungsstelle Frau Reichstein	Schloßhof 5 **06642 Nebra**	FON 034461-353334
Arbeiterwohlfahrt **Zukunftstreff** Frau Ilona Tens	Zeulenrodaer Str. 37 **07549 Gera**	FON 0365-34665 FAX 0365-34665

Frauen- und Familientreff Frau Geißler	Markt 22 **07607 Eisenberg**	FON 036691-43278
Mädchenprojekt e.V. Frau Manuela Kaßner	Schulstr. 11a **07749 Jena**	FON 03641-443967
Streetwork - Kontaktstelle Frau Steglich	Markt 7 **07937 Zeulenroda**	FON 036628-82824
Mädchencafé Küsschen MÄC Frau Ilona Richter	Brückenplatz 4 **08058 Zwickau**	FON 0375-300675
Arbeiterwohlfahrt Mädchensozialarbeit Frau Annett Breiter	Albertistr. 38b **08468 Reichenbach**	FON 03765-782016
PRO FAMILIA Beratungsstelle Frau Anett Wegertseder	Kaßbergstr. 22 **09112 Chemnitz**	FON 0371-302102 FAX 0371-302102
Kinder- und Jugendklub Würferl Frau Andrea Stöckel	Wilhelm-Firl-Str. 23 **09122 Chemnitz**	FON 0371-224003
Mobile Jugendarbeit Bucklenberg-Haidach **Jugendberufshilfe Chemnitz e.V.** Frau Sandra Müller	Albert-Köhler-Str. 91 **09122 Chemnitz**	FON 0371-226102 FAX 0371-226102
Mobile Jugendarbeit Heckerlgebiet **Jugendarbeitshilfe e.V.** Frau Sandra Müller	Albert-Köhler-Str. 91 **09122 Chemnitz**	FON 0371-226102 FAX 0371-226102
Arbeiterwohlfahrt **Mädchenprojekt** Frau Klemm	Immanuel-Kant-Str. 30 **09337 Hohenstein**	FON 03723-711879
Kinder- und Jugendverein Frau Monika Sternkopf	Zum Vereinshaus 12 **09399 Niederwürschnitz**	
Kreisjugendring Mittleres Erzgebirge/ **Jugendberatung** Frau Kaiser	An der Kirche 4 **09405 Zschopau**	FON 03725-82088
Kinder- und Jugendverein Neuer Bahnhof Frau Hiller	Wettinstr. 47 **09427 Ehrenfriedersdorf**	FON 037341-54526 FAX 037341-50013

CJD Berufshilfe Chemnitz **Mädchenwohngemeinschaft** Frau Schlesier	Karl-Günzel-Str. 1 **09599 Freiberg**	FON 03731-67690 FAX 03731-676913
Sächsische Landjugend e.V. Frau Manuela Nobst	Parkstr. 1 **09669 Franken**	FON 037206-2339
FFZ Schlotheim **Mädchentreff** Frau Kiel	Oststr. 4 **09994 Schlotheim**	FON 036021-80605

10000

Jugendförderung **Bezirksamt Berlin-Mitte** Frau Elisabeth Zepke	Karl-Marx-Allee 31 **10178 Berlin**	FON 030-24703118
Schwangerschaftsberatungsstelle Balance Frau Regina Clement	Mauritiuskirche 3 **10365 Berlin**	FON 030-5536792
PRO FAMILIA Berlin Frau Petra Winkler	Gotzkowskystr. 8 **10555 Berlin**	FON 030-39849751 FAX 030-39849736
Bezirksamt Charlottenburg **Beratungsstelle für sexuell** **übertragbare Krankheiten** Frau Schenk	Wilmersdorfer Str. 98/99 **10629 Berlin**	FON 030-34308203 FAX 030-34308380
Sozialmedizinischer Dienst für Eheberatung, **Familienplanung und Schwangerschaft**	Wilmersdorfer Str. 98/100 **10629 Berlin**	FON 030-34308334 FAX 030-34308381
Jugendbildungsstätte Kaubstraße e.V. Frau Gabriele Dreilich	Kaubstr. 9 - 10 **10713 Berlin**	FON 030-8619359 FAX 030-8616249
Feministisches Frauengesundheitszentrum Frau Uta Gärtner	Bamberger Str. 51 **10777 Berlin**	FON 030-2139597 FAX 030-2141927 ffgz@berlinet.de
KomBi **Kommunikation und Bildung vom anderen Ufer** Frau Sabine Küster	Kluckstr. 11 **10785 Berlin**	FON 030-2153742 FAX 030-26556634

Sozialmedizinischer Dienst **Bezirksamt Kreuzberg** Frau Gerhardt	Urbanstr. 24 / Hofgebäude **10967 Berlin**	FON 030-25884449
Leben Lernen e.V. **Projekt Betreutes Jugendwohnen** **für Mutter und Kind** Frau Agnes Siemer	Postfach 408 **10974 Berlin**	FON 030-6182042 FAX 030-6113605
Bezirksamt Kreuzberg, Jug. 3 3 4 **Kinderschutz, Prävention** Frau Ilse Haase	Ohlanderstr. 41 **10999 Berlin**	FON 030-25886770
Mädchenzentrum Szenenwechsel Frau Barbara Güchan	Donaustr. 88a **12043 Berlin**	FON 030-68092387
Madonna Mädchenkult.Ur e.V. Frau Gabriele Heinemann	Briesestr. 72 **12053 Berlin**	FON 030-6212043 FAX 030-6212048
Evangelischer Jugendhilfeverein in Steglitz e.V. **Schülerclub**	Tietzenweg 132 **12203 Berlin**	FON 030-8333031 FAX 030-83909283
IB **Die Villa – Übergangshaus für wohnungslose Frauen** Frau Claudia Buchner	**Berlin**	FON 030-7215077 FAX 030-7225056
JFH Titanic Frau Constance Hepach	Teterower Ring 168/170 **12619 Berlin**	FON 030-5610149
JFH Joy - In Frau Eva Kyselka	Nossener Str. 85 **12627 Berlin**	FON 030-9917116
Jugendfreizeitheim Joker Frau Gabi Gisa	Alte Hellersdorfer Str. 3 **12629 Berlin**	FON 030-5619060
Jugendclub - Extremwelt Frau Cornelia Wiechmann	Brodowiner Ring 16 **12679 Berlin**	FON 030-9309572 FAX 030-9309572
IN VIA **Jugendgemeinschaftswerk** Frau Schelle	Bellermannstr. 92 **13357 Berlin**	FON 030-4931635 FAX 030-4931635
Naturfreundejugend Kinder- und Jugendhalle MV Frau Gabriele Oczlon	Königshorster Str. 1 - 9 **13439 Berlin**	FON 030-4158011

Jugendförderung Reinickendorf **Tietzia Mädcheneinrichtung** Frau Karin Marker	Tietzstr. 12 **13509 Berlin**	FON 030-4323002 FAX 030-4323002
Bezirksamt Spandau **Abt. Soziales und Gesundheit** Frau Alizadeh-Saghati	Carl-Schurz-Str. 17 **13578 Berlin**	FON 030-33032412
Mädchenzukunftswerkstatt **Humanistischer Verband Deutschlands** Frau Antje Tannert	Potsdamer Str. 8 **14513 Teltow**	FON 03328-471055 FAX 03328-471055 MZW_Teltow@compuserve.com
Mädchentreff Girls only Frau Voigt	E.-Klausener-Str. 30 **14974 Ludwigsfelde**	FON 03378-874295
Amt Müncheberg Frau Yvonne Spiegler	Rathausstr. 1 **15372 Müncheberg**	FON 033432-81124 FAX 033432-81143
Gesamtschule Müncheberg **Schulsozialarbeit** Frau Henriette Ullrich	Ernst-Thälmann-Str. 25a **15374 Müncheberg**	FON 033432-374
Jugendzentrum Notausgang Frau Fischer	Karl-Liebknecht-Str. 28a **15562 Rüdersdorf**	FON 033638-3366
Dreist e.V. Frau Angela Kunz	Erich-Mühsam-Str. 36 **16225 Eberswalde**	FON 03334-22669 FAX 03334-22669
Mädchentreff **Kindervereinigung SDT e.V.** Frau Ellen Fehlow	Ehm-Welk-Str. 45 **16303 Schwedt**	FON 03332-417033
Mädchenclub Margarita Frau Ines Lippert	Liebigstr. 4 **16515 Oranienburg**	FON 03301-801146
Initiative Rosa - Lila **Beratungsstelle** Frau Iris Arndt	Fr.-Engels-Ring 45 **17033 Neubrandenburg**	FON 0395-5442077 FAX 0395-5441482
Jugendklub Zebra Frau Woderich	Traberallee 22 **17034 Neubrandenburg**	FON 0395-4699200
Stadt Prenzlau **Mädchentreff Sunflower** Frau Dana Beblein	Am Steintor 4 **17291 Prenzlau**	FON 03984-808478 FAX 03984-808478

IN VIA **Kath. Mädchensozialarbeit** Frau Sylvia Raßbach	Friedländer Str. 44 **17389 Anklam**	FON 03971-213656
PRO FAMILIA **Landesverband Mecklenburg-Vorpommern** Frau Kerstin Niemetz	Barnstorfer Weg 50 **18057 Rostock**	FON 0381-4904095
Beratungsstelle Selma e.V. Frau Ina Partsch	Ernst-Haeckel-Str. 1 **18059 Rostock**	FON 0381-4000412 FAX 0381-4009358
Mächentreff Hexenkessel e.V. Frau Ina Partsch	Ernst-Haeckel-Str. 1 **18059 Rostock**	FON 0381-4000412 FAX 0381-4009358
Notruf für Frauen und Mädchen Frau Simone Hell	Ernst-Haeckel-Str. 1 **18059 Rostock**	FON 0381-4005246
Arbeiterwohlfahrt Sozialdienst Rostock gGmbH **Jugendgemeinschaftswerk** Frau Ingelore Jügelt	Willem-Barents-Str. 6 **18106 Rostock**	FON 0381-1200000 FAX 0381-1200000 Awo-JGWROSTOCK@tonline.de
IN VIA **Mädchen- und Frauentreff** Frau Ingeborg Teuber	Stockholmer Str. 18 **18107 Rostock**	FON 0381-7698989
Arbeiterwohlfahrt **Freizeittreff** Frau Kerstin Jäschke	Am Bleicherberg 2 **18311 Ribnitz-Damgarten**	FON 03821-810954
Elternverein Pöglitzer Kinderhaus e.V. Frau M.-Luise Timm	Lindenallee 10 **18461 Pöglitz**	FON 038320-50594
Mädchentreff **Freizeithaus Sausewind** Frau Kühn	Möllner Str. 28 **19230 Hagenow**	FON 03883-722621
Arbeiterwohlfahrt **Kreisverband** Frau Glowczak	Grabower Allee **19288 Ludwigslust**	FON 03874-20883 FAX 03874-47352
AWO Jugendhilfestation Frau Glowaczak	Lascherweg 16 **19288 Ludwigslust**	FON 03874-47296

20000

Café Sperrgebiet **Diakonisches Werk Hamburg** Frau Myriam Schrank	Rostocker Str. 4 **20099 Hamburg**	FON 040-246624 FAX 040-247583
Übernachtungsstätte **Café Sperrgebiet** Frau Anke Mohnert	Rostocker Str. 4 **20099 Hamburg**	FON 040-248020 FAX 040-247583
Mädchenzentrum Elmsbüttel Frau Liliana Jacques	Doormannsweg 12 **20259 Hamburg**	FON 040-4212773
Internationaler Treffpunkt **für Frauen und Mädchen e.V.** Frau Anja Drobek	Marktstr. 119 **20357 Hamburg**	FON 040-4392781
JungeLesbenZentrum **Intervention e.V.** Frau Bea Trampenau	Glashüttenstr. 2 **20357 Hamburg**	FON 040-4304624
Mädchentreff Schanzenviertel e.V. Frau Silke Moritz	Bartelsstr. 27 **20357 Hamburg**	FON 040-4300000 FAX 040-4300000
Jugendzentrum Vierlinden Frau Eggers	Kirchweder Elbdeich 276 **21037 Hamburg**	FON 040-7239600
Mädchen- und Jugendtreff Heimfeld **Quartier e.V.** Frau Roswitha Homburger	Grumbrechtstr. 65 **21075 Hamburg**	
Jugendclub Blechkiste Frau Christiane Goeke	Rönneburgerstr. 6 **21079 Hamburg**	FON 040-7638300
Bezirksamt Hamburg **Mädchenclub Neuwiedenthal** Frau Edeltraud Broß	Lange Striepen 51 **21147 Hamburg**	FON 040-7965598
Ma Donna **Treff für Mädchen und Frauen** Frau Ursula Kretschmer	Vor dem Neuen Tore 5 **21339 Lüneburg**	FON 04131-35535

PRO FAMILIA Beratungsstelle Frau Ute Stolt	Salzstr. 16 **21682 Stade**	FON 04141-2211
Allerleirauh e.V. Frau Petersen	Menckesallee 13 **22089 Hamburg**	FON 040-29834483 FAX 040-29834484
Mobile Spielaktion Frau Wiebke Becker	Bebelallee 22 **22299 Hamburg**	FON 040-5141804 FAX 040-5141805
Evangelische Stiftung Bodelschwingh **Jugendberatungszentrum** Frau Katja Grabow	Barmbeker Str. 71 **22303 Hamburg**	FON 040-2794459 FAX 040-2794460
HdJ Eberhofstieg Frau Karla Ritter	Eberhofstieg 22 **22415 Hamburg**	FON 040-5202511
SIT.COM **Stadtteilverein Im Tarpenwinkel e.V.** Frau Carola Timmann	Käkenflur 30 **22419 Hamburg**	FON 040-53789100 FAX 040-5278300
Mädchentreff Ottensen Frau Margret Hamann	Fischers Allee 95 **22763 Hamburg**	FON 040-3909944
Spielhaus Zeiseweg Frau Marion Schum-Hüwer	Zeiseweg 17 **22765 Hamburg**	FON 040-3892157
Familienplanungszentrum e.V. **PRO FAMILIA** Frau Bärbel Ribbert	Bei der Johanniskirche 20 **22767 Hamburg**	FON 040-4392822 FAX 040-437491
Jugendcafé Altona/Altstadt Frau Kathi Taija	Govertsweg 3 **22767 Hamburg**	FON 040-388697 FAX 040-385486
Kajal **Frauenperspektiven e.V.** Frau Elke Peine	Hospitalstr. 69 **22767 Hamburg**	FON 040-3806937 FAX 040-3806937
Kinder- und Jugendarbeit i.d. **Hauptkirchengemeinde St. Trinitatis zu Altona** Frau Christiane Winteroll	Kirchenstr. 40 **22767 Hamburg**	FON 040-3893477 FAX 040-38610642
Autonom Leben e.V. Frau Bärbel Mickler	Langenfelder Str. 35 **22769 Hamburg**	FON 040-43290149 FAX 040-43290147

Waage e.V. **Mädchenprojekt in Planung** Frau Gertrud Wiedenmann	Elmsbütteler Str. 53 **22769 Hamburg**	FON 040-4914941 FAX 040-40172733
mixed pickels e.V. **Mädchen und Frauen mit und ohne Behinderungen** Frau Kathrin Ziese	Kanalstr. 70 **23554 Lübeck**	FON 0451-7021640 FAX 0451-7021642
IN VIA Frau Krumm	Kiwitteredder 1 **23560 Lübeck**	FON 0451-805126 FAX 0451-805125
Jugendhaus Schwalbennest Frau Silvia Schellbach	Willi-Schröder-Str. 3 **23968 Wismar**	FON 03841-642209
Landesjugendring Schleswig-Holstein e.V. Frau Steffensen	Holtenauer Str. 99 **24105 Kiel**	FON 0431-82715 FAX 0431-85820
Mädchentreff Preetz **Catharina Faustes e.V.** Frau Bärbel Staudler	Postfach 248 **24206 Preetz**	FON 04342-1667
Kreisjugendring Plön e.V. Frau Marion Ebert	Vierschillingsberg 21 **24306 Plön**	FON 04522-509370 FAX 04522-509371
Kreis Nordfriesland **Jugendamt** Frau Jutta Oldsen	Postfach 1140 **25801 Husum**	FON 04841-67550
PRO FAMILIA Mädchentreff Fämme Total Frau Angela Reinhard	Bonhoefferweg 1 **25813 Husum**	FON 04841-75252
Kinder- und Jugendtreff **Stadt Leer** Frau Doris Adebahr	Rathausstr. 1 **26789 Leer**	FON 0491-3217
Gemeinde Westoverledingen Frau Petra Rosenboom	Bahnhofstr. 18 **26810 Westoverledingen**	FON 04955-933128 FAX 04955-933200
Landkreis Wesermarsch **Referat für Gleichstellungsfragen** Frau Bernhold	Poggenburger Str. 15 **26919 Brake**	FON 04401-927288 FAX 04401-3471
Jugendhaus **Stadt Twistringen** Frau Möllenkamp	Lindenstr. 14 **27239 Twistringen**	FON 04342-413-0 FAX 04342-413-200

Gemeinde Loxstedt **Jugendpflege** Frau Christine Harfst	Am Wedenberg 10 **27612 Loxstedt**	FON 04744-930170
Jugendpflege in der Samtgemeinde **Frauen- und Mädchengesundheitszentrum** Frau Linda Bloechl	Wesermünder Str. 7 **27616 Beverstedt**	FON 04747-181-0
Jugendfreizeitstätten der SG Land Wursten Frau Wefer	Westerbüttel 13 **27632 Dorum**	FON 04742-8756 FAX 04742-8799
Bildungsstätte Bredbeck **Niedersächsisches Mädchenmodellprojekt** Frau Ursula Grezeschke	An der Wassermühle 30 **27711 Osterholz-Scharmbeck**	FON 04791-961836 FAX 04791-961813
Jugendfreizeitstätte Altes Rathaus Frau Gisela Freise	Bremer Str. 4a **27729 Hambergen**	FON 04793-3818
Jugendhof Steinkimmen Frau Cornelia Lesk	Am Jugendhof 35 **27777 Ganderkesee**	FON 04222-40827 FAX 04222-40839
Mädchentreff Gewitterziegen e.V. Frau Elke Rohan	Kornstr. 100 **28201 Bremen**	FON 0421-535180
Casa Luna, KRIZ e.V. Frau Anneke Garst	Mendestr. 20 **28203 Bremen**	FON 0421-324171
KTH Amersfoorter Straße Frau Anja Krebs	Amersfoorter Str. 7 **28259 Bremen**	FON 0421-3619915
Jugendfreizeitheim Burglesum Frau Lisa Buskamp	Bremer Heerstr. 30 **28719 Bremen**	FON 0421-3617123
Jugendhaus Brinkum	Bassumer Str. 26 **28816 Stuhr**	FON 0421-891671 FAX 0421-8099099
Haus der kommunalen Jugendarbeit **„Altes Amtsgericht" Café Creme** Frau Viola Bürgy	Klosterstr. 21 **28865 Lilienthal**	FON 04298-2583
SOS Beratungsstelle für Kinder, Jugendliche **und Erwachsene** Frau Bettina Kelle	Falkenberger Landstr. 56b **28865 Lilienthal**	FON 04298-3264

SOS Jugendwohngemeinschaft Lilienthal Frau Judith Pöckler	Falkenberger Landstr. 58a **28865 Lilienthal**	FON 04298-935420 FAX 04298-935411
Ottersberger Mädchenarbeitskreis **Frauenbeauftragte des Fleckens Ottersberg** Frau Ulrike Miller	Grüne Str. 24 **28870 Ottersberg**	FON 04205-317015
Evangelische Kirchengemeinde Grasberg Frau Kerstin Tonjes	Speckmannstr. 38 - 42 **28879 Grasberg**	FON 04208-3508
Landkreis Celle Jugendamt Frau Christa Pahls-Korzonnek	Trift 26b **29221 Celle**	FON 05141-916382 FAX 05141-916104

30000

Mädchenhaus Hannover e.V. **Mädchenzentrum Xana und Beratungsstelle** Frau Angela Munke	Schwarzer Bär 4 **30449 Hannover**	FON 0511-440857 FAX 0511-4584468
Arbeiterwohlfahrt **Jugendwerk Freizeitarbeit mit Migrantinnen** Frau Wolters	Fössestr. 47 **30451 Hannover**	FON 0511-444411 FAX 0511-456394
DLRG Jugend im LV Nds. e.V. Frau Andrea Theis	Karl-Thiele-Weg 41 **30519 Hannover**	FON 0511-8379212
femina vita e.V. **Mädchenhaus - Beratungsstelle** Frau Sylvia Neldner	Höckerstr. 13 **32052 Herford**	FON 05221-50622 FAX 05221-53685
Kinder- und Jugendzentrum Anne Frank **Stadt Minden** Frau Kerstin Trawny	Salierstr. 40 - 42 **32423 Minden**	FON 0571-880152
Heimvolkshochschule Alte Molkerei Frille Frau Regina Rauw	Freithof 16 **32469 Petershagen**	FON 05702-9771 FAX 05702-2295
Paritätisches Jugendwerk NRW Frau Agnes Bredthauer	Tannenbergstr. 23 **32547 Bad Oeynhausen**	FON 05731-260307 FAX 05731-3481 PJWBredthauer@t-online.de

Landesarbeitsgemeinschaft Mädchenarbeit in NRW e.V. Frau Ulrike Graff	Alsenstr. 28 **33602 Bielefeld**	FON 0521-139594 FAX 0521-139594
Mädchenhaus Bielefeld Beratungsstelle Frau Marianne Therre	Bahnhofstr. 4 **33602 Bielefeld**	FON 0521-173016 FAX 0521-5216320
Mädchentreff Bielefeld e.V. Frau Eike Bartheidel	Alsenstr. 28 **33602 Bielefeld**	FON 0521-179450 FAX 0521-139594
PRO FAMILIA Beratungsstelle Frau Inge Thömmes	Stapenhorststr. 5 **33615 Bielefeld**	FON 0521-124073 FAX 0521-124075
Arbeiterwohlfahrt Beratungszentrum Kreisverband Kassel-Stadt e.V. Frau Ulrike Bollendorf-Tiemann	Wilhelmshöher Allee 32a **34117 Kassel**	FON 0561-1091-218
Autonomes Mädchenhaus Kassel e.V. Frau Simone Richeling	Annastr. 9 **34119 Kassel**	FON 0561-71785 FAX 0561-71785
Landesjugendamt Hessen Frau Luise Schröder	Wilhelmshöher Allee 157,159 **34121 Kassel**	FON 0561-3085261 FAX 0561-315555
Mädchentreff Felsberg Frau Hoffmann	Untergasse 17 **34587 Felsberg**	FON 05662-6557
Internat der Deutschen Blindenstudienanstalt e.V. Frau Lehmke	Am Schlag 10 **35037 Marburg**	FON 06421-606160 FAX 06421-606153
Jugendförderung Marburg Mädchencafé Frau Marianne Neumann	Frankfurter Str. 21 **35037 Marburg**	FON 06421-201475
Jugendbildungswerk der Universitätsstadt Gießen Frau Sabine Brück	Ostanlage 25a **35390 Gießen**	FON 0641-3062496 FAX 0641-3062494
Jugendbildungswerk Stadt Wetzlar Frau Dietsch	Ernst-Leitz-Str. 30 **35573 Wetzlar**	FON 06441-99217
IB Mädchenberatung, Mädchenwerkstatt Frau Cordula Kracht	Bergstr. 31a **35576 Wetzlar**	FON 06441-946364 FAX 06441-946365

PRO FAMILIA Beratungsstelle Frau Koch	Friedloser Str. 6 **36251 Bad Hersfeld**	FON 06621-87369
Mädchenprojekt **Frauen- und Familienzentrum Louise** Frau Enzmann	Bahnhofstr. 25 - 27 **36433 Bad Salzungen**	FON 03695-603883 FAX 03695-606270
IB **Haus der offenen Tür** Frau Meth	Schulstr. 2 **36452 Kaltennordheim**	FON 036966-80067 FAX 036966-80067
Frauengesundheitszentrum Göttingen e.V. **Sexualpädagogischer Arbeitskreis** Frau Helgard Greve	Goetheallee 9 **37073 Göttingen**	FON 0551-484530 FAX 0551-487060
Jugendbildungsstätte Ludwigstein Frau Antje Duda	**37215 Witzenhausen**	FON 05542-5151 FAX 05542-72010
Allerleirauh e.V. **Beratungsstelle gegen sexuellen Mißbrauch** Frau Regina Friche-Popp	Enge Gasse 19 **37269 Eschwege**	FON 05651-7843 FAX 05651-76766
Arbeiterwohlfahrt **Jugendwerk Eichsfeld e.V.** Frau Ute Willert	Leinegasse 12 **37308 Heiligenstadt**	FON 03606-602251
Frauenbüro **Landkreis Holzminden** Frau Petra Broisnor	Bürgermeister-Schrader-Str. 24 **37603 Holzminden**	FON 05531-707311
Stadt Braunschweig **Jugendamt, Abt. Jugendförderung** Frau Monika Heim	Eiermarkt 4 - 6 **38100 Braunschweig**	FON 0531-4708485 FAX 05312-4708074
Balance **Beratungsstelle für** **sexuell mißbrauchte Kinder und Jugendliche** Frau Claudia Ketteler	Schillerstr. 6 - 8 **38440 Wolfsburg**	FON 05361-281888
FBZ Grille **Frauen- und Mädchengesundheitszentrum** Frau Marion Friemel	Ludwig-Jahn-Str. 12 **38518 Gifhorn**	FON 05371-880
Kontakt e.V. **Beratung und Begleitung für Jugendliche** Frau Bestehorn	Friedenstr. 63 **38820 Halberstadt**	

AIDS-Beratung
Gesundheitsamt
Frau Petra Reinecke
Lübecker Str. 32
39124 Magdeburg
FON 0391-5406067
FAX 0391-5406006

Wildwasser Magdeburg
Beratungsstelle für Mädchen und Frauen
Frau Hörold
Ritterstr. 1
39124 Magdeburg
FON 0391-2515417
FAX 0391-2515418

Rückenwind e.V.
FZ Future
Frau Lale
Wernigeröder Str. 1
39218 Schönebeck
FON 03928-402804

Jugendbegegnungsstätte der Volkssolidarität
Fantasy Island
Frau Cornelia Ratajczak
Schloßstr. 27
39240 Calbe
FON 039291-73731

Jugendwerk Rolandmühle gGmbH
Frauen- und Mädchenkommunikationszentrum
Tea-Treff
Frau Edeltraud Schimansky
August-Bebel-Str. 32
39288 Burg
FON 03921-3158

40000

Mädchenhaus Düsseldorf e.V.
Corneliusstr. 68 - 70
40215 Düsseldorf
FON 0211-487675
FAX 0211-486645

AIDS-Beratung
Gesundheitsamt
Frau Becker-Bewer
Kölner Str. 180
40227 Düsseldorf
FON 0211-8992663
FAX 0211-8929079

AIDS-Hilfe Düsseldorf e.V.
Frau Marianne Peeters
Oberbilker Allee 310
40227 Düsseldorf
FON 0211-7709516
FAX 0211-7709527

Trebecafé
Anlaufstelle für Mädchen und junge Frauen
Eintrachtstr. 5
40227 Düsseldorf
FON 0211-725232
FAX 0211-7883456

Bund Deutscher Katholischer Jugend
Bundesstelle
Frau Christine Hoffmann
Postfach 320520
40420 Düsseldorf
FON 0221-4693179
FAX 0211-4693120
bundesvorstand@bdkj.de

Dorotheenheim e.V.
Frau Monika Erkens
Horster Allee 5
40721 Hilden
FON 02103-571-0

dju - Deutsche Jugend in Europa **LV NRW e.V.**	Richrather Str. 62 **40723 Hilden**	FON 02103-69484 FAX 02104-22965
Deutsche Pfadfinderinnenschaft St. Georg Frau Annerose Reuth	Martinsstr. 2 **41472 Neuss**	FON 02131-46990 FAX 02131-469999
IB **Beratungsstelle Sprung(s)chance** Frau Simone Behr	Hackhauser Str. 63 **41540 Dormagen**	FON 02133-265000 FAX 02133-3678
PRO FAMILIA Landesverband Frau Beatrix Neugebauer	Hofaue 63 **42103 Wuppertal**	FON 0202-2456510 FAX 0202-2456530
Deutsche Wanderjugend **LV NRW** Frau Mechthild Joest	Schuckertstr. 14 **42113 Wuppertal**	FON 0202-762853 FAX 0202-762907
PRO FAMILIA Beratungsstelle Frau Beatrix Neugebauer	Vereinsstr. 17 **42119 Wuppertal**	FON 0202-431621 FAX 0202-4376162
Paritätisches Jugendwerk NRW Frau Ulrike Werthmanns-Reppekus	Loher Str. 7 **42283 Wuppertal**	FON 0202-2822158 FAX 0202-85614 ulrike.werthmanns-reppekus@paritaet-nrw.org
Evangelische Jugendbildungsstätte **Hackhauser Hof e.V.** Frau Luise Pawlowsky	Hackhausen 5b **42697 Solingen**	FON 0212-222010 FAX 0212-2220120
Rheinisches Jugendheim Steinberg Frau Dr. Projahn	Steinstr. 21 **42855 Remscheid**	FON 02191-49370 FAX 02191-293177
Deutsche Pfadfinderinnenschaft St. Georg **Mädchen- und Frauentreff Kratzbürste** Frau Barbara Klein-Senge	Hakenstr. 13 **44139 Dortmund**	FON 0231-149313 FAX 0231-164859
Frauenzentrum Huckarde e.V. Frau Wilhelm	Arthur-Beringer-Str. 42 **44369 Dortmund**	FON 0231-311470
Gesellschaft freie Sozialarbeit e.V. **Beratungsstelle Treffpunkt Jugendberufshilfe** Frau Heike Zielke	Corneliusstr. 19 **44653 Herne**	FON 02325-95920 FAX 02325-959210
Overdyck Evangelisches Kinder- und Jugendheim	Westring 26 **44787 Bochum**	FON 0234-9133155 FAX 0234-9133189

Arbeiterwohlfahrt **Lore Agnes Haus, Beratungszentrum** Frau Ursula Lehmann	Lützowstr. 32 **45141 Essen**	FON 0201-312051 FAX 0201-312053
Mädchen- und Frauentreff Perle Frau Ruth Köhler	Helenenstr. 19 **45143 Essen**	FON 0201-640233
Arbeiterwohlfahrt **Jugendzentrum Schonnebeck** Frau Nadia Khalof	Saatbruchstr. 55 - 57 **45309 Essen**	FON 0201-216770 FAX 0201-216770
Jugendbildungsstätte Welper e.V. Frau Ulla Rothe	Rathenaustr. 59 A **45527 Hattingen**	FON 02324-94640 FAX 02324-946494
Jugendbildungszentrum Hattingen **DGB Landesbezirk NRW** Frau Barbara Kröger	Am Homberg 44 **45529 Hattingen**	FON 02324-595200 FAX 02324-595220
Trigon **Begegnungsstätte für Kinder,** **Jugendliche, Familien und Kultur** Frau Dammann	Weseler Str. 131 **45721 Haltern**	FON 02364-92440 FAX 02364-92448
Informationszentrum POINT **Jugendnetzwerk Lambda** Frau Susanne Fuchs	Bahnhofstr. 14 **45879 Gelsenkirchen**	FON 0209-1475440 FAX 0209-1475441
Mädchenzentrum e.V. Frau Gertz	Rathausplatz 3 **45894 Gelsenkirchen**	FON 0209-30253
Mädchenzentrum Gladbeck Frau Anja Wittek	Uhlandstr. 16 **45964 Gladbeck**	FON 02043-23342
Fuma e.V. **Fachstelle Mädchenarbeit NRW** Frau Marita Ingenfeld	Landstr. 164 **45968 Gladbeck**	FON 02043-30959
Deutsche Pfadfinderinnenschaft St. Georg Frau Barbara Lübbehusen	Schladstr. 80 **46047 Oberhausen**	FON 0208-865465 FAX 0208-865473 psg.essen@cityweb.de
FRIEDA gGmbH Frau Margotte	Ottilienstr. 32 **46049 Oberhausen**	FON 0208-846605

Jugendfreizeitstätte Liebfrauen Frau Sabine Jenneskens	Wesemannstr. 4 **46397 Bocholt**	FON 02871-225693
Sportjugend NW Frau Dorota Marchewka	Friedrich-Alfred-Str. 25 **47055 Duisburg**	FON 0203-7381847 FAX 0203-7381857
Jugendzentrum check point Frau Schröder	Kapuzinerstr. 34 **47608 Geldern**	FON 02831-2646
Landesjugendamt Westfalen-Lippe Frau Eva Bähren	Warendorfer Str. 25 **48133 Münster**	FON 0251-5913657 FAX 0251-5913245
Frauen- und Mädchen-Selbstverteidigung und Sport Münster e.V. Frau Christiane Lichthardt	Achtermannstr. 10 - 13 **48143 Münster**	FON 0251-519066
KJG **Diözesanstelle Münster** Frau Yvonne Werfen	Rosenstr. 16 **48143 Münster**	FON 0251-495508 FAX 0251-495502
PRO FAMILIA Beratungsstelle Frau Beate Martin	Bohlweg 19 **48147 Münster**	FON 0251-45858 FAX 0251-54280
Jugendzentrum Black Bull	Zum Häpper 5 **48163 Münster**	FON 0251-5301
UJZ Komplex Schüttorf e.V. Frau Heide Becker	Mauerstr. 56 **48465 Schüttorf**	FON 05923-96050 FAX 05923-960555
Autonome Frauenberatungsstelle Frau Gundula Hansmann	Steinmaate 1 **48529 Nordhorn**	FON 05921-77779 FAX 05921-991199
Jugendamt **Stadt Ahaus**	Rathausplatz 1 **48683 Ahaus**	FON 02561-72358 FAX 02561-72300
Pfadfinderinnenschaft St. Georg **Diözese Osnabrück** Frau Christine Lauxtermann	Domhof 12 **49074 Osnabrück**	FON 0541-318246 FAX 0541-318248
Gemeinschaftszentrum Ziegenbrink	Hanswörmannsweg 65 **49082 Osnabrück**	FON 0541-52344 FAX 0541-52439
Jugendtreff Haste Frau Ingrid Lambers	Sassnitzer Str. 31 **49090 Osnabrück**	FON 0541-6854927

50000

Städtisches Jugendcafé For Ju Frau Daniela Grota	Hauptstr. 150 **50226 Frechen**	FON 02234-14804
Sozialdienst katholischer Frauen e.V. **Mädchen- und Frauencafé Mäc-Up** Frau Wiedemann	Machabäerstr. 31 **50668 Köln**	FON 0221-133557
Mädchentreff Alte Feuerwache Frau Andrea Zamara	Melchiorstr. 3 **50670 Köln**	FON 0221-9731550 http://www.khm.de/~Feuerwache
Pfadfinderinnenschaft St. Georg **Diözesanverband Köln**	Steinfelder Gasse 20 - 22 **50670 Köln**	FON 0221-16426560 FAX 0221-16426849
PRO FAMILIA Beratungsstelle Frau Sabine Tolkmitt	Hansaring 84 - 86 **50670 Köln**	FON 0221-122087
anyway - LesBiSchwules Jugendzentrum Frau Imi Paulus	Kamekestr. 14 **50672 Köln**	FON 0221-5105496 FAX 0221-5106344 www.boytrek.de
Mädchenhaus Köln e.V. Frau Stephanie Lange	Kaesenstr. 18 **50677 Köln**	FON 0221-329227 FAX 0221-328550
Zartbitter e.V. Frau Enders	Sachsenring 2-4 **50677 Köln**	FON 0221-312055 FAX 0221-9320397
In Via e.V. **Café International** Frau Holm	Spielmannsgasse 4 - 10 **50678 Köln**	FON 0221-93181017 FAX 0221-93181021 Cafe-In-Via-International @netcologne.de
Sozialwerk für Lesben und Schwule e.V. Frau Karola Berlage	Kathäuserwall 18 **50678 Köln**	FON 0221-19446 FAX 0221-93188082
Arbeiterwohlfahrt **Jugendeinrichtung Kreisverband Köln e.V.** Frau Scheeres	Gießener Str. 30 **50679 Köln**	FON 0221-810801 FAX 0221-814902
WENDO- feministische Selbstverteidigung **und Selbstbehauptung** Frau Schmitz Frau Nora Kürbitz	Postfach 301343 **50783 Köln**	FON 0221-7391606 FAX 0221-7391606

IN VIA **Berufsvorbereitung für ausländische und deutsche junge Frauen** Frau Grumfeld	Gottesweg 64 **50969 Köln**	FON 0221-9364660 FAX
Arbeiterwohlfahrt **Jugendeinrichtung** Frau Gitta Mensinck	Berliner Str. 221 **51063 Köln**	FON 0221-644921
Deutsche Pfadfinderinnenschaft St. Georg **Bundesamt** Frau Beate Ebbing	Unstrutstr. 10 **51371 Leverkusen**	FON 0214-23015 FAX 0214-24034
Familien- und Lebensberatungsstelle der AWO Frau Heike Buntenkötter	Schillerstr. 4 **51379 Leverkusen-Opladen**	FON 02171-27529
Mädchentreff Opladen Frau Winterscheidt	Karlstr. 9 **51379 Leverkusen-Opladen**	FON 02171-27971
Deutsche Pfadfinderinnenschaft St. Georg Frau Uta Hillermann	Boxgraben 50 **52064 Aachen**	FON 0241-405811
Anna Conda e.V. Frau Schindel	Herzogstr. 23 **52070 Aachen**	FON 0241-512690
Städtischer Mädchentreff MIA Frau Ruth Comos	Alfonsstr. 22 - 24 **52070 Aachen**	FON 0241-502272
WAB e.V. **Ein Zuhause für Mädchen** Frau Renate Balzer	Kitzeter Weg 5a **52080 Aachen**	FON 0241-163440 FAX 0241-9609746
Kinder- und Jugendtreff Oase Frau Platau	Hehlratherstr. 16 **52249 Eschweiler**	FON 02403-71281
MISS	Am Dorfanger 13 A **52538 Selfkant**	
PRO FAMILIA Beratungsstelle Frau Kathy Frank	Poppelsdorfer Allee 15 **53115 Bonn**	FON 0228-2422243 FAX 0228-2422245
Deutsches Jugendrotkreuz Frau Sylvia Schulte-Kellinghaus	Friedrich-Ebert-Allee 71 **53118 Bonn**	FON 0228-5412298 FAX 0228-5412299 Schultek@drk.de

Jugendamt **Arbeitskreis Mädchenarbeit** Frau Schillo	Postfach 1551 **53705 Siegburg**	FON 02241-132477 FAX 02241-133188

50000

Haus der Jugend Konz **Kreisverwaltung Trier-Saarburg** Frau Irene Stangl	Wiltinger Str. 48 **54329 Konz**	FON 06501-940512
Notruf Mainz Frau Anette Diehe	Walpodenstraße 10 **55116 Mainz**	FON 06131-221213 FAX 06131-223222
FEMMA e.V. **Mädchentreff** Frau Kaiser	Raimundistr. 7 **55118 Mainz**	FON 06131-613068
Kreisverwaltung Mainz-Bingen **Gleichstellungsbeauftragte** Frau Karin Diehl	Wilhelm-von-Erlanger-Str. 100 **55218 Ingelheim**	FON 06132-787428 FAX 06132-787410
Kinder- und Jugendzentrum AKK Frau Sabine Allmann	In der Reduit, Am Rheinufer **55252 Mainz-Kastel**	
Café Zora Mädchentreff Frau Christiane Klein	Münzplatz 7 - 8 **56068 Koblenz**	FON 0261-1292326 FAX 0261-1292326 jbs@uni-koblenz.de
Kreisverwaltung des Westerwaldkreises Herr Dahlem	Peter-Altmeier-Platz 1 **56410 Montabaur**	FON 02602-124-0
Beratungsstelle für Mädchen in Not	Marburger Str. 13 **57223 Kreuztal**	FON 02732-4133
Evangelische Schülerinnen- und Schülerarbeit in Westfalen e.V. Frau Brigitta Lambertz	Ergster Weg 59 **58093 Hagen**	FON 02334-96100 FAX 02334-961049
VIF Beratungsstelle **Ausbildungsbegleitende Hilfen für junge Frauen** Frau Gassmann	Bergischer Ring 100 **58095 Hagen**	FON 02331-13271 FAX 02331-183873
Sozialpädagogische Familienhilfe **Stadt Schwerte** Frau Margitta Hunsmann	Rathausstr. 32 **58239 Schwerte**	FON 02304-104371
Städtisches Jugendzentrum Wetter Frau Dagmar Hülin	Kaiserstr. 51 **58300 Wetter**	FON 02335-840380 FAX 02335-3950

Städtisches Jugendzentrum **Frauen- und Mädchengesundheitszentrum** Frau Annette Elges	Schultenstr. 10 - 12 **59075 Hamm**	FON 02381-176385 FAX 02381-176385

60000

SJD Die Falken Hessen-Süd Frau Daniela Franke	Fischerfeldstr. 7-11 **60311 Frankfurt**	FON 069-299888-3
Mädchenzentrum Mafalda e.V. Frau Brune-Hernandez	Unterweg 14 **60318 Frankfurt**	FON 069-591916 FAX 069-5969989
Verein für ausländische Kinder Frau Cornelia Schäfer	Sulzbacher Str. 16 - 20 **60326 Frankfurt**	FON 069-737794
IB **Mädchenwerkstatt** Frau Christa Klose	Krifteler Str. 34 **60326 Frankfurt a.M.**	FON 069-7382762 FAX 069-7382444
Infrau e.V. **Interkulturelle Frauen-, Mädchen- und Schülerinnenarbeit** Frau Gabriela Kruk	Berger Str. 211 **60385 Frankfurt**	FON 069-451155 FAX 069-4693324
Verein zur beruflichen Förderung von Frauen e.V. **Beratungsstelle für Mädchen und junge Frauen** Frau Sabine-H. Hunger	Ludolfusstr. 1 - 4 **60487 Frankfurt**	FON 069-79509933 FAX 069-7078020
Wildwasser Wetterau e.V. Frau Miriam Vermeil	In der Burg 18 **61169 Friedberg**	FON 06031-64000 FAX 06031-164141
KLARa e.V. **Mädchentreff Maid** Frau Kramarić	Große Klostergasse 5 **61169 Friedberg/H.**	FON 06031-3140
Kinder- und Jugendarbeit Lohwald **Stadt Offenbach** Frau Marianne Fromm	Berliner Str. 100 **63065 Offenbach**	FON 069-8065-1
IN VIA **Mädchencafé** Frau Alexandra Schmitt	Pestalozzistr. 17 **63739 Aschaffenburg**	FON 06021-24544

60000

Selbsthilfe- und Beratungszentrum für Frauen Frau Monika Bernhardt	Bodelschwinghstr. 16 **63739 Aschaffenburg**	FON 06021-24728 FAX 06021-28510
Internationaler Mädchentreff SKA e.V. Frau Katja Thomas	Liebigstr. 27 **64293 Darmstadt**	FON 06151-23565 FAX 06151-23566
Kreisjugendpflege **Jugendbildungswerk** Frau Elke Draxler	Wilhelm-Seipp-Str. 5 **64521 Groß-Gerau**	FON 06152-989468 FAX 06152-989456
Kinder- und Jugendförderung Odenwaldkreis Frau Stietz	Erbacher Str. 27 **64720 Michelstadt**	FON 06061-943345 FAX 06061-943355 www.odenwald.de/jugend
GMZ Gewerbeschule Frau Conni Dinges	Wellritzstr. 38 **65183 Wiesbaden**	FON 0611-313689 FAX 0611-314934
Mädchentreff Wiesbaden e.V. Frau Wester	Römerberg 24 **65183 Wiesbaden**	FON 0611-370422 FAX 0611-590133
PRO FAMILIA Beratungsstelle Frau Heidrun Metzler	Langgasse 3 **65183 Wiesbaden**	FON 0611-376516 FAX 0611-9016994
Stadtteilzentrum Gräselberg Frau Annette Dietrich	Wörther-See-Str. 8 **65187 Wiesbaden**	FON 0611-312456 FAX 0611-843903
Jugendrotkreuz **DRK Landesverband Hessen** Herr Winfried Glück	Abraham-Lincoln-Str. 7 **65189 Wiesbaden**	FON 0611-790951 FAX 0611-790951
Kinder- und Jugendzentrum Biebrich **Galateaanlage** Frau Gabi Reiter	Bunsenstr. 6 **65203 Wiesbaden**	FON 0611-319175 FAX 0611-61318
Amt für Soziale Arbeit **Mobile Jugendarbeit in den östlichen Vororten** Frau Daniela Streiter	Landwehrstr. **65205 Wiesbaden**	FON 06122-93555 FAX 06122-50832
Arbeiterwohlfahrt **Mädchentreff** Frau Brigitte Hofmann	Paul-Hessemer-Str. 36 **65428 Rüsselsheim**	FON 06142-68442
Jugendbildungswerk Rüsselsheim Frau Reichert	Frankfurter Str. 12 **65428 Rüsselsheim**	FON 06142-832108 FAX 06142-832110

Jugendbildungswerk **Landkreis Limburg-Weilburg** Frau Melanie Eriksson	Frankenstr. **65549 Limburg**	FON 06431-296353 FAX 06431-296496
IB **fema** Frau Elke Voitl	Alte Falterstr. 24 **65933 Frankfurt**	FON 069-39048285
Caritas Jugendhilfeeinrichtung **Margaretenstift** Frau Martina Koch	Am Schönetal 15 **66113 Saarbrücken**	FON 0681-948170
PRO FAMILIA Beratungsstelle Frau Christel Scholt	Mainzer Str. 106 **66121 Saarbrücken**	FON 0681-64566
Arbeiterwohlfahrt **Haus der Beratung** Herr Meiser	Vaubanstr. 21 **66740 Saarlouis**	FON 06831-44690 FAX 06831-946933
Jugendtreff second hand Frau Pia Thomé	Von-Hartmann-Str. 11 **67433 Neustadt/Wstr.**	FON 06321-31720
Jugend- und Programmzentrum Kaiserslautern Frau Junk	Steinstr. 47 **67657 Kaiserslautern**	FON 0631-3652637 FAX 0631-92478
Landesjugendpfarramt der Evangelischen Kirche in der Pfalz Frau Christine Gortner	Unionstr. 1 **67657 Kaiserslautern**	FON 0631-3642000 FAX 0631-3642099
Förderband Frau Barbara Stanger	B 4,1 **68159 Mannheim**	FON 0621-166610 FAX 0621-1666130
Mädchenwerkstatt Mannheim Frau Neubauer	F 7, 22 - 23 **68159 Mannheim**	FON 0621-106794
PRO FAMILIA Beratungsstelle Frau Judith Hagen	M2, 14 **68161 Mannheim**	FON 0621-27720
Forum der Jugend **Stadtjugendring Mannheim e.V.** Frau Sabine Grimberg	Neckarpromenade 46 **68167 Mannheim**	FON 0621-2937661 FAX 0621-3385616
Arbeiterwohlfahrt **Mädchenwohngemeinschaft** Frau Weinkoetz	Relaisstr. 162a **68219 Mannheim**	FON 0621-897100

Teestube **Jugendzentrum** Frau Monika Firnkes	Schanzenstr. 11 **68753 Waghäusel**	FON 07251-76187 FAX

70000

PRO FAMILIA Beratungsstelle Frau Gabriele Wurster	Schloßstr. 60 **70176 Stuttgart**	FON 0711-6152618 FAX 0711-613057
Stuttgarter Jugendhaus e.V. Frau Gabi Kircher	Blumenstr. 25 **70182 Stuttgart**	FON 0711-2372820 FAX 0711-2372810
Verein für internationale Jugendarbeit Frau Hanne Braun	Moserstr. 10 **70182 Stuttgart**	FON 0711-239410 FAX 0711-2394140
IN VIA **Mädchentreff** Frau Leyla Sungesli-Uzun	Hackstr. 2 **70190 Stuttgart**	FON 0711-2864598
PRO FAMILIA Beratungsstelle	Hechinger Str. 8 **72072 Tübingen**	FON 07071-34151 FAX 07071-360954
Mädchentreff Reutlingen Frau Heike Kauschinger	Museumstr. 7 **72764 Reutlingen**	FON 07161-434660
Pfadfinderinnenschaft St. Georg Frau Andrea Weigel	Antoniusstr. 3 **73249 Wernau**	FON 07153-3001-0
Bund Deutscher Katholischer Jugend **Kath. Jugendreferat** Frau Birgit Elsasser	Weidenfelder Str. 12 **73430 Aalen**	FON 07361-59070 FAX 07361-59079
Deutsches Rotes Kreuz **Kreisverband Aalen e.V.** Frau Schneider	Bischof-Fischer-Str. 119 - 121 **73430 Aalen**	FON 07361-951263 FAX 07361-951280
Streetwork - Mobile Jugendarbeit **Stadt Aalen** Frau Christine Baumann	Julius-Leber-Str. 34 **73430 Aalen**	FON 07361-961498
Deutsches Rotes Kreuz **Mobile Jugend- und Sozialarbeit** Frau Zita Forster	Dalkinger Str. 24 **73479 Ellwangen**	FON 07961-52843 FAX 07961-54475

Jugendzentrum Ellwangen Frau Sylvia Ullrich	Mühlgraben 26 **73479 Ellwangen**	FON 07961-6467 FAX 07961-54885
Jugendhaus Schwäbisch-Gmünd Frau Heidi Macho	Königsturmstr. 13 **73525 Schwäbisch-Gmünd**	FON 07171-30443 FAX 07171-931870
PRO FAMILIA Beratungsstelle Frau Andrea Specht	Untere Neckarstr. 40 **74072 Heilbronn**	FON 07131-89177
Mobile Jugendarbeit Bucklenberg-Haidach Frau Renate Schöler	Kaulbachstr. 44 **75175 Pforzheim**	FON 07231-651180 FAX 07231-651180
Lilith-Mädchentreff Frau Clauß	Salierstr. 24 **75177 Pforzheim**	FON 07231-353433 FAX 07231-353743
IB **Jugendhaus Gaggenau** Frau Barbara Fischer	Hauptstr. 1 **76571 Gaggenau**	FON 07225-77481 FAX 07225-5489
Haus der Jugend Landau Frau Jeanine Goetz	Waffenstr. 5 **76829 Landau**	FON 06341-898823 FAX 06341-898824
Mädchen im Zentrum Frau Alison Bussey	Richard-Wagner-Str. 3 **77694 Kehl**	FON 07851-481552 FAX 07851-4815544
Modellprojekt Freiwilliges Soziales Jahr Frau Heide Gummich	Kanadaring 2 **77933 Lahr**	FON 07821-94082 FAX 07821-94084
Frauen- und Mädchengesundheitszentrum e.V. Frau Susanne Strigel	Erbprinzenstr. 14 **79098 Freiburg**	FON 0761-2021590 FAX 0761-2021591
Tritta e.V. **Verein für feministische Mädchenarbeit** Frau Martina Hocke	Adlerstr. 12 **79098 Freiburg**	FON 0761-33676
Kinder- und Jugendtreff Flash Frau Brotzer	Breisacher Str. 76 **79110 Freiburg**	FON 0761-891144 FAX 0761-84910
MädchenGesundheitsladen e. V. Frau Anja Wilser, Frau Dagmar Preiß	Lerchenstr. 54 **70176 Stuttgart**	FON 0711-2239982 FAX 0711-2262567
Jugendpflege/Jugendtreff Frau Friedhilde Bauer	Hindenburgstr. 125 **79211 Denzlingen**	FON 07666-8230

80000

Initiative Münchener Mädchenarbeit e.V. **Projekt Ragazza** Frau Beckord	Jahnstr. 38 **80469 München**	FON 089-268921
Abenteuerspielplatz Neuhausen Frau Kerstin Latzer	Hanebergstr. 14 **80637 München**	FON 089-155333
Arbeiterwohlfahrt **Landesjugendwerk** Frau Christine Rudolf-Jilg	Edelsbergstr. 10 **80686 München**	FON 089-54726013 FAX 089-54726014
Das Laimer Frau Angela Siassi	Von-der-Pfordten-Str. 59 **80686 München**	FON 089-569531 FAX 089-5460847
Abenteuerspielplatz Hasenbergl Frau Barbara Rotter	Weitlstr. 125 **80935 München**	FON 089-3141145 FAX 089-3141145
Kinderhaus Harthof **KJR München-Stadt** Frau Tram	Wegenerstr. 9 **80937 München**	FON 089-3116155
KJT am Lerchenauer See Frau Petra Wurm	Lassallestr. 111 **80995 München**	FON 089-1501119 FAX 089-1505807
Jugend des deutschen Alpenvereins Herr Wolfgang Wahl	Von-Kahr-Str. 2 - 4 **80997 München**	FON 089-1400360
Jugendtreff Frau Claudia Falk	Wiesentfelserstr. 57 **81249 München**	FON 089-8714242 FAX 089-8712112
Jugendtreff AKKU Frau Sieglinde Felixberger	Lohstr. 70 **81543 München**	FON 089-62420845
Kinder- und Jugendtreff am Wettersteinplatz **KJR München-Stadt**	Fromundstr. 1 **81547 München**	FON 089-6920173
Kinder- und Jugendtreff **KJR München-Stadt**	Kegelhof 8 **81669 München**	FON 089-484351 FAX 089-4471484

SSZ - Neuperlach **KJR München-Stadt** Frau Eschertzhuber	Kurt-Eisner-Str. 28 **81735 München**	FON 089-6704850 FAX 089-6257243
Mädchen- und Jugendtreff **Jugendberatung Oberföhring** Frau Monika Bausch	Muspillistr. 27 **81925 München**	FON 089-952662 FAX 089-9576239
JuZ Poschinger Villa **Jugendzentrum** Frau Bärbel Prock	Gestütstr. 6 **84028 Landshut**	FON 0871-881558
Jugendhaus Kempten Frau Vollmer	Landwehrstr. 2 - 4 **87439 Kempten**	FON 0831-5401826
Beratungsstelle Grüner Turm e.V. **Schwangerschaftshilfe, Familienplanung,** **Partner- & Sexualberatung** Frau Adelheid Spöri	Grüner Turm 14 **88212 Ravensburg**	FON 0751-24343 FAX 0751-21358
Kreisjugendring Ravensburg Frau Margarete Bareis	Franz-Stapf-Str. 8 **88212 Ravensburg**	FON 0741-21081 FAX 0751-21013
Ulmer Beratungsstelle für Schwangerschaftsfragen **und Familienplanung e.V.**	Schelergasse 6 **89073 Ulm**	FON 0731-968570 FAX 07131-9685711

90000

Amt für Jugendarbeit **der Evang.-Luth. Kirche in Bayern** **Referat für Mädchen und Frauen** Frau Karin Mack	Postfach 45031 **90212 Nürnberg**	FON 0911-4304261 FAX 0911-4304232
Arbeiterwohlfahrt **Mädchenprojekt MIA**	Orffstr. 2 **90439 Nürnberg**	FON 0911-6585398 FAX 0911-6585398
Mädchentreff Frau Gsädl	Georgstr. 5 **90439 Nürnberg**	FON 0911-6588193 FAX 0911-6109027 maedchentreff.e.v.@odn.de
Jugendkinderkultur Quibble Frau Christa Gertshauser	Augustenstr. 25 **90461 Nürnberg**	FON 0911-9467003 FAX 0911-9467004

90000

PRO FAMILIA Beratungsstelle Frau Brigitte Frey	Äußere-Cramer-Klett-Str. 9 **90489 Nürnberg**	FON 0911-555525 FAX 0911-5818557
Offene Jugendarbeit der Stadt Stein **Stadtjugendpflege** Frau Susanne Lindner	Hauptstr. 32 **90547 Stein**	FON 0911-6708866 FAX 0911-6708867
Landratsamt Erlangen/Höchstadt **Gesundheitsamt** Frau Gerda Frey	Schubertstr. 14 **91052 Erlangen**	FON 09131-714451 FAX 09131-714427
Mädchenprojekt Koralle **KJR** Frau Regine Lechner	Am Streckerplatz 3 **91301 Forchheim**	FON 09191-86271
Landratsamt Neustadt a.d. Aisch- Bad Winsheim **Beratungsstelle für Schwangerschaftsfragen** Frau Heidi Contino	Konrad-Adenauer-Str. 2 **91413 Neustadt a.d. Aisch**	FON 09161-7800 FAX 09161-78032
Deutsche Pfadfinderinnenschaft St. Georg **Diözesanverband Regensburg** Frau Gusti Hammer	Obermünsterplatz 7 **93047 Regensburg**	FON 0941-5972272 FAX 0941-5972299
Jugendzentrum Weingasse Frau Wöhrl	Weingasse 1 **93047 Regensburg**	FON 0941-5072555
SJD - Die Falken Frau Margit Röker	Rote Hahnengasse 6 **93047 Regensburg**	FON 0941-58265 FAX 0941-567398
Verein Mädchensozialarbeit e.V. **Freizeit, Beratung, Information für Regensburger Mädchen** Frau Regine Huttner	Gesandtenstr. 6 **93047 Regensburg**	FON 0941-560994 FAX 0941-560996
Spielhaus & Spielbus **Amt für kommunale Jugendarbeit** Frau Ilona Süß	Ostengasse 29 **93049 Regensburg**	FON 0941-507-1556
Landratsamt Regensburg **Beratungsstelle für Schwangerschaftsfragen** Frau Rödel	Sedanstr. 1 **93055 Regensburg**	FON 0941-60020
Städtisches Jugendzentrum Fantasy Frau Jankowfsky	Taunustr. 5 **93057 Regensburg**	FON 0941-5073551

Frauengesundheitszentrum e.V. Frau Claudia Burmeister	Badstr. 6 **93059 Regensburg**	FON 0941-81644 FAX 0941-893473
Bund Deutscher Katholischer Jugend **Referat Mädchen- und Frauenarbeit** Frau Martina Schnepf	Kleberstr. 28 **96047 Bamberg**	FON 0951-8688-0 FAX 0951-8688-66
Arbeiterwohlfahrt **Landesjugendwerk** Frau Voigt	Pfeiffersgasse 12 **99084 Erfurt**	FON 0361-21031134 FAX 0361-21031149
Mädchenwohngruppe Towanda Frau Kunde	Josef-Ries-Str. 79 **99086 Erfurt**	FON 0361-5621268
DOMINO e.V. Frau Andrea Bertram	Rosa-Luxemburg-Str. 50 **99088 Erfurt**	FON 0361-5401339 FAX 0361-5401339
Mädchenprojekt Erfurt e.V. Frau Wabra	Kronenburggasse 13 **99094 Erfurt**	FON 0361-6438344
AIDS-Hilfe Weimar und Ostthüringen e.V. Frau Claudia Kammel	Erfurter Str. 17 **99423 Weimar**	FON 03643-19411 FAX 03643-853636
Mädchenclub Lotta **Frauenzentrum Weimar e.V.** Frau Silvia Föhl	Johanna-Schopenhauer-Str. 21 **99423 Weimar**	FON 03643-8711-6 FAX 03643-8711-84
PRO FAMILIA Beratungsstelle Frau Antje Wittrien	Falkstr. 23 **99423 Weimar**	FON 03643-59904 FAX 03643-59904
Jugendtreff vorTREFFlich **Stiftung Dr. Georg Haar** Frau Kathrin Schuchardt	Steinbrückenweg 5a **99425 Weimar**	FON 03643-501975
Landratsamt Kyffhäuserkreis **Gesundheitsamt** Frau Ilona Bechmann	Edmund-König-Str. 7 **99706 Sondershausen**	FON 03632-788138 FAX 03632-782763
Mädchentreff **Treffpunkt Familie des Sozialwerkes des dfb LV Thüringen e.V.** Frau Klein	Bahnhofstr. 5e **99817 Eisenach**	FON 03691-203920

Die Autorin

Gabriele Bültmann, geb. 1960, Staatsexamen in Sozialwissenschaft und Biologie (Sek. I), stellv. Leiterin der Volkshochschule Recklinghausen, seit 1982 in der Mädchenarbeit und Sexualpädagogik tätig. Veröffentlichungen u.a.

„Geschlechtsspezifische Sexualpädagogik in der außerschulischen Jugendarbeit des Landes NRW", 1992 zusammen mit Reinhold Munding und Uwe Sielert

„Sexualpädagogische Mädchenarbeit". Eine Expertise im Auftrag der BZgA, Köln 1996

„Aids – was Du schon immer wissen wolltest", Materialien zu einem Film von Hilde Møller, atlas film (Hg.), Duisburg 1992 zusammen mit Reinhold Munding

„Schmetterlinge im Bauch", Begleitbuch zum gleichnamigen Film der BZgA (Hg.), Köln 1997, zusammen mit Winfried Loick

„Sexualität – (k)ein Thema in der Erwachsenenbildung", in: Landesinstitut für Schule und Weiterbildung (Hg.), Gesundheitsbildung: Die Person stärken, die Lebenswelt verändern, Soest 1994

Motiv Liebe. Ein Fotoprojekt für Mädchen an der VHS Recklinghausen, Münster 1991.

Seit 1991 Vorsitzende des „forum sexualpädagogik e.V." , NRW

Anschrift: forum sexualpädagogik e.v.
Buschstr. 101
45739 Oer Erkenschwick
Fon/Fax: 02368-80134

Literaturtipps

Reinhold Munding

Sexualpädagogische Jungenarbeit

Übersicht über Ansätze und Konzeptionen zur Jungenarbeit, Analyse und Perspektiven

Die Vergleichsstudie von Reinhold Munding greift die Ergebnisse der Erststudie von 1995 noch einmal auf, um Entwicklungen und Trends in diesem Themenfeld nachzuzeichnen. Das Heft beinhaltet folgende Themenkomplexe

- Entwicklung der Jungenarbeit seit den späten 80er Jahren
- Männliche Sozialisation und Sexualerziehung, Rollenbilder, Vorbilder
- Politische und pädagogische Verankerung von Jungenarbeit
- Ergebnisse einer Befragung zur sexualpädagogischen Jungenarbeit
- Einschätzung zum Stand der Jungenarbeit

Erscheinungsdatum Mitte 2004

Bestellnummer 13 300 001

Dr. Reinhard Winter

Kompetent, authentisch und normal?

Aufklärungsrelevante Gesundheitsprobleme, Sexualaufklärung und Beratung von Jungen

Die Publikation präsentiert die Ergebnisse einer qualitativen Studie. Eine ausführliche Literaturstudie, kombiniert mit einer Erwachsenen- und Jungenbefragung, gibt Aufschluss über die Kompetenzen, aber auch über die Defizite von Jungen im Bereich Sexualaufklärung, Gesundheit und Beratung. Die Untersuchung macht deutlich, dass geschlechtsspezifische Konzepte für die sozial- und sexualpädagogische Arbeit mit Jungen dringend notwendig sind. In einem Modellentwurf formulieren die Autoren dazu einen eigenen Ansatz (Stand 1998).

Bestellnummer 13 300 014